암을 다루며 의미 있게 살아가기

암 환자와 보호자를 위한 근거기반 치료

Gary Rodin · Sarah Hales 편저 | **우정민** 역

Managing Cancer and Living Meaningfully

An Evidence-Based Intervention for Cancer Patients and Their Caregivers

학지사

우리는 CALM 환자와 가족들의 용기, 관대함, 개방성으로부터
역경을 마주하며 살아가는 법을 배울 수 있었습니다.

한국의 독자에게

우정민 박사가 번역한 『암을 다루며 의미 있게 살아가기Managing Cancer and Living Meaningfully: CALM』의 한국어판 번역서 발간을 환영할 기회를 얻게 되어 매우 기쁩니다. 한국을 비롯한 아시아의 여러 나라에서 CALM 적용에 관한 관심이 늘어나는 와중에, 번역서가 출판되는 것은 매우 시의적절합니다. 우정민 박사는 한국 내 선도적 CALM 전문가이기 때문에 이 번역을 수행할 수 있는 탁월한 자격을 갖추고 있습니다.

지난 몇 년간 우정민 박사를 알고 지냈습니다. 그의 CALM 이론적 배경, 근거기반, 임상 적용에 관한 깊은 이해와 임상적 판단, 사려 깊음을 높이 평가하고 존경하고 있습니다. 현재 그는 우리 CALM 지도감독그룹의 중요한 일원입니다. 프린세스 마거릿 암센터의 펠로우로 1년 반이란 시간 동안 우리와 함께 근무하며 CALM과 관련 정신치료를 연구했습니다. 함께했던 그 시간을 영광으로 생각합니다.

CALM 한국어 번역본은 CALM 치료 보급과 한국 및 여러 나라의 진행성 암 환자들의 심리적 안녕과 삶의 질을 향상시키는 데 기여할 중요한 잠재력을 지니고 있습니다. CALM의 근거기반은 명확히 구축되어 있으므로, 그다음으로 필요한 것은 이 지식을 번역하는 것이었습니다. 이 책은 한국에서 CALM에 대한 접근성을 높이고, 세계 여러 지역에서 한국어를 사용하는 환자들에게 의미 있는 영향을 미칠 것이라 확신합니다. 우정민 박사뿐만 아니라 한국에서 CALM 치료와 연구를 수행하고 있는 동료 모두와 더 많은 협력을 기대하고 있습니다. 그리고 한국어판이 CALM의 필수적인 교육 도구가 되기를 바랍니다.

깊은 감사의 마음을 담아

게리 로딘Gary Rodin, MD

역자 서문

의학의 발전에 힘입어 과거보다 더 많은 진행성 · 전이성 암 환자가 정상적인 컨디션을 유지하며 오래 생존할 수 있게 되었습니다. 하지만, 앞당겨진 '죽음과 죽어감'으로부터 자유로워지진 못했습니다. 이로 인한 고통과 슬픔은 환자와 가족의 뒤를 그림자처럼 늘 따라다닙니다. 만일, 이 고통과 슬픔을 방치한다면 늘어난 생존 기간만큼 고통만 늘어나게 됩니다. Managing Cancer and Living Meaningfully(CALM)는 이와 같은 배경에서 진행성 · 전이성 암 진단을 받은 환자가 남은 시간을 의미 있게 살아가기를 바라는 염원을 담아 만들어졌습니다.

진행성 · 전이성 암 환자와 보호자를 위한 여러 정신치료적 개입이 개발됐습니다. CALM은 기존 치료와 중요한 차별점이 있습니다. 많은 치료가 죽음을 앞둔 환자에게 삶의 긍정적인 부분만 강조하는 경향이 있습니다. CALM 또한 지지적이고 삶의 밝은 측면을 조명합니다. CALM은 이에 더해 심각한 질병으로 앞당겨진 죽음에 대해 적극적으로 대화하고 사유하게 합니다. 그 사유의 공간에서 환자들은 필연적으로 마주할 수밖에 없는 현실을 피하는 것이 아니라, 그 슬픔과 상실을 인정하고 처리하며, 삶 속에 죽음이, 죽음 속에 삶이 있다는 사실을 이해하게 됩니다. 삶과 죽음, 질병의 긍정적 · 부정적 측면을 전체적으로 조망하여 CALM의 핵심 요소인 '이중인식double awareness'으로 이어지게 합니다. 이것은 CALM의 특별한 점이자 다른 치료와의 차별점입니다.

이 책은 더 많은 사람이 CALM을 경험할 수 있게 하려고 집필되었습니다. 크게 제1부와 제2부 두 부분으로 구성되어 있습니다. 제1부에서는 CALM이 탄생하기까지의 20여 년간의 여정을 담고 있습니다. 저자들이 중요하게 여긴 이론과 실제 수행된 임상 연구를 중심으로 기술되어 있습니다. 제2부는 CALM의 매뉴얼이자 가이드북으로, 실제 치료 사례를 통해 치료자가 치료 시간 동안 다뤄야 할 목표와 흔히 마주하는 어려움을 구체적으로 설명합니다.

저는 운 좋게도 캐나다 프린세스 마거릿 암센터에서 CALM을 개발한 팀과 1년 반이란 시간을 함께하며 게리 로딘Gary Rodin 박사의 치료와 지도감독을 직접 경험할 수 있었습니다. 거기에서 제가 직접 경험한 CALM은 기법이나 이론보다 한 인간에 대한 호기심과 환자 개개인의 고통을 깊이 이해하려는 태도를 중요하게 여겼습니다. 한 개인을 이론으로 재단하거나 판단하는 것을 경계했습니다. 실제 치료 시간에 게리 로딘Gary Rodin 선생님은 결코 단정적이거나 판단적인 언어를 쓰지 않고, 대화의 중심에 환자를 향한 질문이 있었습니다. 환자는 질문에 답하는 과정에서 '자기self'와 '삶의 의미'를 탐색해 나갔고, 그 속에서 편안함과 안전함을 느끼는 것 같았습니다. 흥미로운 점은 이러한 편안함과 안전한 분위기가 치료 시간뿐만 아니라 지도감독 시간에서도 재현된다는 것이었습니다. 당시 세계 각지에서 온 수련생들 모두 이 느낌을 경험했다고 말했습니다. 이는 단순한 치료 기법을 넘어, CALM이 지향하는 본질적인 치료 요소—'안전기지secure base'의 구현—를 보여 줍니다. 저는 이 분위기가 CALM의 고유한 특성이라고 생각합니다. 당시의 느낌을 저의 미력한 글로 온전히 표현할 수 없어 아쉬울 따름입니다.

이 책의 번역을 허락해 주시고 제 정신치료의 길을 제시해 주시는 게리 로딘Gary Rodin 선생님, 가장 가까이서 저의 정신치료 토대를 닦아 주신 임효덕 교수님, 어려운 시기에 CALM 팀을 유지하며 묵묵히 환자를 지켜 주신 김경민, 장서영 선생님에게 감사의 마음을 전합니다. 한결같이 제 곁에서 안전기지가 되어 주는 아내와 아이들에게 사랑과 감사를 전합니다. 어린 시절부터 마음공부로 이끌어 주시고 계시는 선학원 화정사 정암 스님에게도 깊이 감사드립니다. 마지막으로 크나큰 인내심으로 원고 편집을 도와주신 학지사 편집부 박선민 과장님에게 감사드립니다.

이 책은 진행성 · 전이성 암이라는 어려운 현실 속에서 환자들과 함께 걸어갈 방향을 제시합니다. 처음 이 분야를 접하는 이들에게는 든든한 길잡이가, 기존 전문가들에게는 자신감을 더해 줄 것입니다. 더 나아가 CALM이 다루는 실존적 고민과 정신치료의 핵심 개념들은 암 환자뿐만 아니라 더 넓은 범위의 환자를 이해하고 치료하는 데에도 깊은 통찰을 제공할 수 있을 것으로 생각합니다. 이 번역서가 여러분에게 도움이 되기를 바랍니다.

2025년 4월

우정민

편저자 서문

이 책은 지난 20년 동안의 협력과 관계 속에서 태어난 결과물입니다. 이 책은 인간 경험에 관한 우리의 관심과 정신치료적 개입을 통해 고통을 완화하고자 한 우리의 열망에서 시작했습니다. 지도감독자–교육생 관계가 시간이 지남에 따라 완전한 협력관계로 변화했으며, 이것이 CALM이라 불리는 암을 다루며 의미 있게 살아가기Managing Cancer and living Meaningfully Intervention 개발로 이어졌습니다. CALM은 우리가 개발하고 진행성 암 환자들에게 적용해 온 원칙과 개념의 결정체입니다. 진행성 질병에 독특한 측면이 많지만, CALM은 삶의 유한성 및 의미와 관련된 인간의 근본적인 딜레마를 다루고자 했습니다.

수많은 사람이 CALM 임상 · 연구 · 교육 프로그램에 기여했습니다. Chris Lo는 심리도구 개발, 연구 방법, 데이터 분석 및 해석에 전문 지식을 가진 연구심리학자로 CALM 연구 프로그램을 개발하고 CALM의 근거기반을 확립할 임상연구도구를 개발하는 데 핵심적인 파트너였습니다. Rinat Nissim은 프린세스 마거릿 암센터의 지지돌봄과Department of Supportive Care의 심리학자이자 동료로 CALM 환자의 질적 분석 연구를 주도하여 CALM 치료 경험과 이득에 관한 소중한 정보를 제공해 주었습니다. Madeline Li는 프린세스 마거릿 암센터의 지지돌봄과의 정신사회종양학 분과Division of Psychosocial Oncology의 리더이자 정신건강의학과 의사로서 CALM 프로그램을 적극적으로 도와주었습니다. 그녀는 연구원들이 진행성 질병에서 우울증을 감별할 수 있도록 교육해 주었고, 우리 센터의 정기 디스트레스 스크리닝과 근거기반 개입 실행 계획을 주도했습니다. Anne Rydall은 연구 프로그램 매니저로 20년 넘게 팀의 연구 코디네이터, 분석가, 대학원생, 자원봉사자를 관리하고 여러 도움을 주었습니다. CALM은 Carmine Malfitano, Judy Jung, Aubrey Chiu, Tania Panday, Danielle Petricone-Westwood, Sarah Watt, Eryn Tong, Ekaterina An을 포함해 프린세스 마거릿 암센터의 학생, 자원봉사자, 연구원으로부터 많은 도움을 받았습니다. 프린세스 마거릿 암센터의 첫 번째 CALM 치료자 그룹인 사회복지사(Valerie Heller, Cheryl Kanter, Rhonda Kibrick-Lazear, Fiorella Lubertacci, Jenny Shaheed), 정신건강의학과 의사(Peter Fitzgerald), 임상 간호사(Kelly McGuigan, Maurene McQuestion, Patricia Murphy-Kane)는 CALM과 교육 모델을 개발할 수 있도록 초기 CALM 연구에 참여하고 CALM 치료 경험을 공유해 주었습니다. CALM은 또한 프린세스 마거릿 암센터의 지지돌봄과와 국제정신사회완화말기돌봄연구소the Global Institute of Psychosocial, Palliative, and End-of-Life: GIPPEC의 학생, 자원봉사자, 스태프들은 수년 동안 시간과 노력을 들여 CALM이 오늘과 같은 모습이 될 수 있도록 행정 및 연구 활동에 도움을 주었습니다. 앞에 열거된 CALM 연구 스태프에 더해, CALM을 국제적으로 보급하고 세계 각국의 동료들을 지속적으로 연결하는 데 도움을 준 GIPPEC 프로그램 매니저인 Lesley Chaklin과 스태프 Joanna Shnall, Alanna Chu, Twinkle Arora에게 매우 감사드립니다. 마지막으로, 글로벌 CALM 프로그램의 거대한 국제 커뮤니티의 열정적인 참여는 우리가 기대하지 못했던 즐거움이었습니다. 우리의 국제적 협력은, 제12장과 에필로그에서 더 자세히 기술하겠지만, 개인적으로 의미가 있었으며 문화적 차이를 넘은 CALM의 범용성을 더 깊게 이해함으로써 글로벌 CALM 프로그램에 도움을 주었습니다.

CALM은 어떤 면에서 프린세스 마거릿 암센터에 지지돌봄과를 만들 수 있게 도와준 우리의 동료 Camilla Zimmermann과의 파트너십에서 태어났다고

도 할 수 있습니다. 지금은 현실화되었지만, 우리가 공유했던 정신사회종양학psychosocial onconlogy, 완화의료palliative care, 암 재활cancer rehabilitation, 암 생존자(경험자) 관리cancer survivorship를 아우르는 부서를 만들고, 연구 활동을 임상 치료와 교육에 완전히 통합하고자 하는 비전을 함께 공유했습니다. Camilla는 종양학 내에 완화의료를 통합하는 연구 분야의 개척자로 그 가치를 보여 주었습니다. 이러한 맥락에서 CALM 구조를 만들어 가고, 교육 프로그램을 만들며, 조기완화의료에서의 심리적 분야의 근거기반을 추가해 가면서 CALM을 개발했습니다. Princess Margaret Cancer Centre, Princess Margaret Cancer Foundation, Conjoint University of Toronto/University Health Network Harold and Shirley Lederman Chair in Psychosocial Oncology and Palliative Care the University Health Network Centre for Mental Health, Canadian Institutes of Health Research, Movember(호주 멜버른에 근거를 둔 국제적 암 기금)로부터의 지원은 CALM을 개발하는 데 굉장한 도움이 되었습니다.

우리는 이 책을 통해 암이 환자와 가족에게 미치는 영향, CALM과 같은 정신치료적 개입이 디스트레스와 심리적 안녕에 미치는 영향에 대한 깊은 통찰을 얻을 수 있기를 바랍니다. CALM 프로그램을 통해 많은 것을 이루었지만, 우리의 노력은 계속될 것입니다. 치료과정을 더 깊이 이해하고 검사도구를 더 정교화할 것입니다. 국제적 환경에서 CALM의 근거를 모으고, 필요하면 각 문화에 적합하게 조정할 것입니다. 세계 곳곳의 CALM 치료자와 지도감독자를 훈련하고 온라인을 포함한 다양한 플랫폼을 이용해 CALM 접근성을 향상시킬 것입니다. 우리는 진행성 암 환자와 CALM 치료에 대한 여러분의 실제 경험을 들어볼 수 있기를 바랍니다.

차례

제2장 공포 관리 • 47

제3장 천 명의 생명: CALM에 영향을 준 업적 • 59

제4장 애착 안정성 • 77

제5장 정신화와 죽음 • 87

제6장 치료결정과 치료과정 • 107

제7장 CALM과 죽음의 욕구 • 119

제8장 조개 속 진주: 외상 후 성장 • 133

제9장 CALM의 맥락 • 145

제2부 CALM 치료 매뉴얼

들어가며

워킹 운디드The Walking Wounded

죽음을 기다리며 사는 것은 사는 것이 아닙니다.

—CALM 참여자

의료가 발전하고 인구통계학적 변화가 일어나면서, 점점 더 많은 사람이 진행성 암advanced cancer을 가지고 살아가고 있다. 이들은 임박한 죽음의 위협 속에서도 삶을 살아나가야만 하는, 워킹 운디드[1)]들이다. 이들의 과업은 평안함과 평정심 안에서 죽음을 직면해야만 하는 말기end-of-life 환자들의 그것과 다르다. 이런 죽음을 맞이하는 것이 결코 쉬운 일이 아니지만, 어떤 면에서 진행성 질환을 마주하며 의미 있게 사는 것이 훨씬 더 큰 도전일 수 있다.

임박한 죽음에 직면한 암 환자를 위한 정신치료에 관한 책을 쓴다는 것은 어

1) 워킹 운디드walking wounded는 응급처치 분류체계에서 상대적으로 우선순위가 낮은 부상자를 뜻한다. 이들은 부상이 심하지 않아 걸을 수 있고, 다른 부상자를 돕기도 한다. 진행성 암 환자는 매우 심각한 질병을 앓고 있는 상황임에도 일상을 영위할 수 있기 때문에 이러한 표현을 사용했다.

려운 일이다. 이는 자신만의 방대한 문헌과 거대한 담론을 가진 종양학, 완화의료, 심리학, 정신치료, 실존철학의 세계로 다가가는 것이다. 하지만 지식, 경험, 실제 적용을 이 학문끼리 서로 공유한 적은 거의 없었다. 야심차지만 완성할 수 없을지 모르는 이 책은 이러한 방대한 분야를 연결하고 치료자와 환자가 진행성 질환에 맞설 수 있도록 로드맵을 제시하고자 한다.

이 책은 우리 팀과 여러 사람이 수행한 수십 년 동안의 임상경험과 연구를 바탕으로 진행성 암의 심리사회적 차원을 그려 내고 있다. 우리는 1천 명 이상의 진행성 암 혹은 전이암 환자와 그 가족에 대한 질적·양적 연구를 수행했다(이 책의 제3장 참조). 진행성 암이라는 명칭은 앞으로 더 진행하고 삶을 위협할 수 있다는 것을 나타내지만, 이들에게 의미 있는 삶의 가능성은 여전히 존재한다. 인생의 마지막이 언제가 될지 아무도 모른다. 진행성 암으로 인한 죽음도 예측할 수 없는 하나의 가능성일 뿐이지만 환자를 불편한 인식 속으로 끌고 들어간다. 거의 1세기 전 지그문트 프로이트Sigmund Freud가 자기 생명을 앗아 가기 전 15년 이상 앓았던 구강인두암을 묘사한 것처럼, 이런 종류의 질병은 사람들에게 '반갑지 않은 침입자'이다(Romm, 1983). 프로이트는 암 진단 이후 몇 년은 암을 앓고 있었지만 가장 의미 있고 생산적인 시기 중 하나였다. 암을 다루며 의미 있게 살아가기Managing Cancer and Living Meaningfully: CALM는 진행성 질환으로 촉발된 도전과 과제, 위기를 효과적으로 관리하고 가능한 의미 있는 삶을 살아갈 수 있도록 우리 팀이 개발한 근거기반 치료이다.

CALM으로 이르는 우리의 여정

우리는 20여 년 전 캐나다 토론토에 있는 프린세스 마거릿 암센터Pricess Margaret Cancer Centre에서 암 관련 연구를 시작했다. 이 연구의 목적은 진행성 암 환자와 보호자들을 더 잘 지원할 수 있는 방법을 찾는 것이었다. 우리는 환자들이 암

치료 세계에 너무 몰입하고, 때로는 길을 잃으며, 건강한 자들의 세계와 병든 자들의 세계의 '이중 시민권dual citizenship'을 유지하기 위해 고군분투하고 있다는 것을 알게 되었다(Sontag, 1978, p. 3). 우리는 이렇듯 새로운 환경에 놓인 환자들의 개인, 가족 환경, 암 치료 환경이라는 차원에서 도움되는 것과 해가 되는 것을 확인하려 했다. 애착 안정성, 영적 안녕과 같은 요인들의 영향을 조사했고, 죽음불안, 죽음 인식, 죽음 수용, 삶의 의지와 같은 전통적 개념들을 다시 명확히 했다. 우리의 경험적 관찰과 애착이론, 관계이론, 공포관리이론과 같은 이론적 뼈대를 바탕으로, 임박한 죽음에 대한 심리를 재조정해서 디스트레스를 줄이고 성장을 촉진하기 위한 임상 치료를 개발했다.

CALM은 무엇인가

CALM은 3~6회 정도로 짧은 시간 동안 진행할 수 있는 반구조화된 지지-표현 정신치료이다. 이 치료는 진행성 암과 관련된 실질적이고 심오한 문제에 대해 환자가 생각할 수 있도록 프레임워크와 사색적 공간을 제공한다. 진행성 암은 무수히 많은 방식으로 환자와 가족에게 영향을 미칠 수 있지만, 진행성 암이 이들에게 던져 놓는 일반적이고 원형적인 문제들이 있다. CALM은 임상가가 진행성 암 환자들이 직면하는 가장 흔한 4가지 영역에 초점을 맞추도록 도와준다. 이 4개 영역은 분명히 구분되지만, 서로 관련성을 가지고 있다.

- **증상 관리, 치료진들과의 소통.** 환자의 신체 증상과 기능, 의료 서비스 제공자와의 관계, 환자 자신의 치료결정 참여에 대해 탐색한다. 의료 서비스 제공자와의 관계는 진행성 질환 환자에게 너무 중요하다. 증상을 주의 깊고 균형 있게 관리해야 하고, 삶과 죽음 사이에서 치료결정을 내려야 하며, 계속되는 병과 관련된 걱정들을 잘 다루어야 하기 때문이다. 시

간이 지날수록 환자의 의사결정 참여를 독려하고 있지만, 치료결정은 복잡하고 그 근거가 애매모호할 때가 많아서 의사결정에 참여하려면 치료자와 신뢰 관계가 필수적이다. 특히 외래 진료에서 환자의 가치와 경험보다 병과 증상에 더 초점이 맞춰지고 진료 시간이 짧은 경우가 많아서, 의료 제공자와 신뢰 관계를 발전시키는 것은 많은 환자에게 엄청난 도전이다. CALM 치료자는 환자가 치료결정에 영향을 줄 수 있는 가치와 믿음을 명확히 하고(이 책의 제6장 참조), 의료진과의 관계와 의사소통에 대해 논의할 수 있는 안전한 공간을 창조한다.

- **자기self, 가까운 사람들과의 관계 변화.** 환자가 자기감sense of self과 핵심 정체성을 유지하거나 되찾도록 돕는다. 진행성 질병은 환자의 신체 이미지, 기능, 의미 있는 활동을 할 수 있는 능력을 약화시킬 수 있다. 병으로 인해 커지는 의존성은 환자에게 굉장한 위협이 될 수 있다. 자조적이고, 자율적이며, 돌봄을 주는 것을 더 편안하게 느끼는 사람들은 자신이 취약해질 수 있고 타인에게 의존해야 함을 받아들여야만 한다. 도움이 여의치 못한 사람들은 스트레스에 매우 취약할 수 있다. CALM 치료자는 애착 안정성(이 책의 제4장 참조)에 주의를 기울이며 환자가 진행성 질병이라는 맥락에서 중요한 애착 관계를 재조정할 수 있도록 도와야 한다.
- **영성, 삶의 의미, 목적의식.** 수명이 단축된다는 맥락에서, 환자의 가치, 믿음, 의미, 목표, 우선순위를 다룬다. 시간의 단축을 인식하면 자기 삶에서 의미 있거나 의미가 있을 수 있는 것을 다시 생각하게 된다. CALM은 사색적 공간을 만들어 삶의 의미와 우선순위를 조정할 수 있도록 도와준다. CALM은 환자가 자기 삶, 현재 상황, 과거 경험이 어떻게 현재의 병과 관련된 경험을 형성했는지 이해하도록 돕는다. 이 과정은 긍정적인 유산의식sense of legacy을 끌어낼 수 있지만, 이에 앞서 자기 삶에 대한 후회와 실망과 관련된 것들을 검토하고 받아들여야 할 수 있다. 이러한 힘든 감정을 치료자가 공감적으로 이해함으로써 환자는 과거와 현재 삶을 더 긍정

적인 차원으로 통합할 수 있다.

- **미래에 대한 준비, 희망의 지속, 죽음의 직면.** 죽어감과 죽음에 대한 태도와 공포를 탐색하고, 미래와 삶의 마지막에 대한 계획을 세운다. CALM은 민감하고 중요한 대화를 시작할 수 있는 안전한 공간을 제공할 수 있다. 특히 이러한 논의가 가족에게 과도한 부담이나 고통을 줄까 우려하는 환자에게 더욱 도움이 된다. 중요한 삶의 목표를 달성하지 못한 것, 중요한 사람들과 마무리를 짓지 못한 것, 자기 죽음으로 가까운 사람들이 힘들어하는 것, 죽음이 갑작스럽게 찾아오거나 고통스러울 것이라는 예상은 삶의 마지막과 관련되어 나타날 수 있는 걱정들이다. 미래의 **불확실성**은 환자에게 굉장한 고통을 일으키긴 하지만, 환자와 치료자는 살아온 삶과 남은 시간 동안 살아갈 삶에 대해 다시 생각해 볼 '지금, 이 순간'을 창조해 낼 수 있다(Stern et al., 1998).

치료자에게 CALM의 4개 영역은 일반적으로 진행성 질환 환자에게 중요한 문제와 치료 동안 다루어야 하는 문제의 리마인더이자 표지판이 된다. 환자와 세션마다 각 영역의 우선순위와 다루는 순서가 다르겠지만, 각 영역은 단기정신치료의 중요한 측면인 치료 목표의 조직화(Malan, 1976)[2], 즉 CALM의 목표를 조직적으로 이루어 낼 수 있게 한다. 우리는 처음에 이러한 영역을 '모듈module'이라고 불렀다. 하지만 이 용어가 고정된 순서를 암시한다는 것을 알게 되었다. 그래서 우리는 도메인domain, 즉 '영역'으로 수정했고, 주제의 광범위성과 상호 관련성을 더 잘 반영할 수 있었다. 이는 주제를 고정된 순서로 고수하기보다 환자의 이야기를 따라가는 CALM 치료자의 의도와 더 일치한다. CALM

2) 단기정신치료는 정신역동적 테두리 내에서 진행되지만, 시간-효율적인 측면에서 내담자의 특정 문제와 목표에 초점을 맞춘다. CALM은 단기정신치료로 이러한 목표를 효율적으로 이루기 위해서 초점을 맞추어야 하는 영역을 제시하고 있다.

영역 순서에서 유연성이 필요하다는 사실을, 네 번째 영역인 죽음과 관련된 문제를 연구하면서 더 확신하게 되었다. 우리는 죽음과 관련된 공포의 민감한 성격을 고려할 때, 이 영역의 문제는 치료가 끝날 때 혹은 더 이후에 나타날 것이라고 예상했다. 하지만 우리는 특별한 유도 없이 치료자의 개방형 질문에 대응하여 죽음과 관련된 걱정이 첫 번째 치료 시간 초기에도 흔히 나타난다는 것을 알았다(Shaw et al., 2017).

CALM에서 치료 관계는 모든 노력의 결실이 좌우되는 기초이다. 치료자는 안정된 토대를 제공하고 환자의 경험에 호기심과 개방감을 가지도록 노력함으로써, 환자가 새로운 길을 찾고 새로운 방식으로 존재할 수 있도록 돕는다. CALM 치료자는 환자와 공동으로 새로운 삶의 의미를 만들 의도로, 잠정적 해석을 제공한다. CALM은 우리 팀이 정교화한 개념인 '이중인식double awareness'를 가질 수 있도록 돕는다. 이 개념 안에서 치료의 한계와 삶의 마지막에 대한 계획을 세우면서 삶을 지속할 수 있다(Rodin & Zimmermann, 2008, 이 책의 제5장 참조). 진행성 암 안에서 이러한 이중성을 유지하는 것은, 삶의 마지막에 대한 특정 초기 적응 모델(Kübler-Ross, 1969; 이 책의 제3장 참조)의 저항과 부정에서 수용으로 점진적으로 이어진다는 관점과는 매우 다른 지향점을 가진다. CALM은 역사적 사실의 발견이 아닌(Spence, 1982), 의미가 있는 내러티브narrative를 함께 만들어 가는 것을 치료과정으로 보는 근대적인 시각과 정확하게 일치한다(Atwood & Stolorow, 1984). 자서전적 추론autobiographical reasoning이라는 불리는, 이러한 내러티브 만들기를 통해 얻은 삶의 의미와 자기 응집성은 힘겨운 인생 경험을 조절하는 것을 배울 수 있게 하는 중요한 수단이다(Weststrate & Glück, 2017). CALM 치료자가 감정표현을 촉진하며, 정서적 무감각이나 압도되는 디스트레스를 줄여 주려는 노력과 함께, 환자의 감정조절에 주의를 기울이며 정서적으로 존재해 주는 것emotional presence은 어려운 상황을 극복해 나갈 수 있게 한다.

근거기반

지난 20년 동안 우리 팀이 수행한 연구에 따르면, 삶의 의지는 자신의 예후와 앞으로의 상황을 알고 있는 진행성 암 환자들에게도 보편적이라는 것을 확인했다(예: Rodin et al., 2007). 세계 일부 지역에서 죽음을 돕는 것이 대중의 관심이 되고 있음에도 불구하고, 삶의 의지는 마지막이 가까워졌을 때조차 인간에게 '태어날 때부터 새겨진' 것처럼 강렬하다. 동시에, 진행성 암 환자들은 자신의 병과 예후에 관해 의료진과의 공감적이고 정직한 의사소통을 중요하게 생각한다(Rodin, Mackay, et al., 2009). 이러한 의사소통은 진행성 암이라는 복잡하고 어려운 질병을 앓는 상황에서 의사결정을 충분한 정보에 근거해 내릴 수 있게 하는 데 필수이다. 자기 상태의 심각성을 알지 못하게 막는 가족과 의료진의 선의의 노력은 환자의 고립감을 증가시킬 뿐이다. 이 상황에서 심리적인 적응이란 피할 수 없는 것을 피하는 것이 아니라 깊은 상실감과 슬픔의 감정을 처리하며, 새로운 의미의 원천을 찾고, 증가하는 의존성을 받아들이며, 질병이 초래하는 황폐화에도 불구하고 자기감을 보존하는 데 달려 있다. CALM은 이러한 문제를 해결하기 위해 고안되었다.

CALM 개발을 이끌고 과학적 체계 내에서 그 효과를 평가한 근거기반은 종양학 및 지지돌봄 커뮤니티가 CALM을 받아들이는 데 크게 기여했다. 우리는 2007년의 삶의 의지Will to Live 연구를 시작으로 우울증과 의기소침demoralization 증상이 진행성 암 환자에게 흔하며, 삶의 마지막에 다가갈수록 악화하는 경우가 많다는 것을 증명했다(Lo et al., 2010, 이 책의 제3장 참조). 우리는 이 고통 속에 있는 환자들을 어떤 요인이 보호하는지, 더 위험에 빠뜨리는지 이해하기 위해 공포관리이론terror management theory을 적용하여 연구했다. 우리는 이 이론과 일치하는 결과를 얻었다. 자기 존중, 안정된 애착, 삶의 의미라는 세 가지 심리적 기둥이 환자들을 우울증과 의기소침으로부터 보호한다는 것을 증명했다(Rodin,

Lo, et al., 2009). CALM은 이 중요한 기둥을 강화하고 진행성 질병 환자가 필연적으로 직면할 장애물을 관리할 수 있도록 돕기 위해 고안되었다.

CALM의 무작위통제시험 결과는 임상 관찰에 과학적 신뢰성을 더했다. 이 연구는 CALM이 3개월과 6개월 모두에서 우울증 증상을 완화하고 예방하는 데 효과적이라는 것을 보여 주었다(이 책의 제7장과 제10장 참조; Rodin et al., 2018). 또한 CALM은 치료 시작 전 디스트레스 수준이 중등도인 환자들에게 죽음과 죽어감에 대한 디스트레스를 더 완화하고 예방한다는 것을 보여 주었다. 그리고 CALM을 경험한 사람들이 삶의 마지막에 더 잘 준비되었다고 느끼는 것으로 나타났다. 마지막으로, CALM 치료를 받은 사람들은 일반적인 치료를 받는 사람들보다 모든 CALM 관련 웰빙 영역에서 훨씬 큰 도움을 받는 것으로 나타났다(이 책의 제10장 참조).

진행성 암 환자들의 심리상태는 현재 진행되고 있는 암의 세계와 분리될 수 없다. 이것은 CALM의 기본적인 가정이다. 따라서 CALM은 암 치료와 완화의료에 철저히 통합되도록 만들어졌다. 암과 관련된 세계에 깊이 관여하고 이를 이해하는 치료자들은 매우 고유한 가치를 가진다. 이 치료자들은 완화의료나 다른 암 치료에서 다룰 수 없는 심리적 문제를 깊이 있게 다루는 시간과 공간을 제공한다.

책의 구조

이 책은 진행성 질병에서의 심리를 더 잘 이해하고, 생명을 위협하는 질병이 있는 환자를 더 효과적으로 돕기 위해 어떻게 개입하는지 알기 원하는 모든 분야의 건강 관련 종사자들을 위한 것이다. 또한 이러한 주제를 더 깊이 이해하고자 하는 환자와 보호자에게도 이 책은 가치가 있을 것이다.

이 책의 제1부는 CALM 개발에 영향을 준 이론 체계와 연구를 소개하는 것으로 시작한다. CALM은 의학의 발전적 변형과 정신에 대한 이해의 맥락에서 나왔다. 하인츠 코후트Heinz Kohut(1977), 존 볼비John Bowlby(1969), 스티븐 미첼Stephen Mitchell(2000), 엘리자베스 퀴블러-로스Elisabeth Kübler-Ross(1969), 바니 글레이저Barney Glaser와 안셀름 스트라우스Anselm Strauss(1965), E. 맨셀 패티슨E. Mansell Pattison(1977), 데임 시슬리 손더스Dame Cicely Saunders(2001)의 업적이 CALM 개발의 토대가 되었다. 이 선구자들은 정신치료, 의학, 말기 치료의 관점을 실증주의적 모델에서 인간의 주관성과 공감적 이해에 더 분명하게 초점을 맞춘 모델로 전환하는 데 도움을 주었다. 또한 CALM은 최신 치료로 진행성 암 환자가 더 오래 생존할 수 있게 된 것에 대응하여 나타난 조기완화의료의 맥락에서 만들어졌다.

제2부는 CALM 매뉴얼이다. CALM 치료를 자세히 알고자 하는 사람들을 위해 CALM의 구체적인 내용과 과정을 제시한다. 이 부분은 CALM 치료를 처음 접하는 사람과 더 깊이 경험하고 싶어 하는 사람 모두를 위한 실제 적용에 관한 것이다.

우리는 이 책이 진행성 암 환자가 남은 시간 동안 가능한 한 잘 지낼 수 있도록 도울 새로우면서도 친근한 방식으로 우리의 이해를 전달하기를 바란다. 우리는 생명을 위협하는 질병을 가지고 살아가는 사람들의 내면과 외면으로 향하는 창문 모두를 열려고 노력했다. 이 노력이 인간으로서의 우리의 삶과 살아갈 삶의 방식에 영향을 줄 것이라 믿고 있다. 당신이 진행성 암 환자와 가족의 삶에 깊숙이 관여하는 우리의 이 여정에 함께하는 것에 감사한다. 살아가면서 가장 힘든 이 순간을 보내고 있는 사람들과 함께하면서 우리는 일종의 효능감, 깊은 감동, 영광을 느낄 수 있었다. 우리의 책이 여러분에게 격려가 되기를 바라며, 진행성 암 환자와 가족이 암을 관리하며 의미 있는 삶을 살 수 있도록 돕기 위해 시작한 우리의 글로벌 프로젝트에도 참여하기를 바란다.

참고문헌

Atwood, G., & Stolorow, R. (1984). *Structures of subjectivity: Explorations in psychoanalytic phenomenology*. The Analytic Press.

Bowlby, J. (1969). *Attachment and loss*. Vol. I: *Attachment*. Hogarth Press and the Institute of Psycho-Analysis.

Glaser, B. G., & Strauss, A. L. (1965). *Awareness of dying*. Aldine Transaction.

Kohut, H. (1977). *The restoration of the self*. International Universities Press, Inc.

Kübler-Ross, E. (1969). *On death and dying*. Tavistock Publications.

Lo, C., Zimmermann, C., Rydall, A., Walsh, A., Jones, J. M., Moore, M. J., Shepherd, F. A., Gagliese, L., & Rodin, G. (2010). Longitudinal study of depressive symptoms in patients with metastatic gastrointestinal and lung cancer. *Journal of Clinical Oncology, 28*(18), 3084-3089.

Malan, D. H. (1976). *The frontier of brief psychotherapy: An example of the convergence of research and clinical practice*. Plenum Medical Book Co.

Mitchell, S. A. (2000). *Relationality: From attachment to intersubjectivity*. The Analytics Press.

Pattison, E. M. (1977). *The experience of dying*. Prentice Hall.

Rodin, G., Lo, C., Mikulincer, M., Donner, A., Gagliese, L., & Zimmermann, C. (2009). Pathways to distress: The multiple determinants of depression, hopelessness, and the desire for hastened death in metastatic cancer patients. *Social Science & Medicine, 68*(3), 562-569.

Rodin, G., Lo, C., Rydall, A., Shnall, J., Malfitano, C., Chiu, A., Panday, T., Watt, S., An, E., Nissim, R., Li, M. Zimmermann, C., & Hales, S. (2018). Managing Cancer and Living Meaningfully(CALM): A randomized controlled trial of a psychological intervention for patients with advanced cancer. *Journal of Clinical Oncology, 36*(23), 2422-2432.

Rodin, G., Mackay, J. A., Zimmermann, C., Mayer, C., Howell, D., Katz, M., Sussman, J., & Brouwers, M. (2009). Clinician-patient communication: A systematic review. *Supportive Care in Cancer, 17*(6), 627-644.

Rodin, G., & Zimmermann, C. (2008). Psychoanalytic reflections on mortality: A reconsideration. *Journal of the American Academy of Psychoanalysis and Dynamic Psychiatry, 36*(1), 181-196.

Rodin, G., Zimmermann, C., Rydall, A., Jones, J., Shepherd, F. A., Moore, M., Fruh, M., Donner, A., & Gagliese, L. (2007). The desire for hastened death in patients with metastatic cancer. *Journal of Pain and Symptom Management, 33*(6), 661-675.

Romm, S. (1983). *The unwelcome intruder: Freud's struggle with cancer*. Praeger.

Saunders, C. (2001). The evolution of palliative care. *Journal of the Royal Society of Medicine, 94* (9), 430-432.

Shaw, C., Chrysikou, V., Davis, S., Gessler, S., Rodin, G., & Lanceley, A. (2017). Inviting end-of-life talk in initial CALM therapy sessions: A conversation analytic study. *Patient Education and Counseling, 100*(2), 259-266.

Sontag, S. (1978). *Illness as metaphor*. Farrar, Straus and Giroux.

Spence, D. P. (1982). *Narrative truth and historical truth: Meaning and interpretation in psychoanalysis*. W. W. Norton and Company.

Stern, D. N., Sander, L. W., Nahum, J. P., Harrison, A. M., Lyons-Ruth, K., Morgan, A. C., Bruschweiler-Stern, N., & Tronick, E. Z. (1998). Non-interpretive mechanisms in psychoanalytic therapy: The 'something more' than interpretation. *International Journal of Psycho-Analysis, 79* (Pt 5), 903-921.

Weststrate, N. M., & Glück, J. (2017). Hard-earned wisdom: Exploratory processing of difficult life experience is positively associated with wisdom. *Developmental Psychology, 53*(4), 800-814.

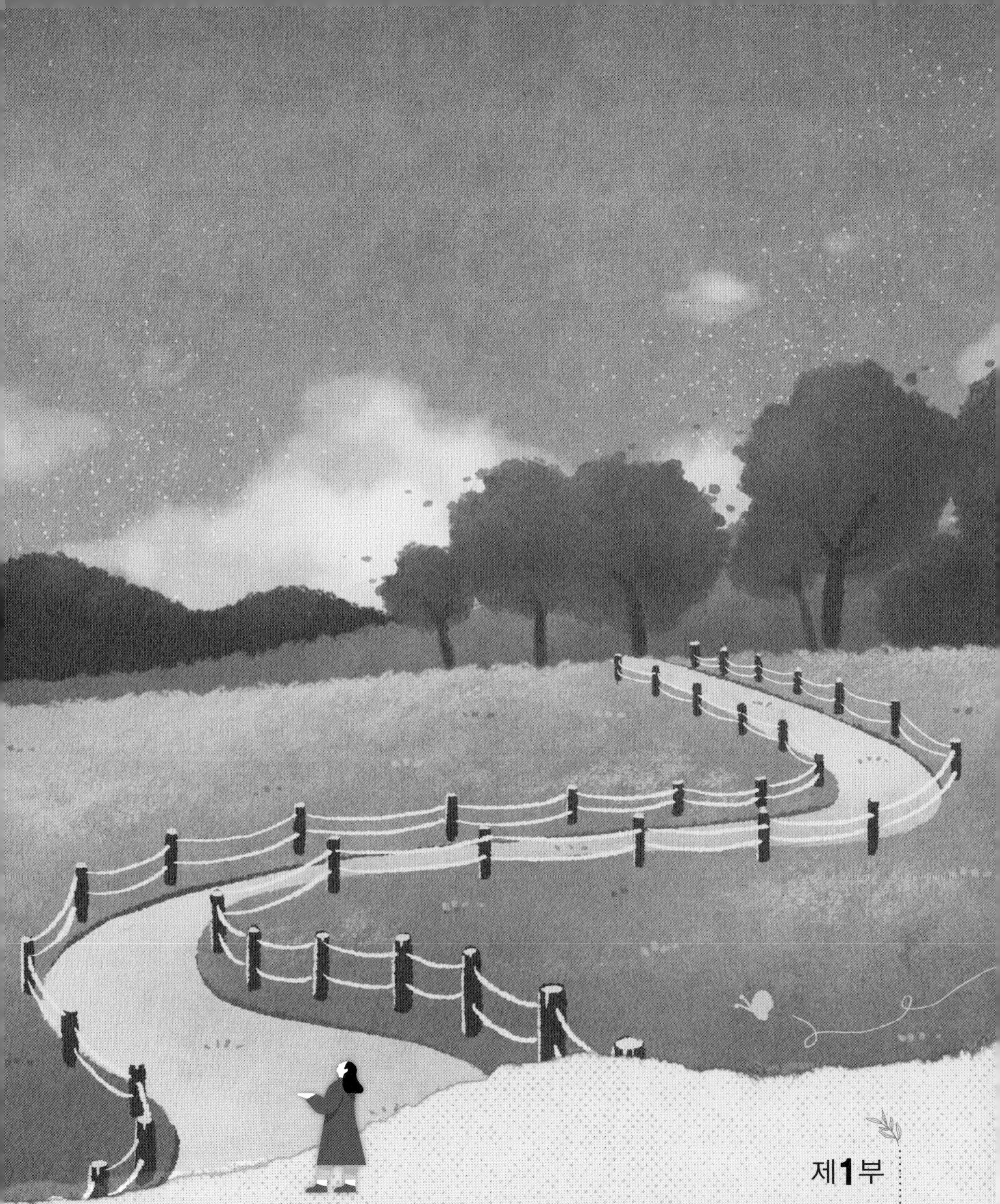

제1부

CALM의 토대

제**1**장

현대 삶에서 죽음의 의미

서론

지난 세기 동안 전례 없는 의료 및 공중 보건의 진보가 있었고, 전 세계 기대수명은 두 배로 증가했다(Roser et al., 2019). 그러나 인생에서 가장 힘든 시기에 있는 많은 환자를 위해 의료의 인간적인 차원에 대한 투자는 동반되지 않았다. 완화의료 지지 운동과 CALM 치료는 환자들의 요구와 이들의 고통에 관심이 부족한 현대 의료에 대응하여 나타났다.

질병의 정신사회적 측면이 의학에서 상대적으로 낮은 우선순위에 자리 잡은 것은 현대 의학교육의 방향, 의료 분야의 의사결정자의 편견과 우선순위, 질병과 죽음에 대한 사회적 태도 등 많은 것들에 기인한다. 고소득 국가에서 생명공학과 공격적인 의료 개입에 막대한 투자를 하였지만, 지지완화의료에 상호 보완적으로 투자를 한 것은 아니었다(Jordan et al., 2018). 후진국과 중진국도 의학 치료나 지지 치료에서 기본적인 틀조차 갖추지 않고서, 이득이 크지 않은 비싼 의학적 치료에 투자하는 경우가 많았다(Sullivan et al., 2017). “건강의 문화적 가치 체계”[1](Napier et al., 2014, p. 1607)를 깊이 생각하기보다, 기술을 우선순위에 놓고 공격적 치료를 객관적이고 당연한 것으로 여겼다. 이러한 분위기 속에서 정서적 고통은 다른 형태의 고통보다 낮은 순위에 위치하게 되었다.

최근 수십 년 동안 질병 부담과 죽음의 불안을 조절할 수 있는 더 나은 지원을 기대하는 대중이나 환자의 목소리가 커졌다. 이것은 부분적으로 많은 사회가 세속화되고 그에 따라 삶의 의미를 느끼게 해 주는 문화적 자산이 상실되었기 때문이다. 이러한 사회적 변화는 많은 환자와 가족이 의료 제공자로부터 정서적 지지와 의미를 찾게 만들었다(Timmermans, 2005). 이러한 요구에 부응하여 완화의료가 등장했지만, 가장 인본주의적이어야 할 이 분야에서도 질병의 정신사회적 차원보다 신체적 측면에 훨씬 더 많은 관심을 기울여 왔다.

전 세계 대부분 지역에서 의료 제공자가 효과적인 심리적 돌봄을 제공할 수 있게 하는 교육과 지원이 부족하다. 이 사실은 공감보다 생물학과 기술에 우선권을 주는 현대 의학의 방향과 일치한다(Napier et al., 2014). 공감은 가장 비용이 적게 드는 의학적 개입이다. 공감은 타고난 인간의 능력이자 교육과 모델링을 통해 강화될 수 있다(Buckman et al., 2011). 이 공감이 바로 CALM의 핵심 요소이다.

1) 문화는 단순하게 과학적 객관의 반대되는 주관적인 가치 체계로 생각할 수도 있지만, 모든 사람은 자신만의 가치체계를 가지고 있고, 한 개인에게 매우 큰 의미를 가진다. 그리고 이것은 평가할 수 없는 것이라 해도 실제 존재하는 것이다. 이것을 무시했을 때, 우리의 건강에 대한 신념은 매우 편협하고 제한적이며 건강의 전체적 모습을 그릴 수 없게 된다. 이러한 맥락에서 정서적인 문제를 제외해 버린 의학이 건강을 추구하는 것은 아이러니이다.

왜 암인가

소위 '모든 질병의 황제'(Mukherjee, 2010)라고 불리는 암은 고대부터 인간에게 두려움을 불러일으켰다. 한때는 미지의 세계에 숨겨져 있었지만, 지난 세기 동안 사회와 의학에서 중심적인 자리를 차지했다. 암은 21세기 사망의 주요 원인이 될 것으로 예상되며, 전 세계 모든 나라에서 기대 수명 증가를 막는 중요한 장벽 중 하나이다(Bray et al., 2018). 암 발생률과 유병률의 증가는 고령화와 인구 증가, 심장 및 감염성 질병으로 인한 사망의 감소, 암 발생 위험을 증가시키는 생활방식의 변화 등 여러 요인과 관련이 있다(Bray et al., 2018). 또한 면역 요법과 새로운 표적 치료법은 전통적인 화학 요법보다 독성이 적으며, 많은 환자에서 관해 상태를 연장하거나 질병 진행을 중단시켰다. 그 결과, 진행성 암 환자는 더 많아지게 되었다. 이 환자들의 생존율 향상은 최근 수십 년 동안 의학에서 주목할 만한 업적이다. 그러나 일부 암종에서 암 치료의 사망률 감소 효과는 실망스러울 정도로 작다. 이 환자들에게 남아 있는 시간은 훨씬 더 소중하기 때문에, 질병 부담과 재발이나 악화의 가능성에도 불구하고, 의미 있게 살 수 있는 방법을 찾아야만 한다.

암 치료에서 인간성 상실

현대 의료는 더 전문화되고 기술화되면서, 치료 현장은 의도치 않게 비인간적이라는 느낌을 주게 되었다(Høybye & Tjørnhøj-Thomsen, 2014). 암 클리닉 진료는 짧고 질병과 그 치료 자체에 초점을 맞추고 있어, 한 인간에게 관심을 기울일 시간이 거의 없다(Sullivan et al., 2017). 어떤 사람들은 이것을 전통적인 의학의 쇠퇴와 연결했는데, 예전엔 의사들은 환자와 가족을 평생 알고 지냈고 치료 관계는 의료에서 핵심이었다. 의학의 전문화와 기술화, 거대한 도시 중심지의 인구 증가는 이와 같은 친밀한 의학적 관계를 약화시켰다. 어찌된 일인지 소통과 관계의 전문성은 공부나 가르침이 필수적이지 않은 '소프트 스킬'로 여겨지게 되었고, 이로 인해 현대 의학 수련생들의 공감 능력은 의대 과정뿐만 아니라 이후의 레지던트 수련 과정 동안에도 감소하게 되는 결과를 낳았다(Quince et al., 2016). 이러한 감소는 교육과정, 스승이 실제 환자를 대하는 모습, 의료 상황에서 감정 소모 처리를 도와줄 지원 부족에서 비롯된다(Buckman et al., 2011). 인공 지능과 기계 학습은 진단과 치료에 많은 진보를 가져올 수 있지만(Lynch & Liston, 2018; Topol, 2019), 적어도 이러한 발전이 단기적으로는 의료에서 인간관계의 치료적 가치를 대체할 것 같지 않다.

또한 임상의들은 이러한 사회와 의료의 변화에 영향을 받고 있고, 점점 더 기술화되고 질병 치료에만 초점을 맞추는 의료 시스템에서 고군분투 중이다. 심지어 이는 임종에 가까워졌을 때도 마찬가지이다. 비용 대비 효율이라는 체계에 전 세계가 초점을 맞추는 동안 의료는 점진적으로 비인간화되었다. 이제는 환자 중심의 건강 체계로 전환이 필요하다는 주장이 제기되고 있다(The Lancet [Editorial], 2019). 의료 제공자들은 환자와 연결될 수 있는 능력을 잃고 있고, 종양학자와 많은 임상의에게 도덕적 고뇌와 소진이 흔하게 나타나고 있다(Yates & Samuel, 2019).

소비자 주도 건강관리

이제 세계의 많은 지역의 환자들은 자기 삶의 질과 기간을 향상시키기 위해 의학적 의사결정과 의학적 돌봄 방향 결정에 참여하기를 주장하고 있다. 환자들은 의료 제공자들에게 크게 실망하면서도 질병이 진행되는 동안 심리적인 지원을 받기 위해 의료 제공자들에게 점점 더 의지하고 있다. 미국 대형 암센터의 한 연구에서, 진행성 암 환자들이 의사에게 원하는 것과 그들이 실제 받는 것 사이의 차이가 극명하게 드러났다. 이 연구는 상당한 비율의 진행성 암 환자들이 그들의 주치의가 영적 돌봄을 제공하기를 원하지만, 아주 적은 비율의 의사들만이 적절한 교육을 받은 것으로 나타났다(Balboni et al., 2013). 이러한 격차를 해소하기 위해서 학부, 대학원, 지속적인 의료 교육 프로그램 개발에 훨씬 더 많은 관심이 필요하다(Byund, 2017; Patel et al., 2019).

죽어감과 죽음의 문제에 대한 사회적 관심이 높아지고 있으며, 이는 결국 의료 시스템이 진단부터 임종까지 진행성 암 환자들을 더 잘 지원해야 한다는 요구로 이어졌다. 일부 지역에서 건강한 사람들이 누구나 피할 수 없는 죽음에 대비하기 위해 '죽음 카페'의 일원으로 만나 죽음에 대해 논의하고 죽음을 직면한다(Miles & Corr, 2017). 아툴 가완디Atul Gawade의 『어떻게 죽을 것인가Being Mortal』(2014), 폴 칼라니티Paul Kalanithi의 『숨결이 바람 될 때When Breath Becomes Air』(2016) 등 실화를 다룬 도서들이 세계적인 베스트셀러가 됐다. 이것은 의학 발전과 진행성 질병을 앓는 사람들이 더 오래 생존하는 것과 관련이 있을 수 있다. 또한 의료에서 빈번하게 일어나는 비인간화 경험에 대한 반응으로 나타난 것일 수 있다.

진행성 암 환자를 위한 정신치료

이러한 사회 변화에 대응하여, 진행성 질병을 가진 사람을 위한 돌봄이 질환의 심리적 · 사회적 · 정신적 차원으로 확장되어야 한다는 이해가 커지고 있다. 이를 위해 임상의는 환자가 굉장한 변화에 적응하도록 돕기 위해 더 나은 교육을 받아야 한다(Galushko et al., 2012; Hales et al., 2014). 근거기반 정신치료적 접근법이 진행성 암 환자를 위해 등장하고 있다(Rodin et al., 2020; 이 책의 제9장 참조). 그중 하나가 바로 CALM으로, 암 치료와 완화의료에 잘 통합되어,

병의 악화나 임종뿐만 아니라, 진행성 질병을 마주하며 살아가는 것에 초점을 맞춘다.

CALM의 출현

20여 년 동안 종합암센터에서 일하는 정신건강 임상의로서, 우리는 암 치료의 의료계와 완치가 어려운 환자들의 개인적 세계에 몰입해 왔다. 우리는 환자와 가족의 용기에 감동하고, 깊은 인상을 받았으며, 그들이 직면하는 문제에 공통점이 있다는 점에 매우 놀랐다. 전 세계 암센터의 동료들 또한 이를 알고 있었지만, 환자와 가족이 진행성 암과 관련된 어려움을 관리하고 의미 있는 삶을 살 수 있도록 돕는 체계적이고 균일한 접근법이 없어 애를 먹고 있었다.

우리는 진행성 질병을 가진 환자를 위한 표준 치료의 하나로 시행될 수 있는 치료를 개발하고자 했다. 환자가 우울증에 걸리거나 의기소침해지거나 자살할 때까지 기다리는 전통적인 접근법이 진행성 암 환자에게 도움이 되지 않는다는 것을 확신하게 되었다. 연구, 이론, 그리고 가장 중요한 것, 즉 우리가 매일 진료실에서 본 환자들과의 경험에 근거하여 CALM을 개발했다. 지난 10년 동안, 이 접근법에 대한 세계 각지에 있는 동료들의 관심과 열정은 대단했다. 이들의 도움으로 우리는 전 세계 수천 명의 임상가에게 CALM을 교육했다. 이들 중 많은 사람이 매년 캐나다 토론토로 돌아와 우리의 교육 워크숍에 참석하고 있다(이 책의 제12장 참조). 이들은 이 모든 것을 하나로 묶는 출판물을 계속 요청했고, 이것이 이 책을 쓰게 된 계기가 되었다.

우리는 이러한 인간 상호작용의 감동과 힘을 언어로 포착하는 것은 불가능하다는 것을 알고 있지만, 이 책에 포함된 설명과 사례가 적어도 CALM의 친밀하고 인간적인 차원을 전달할 수 있기를 바란다. 우리는 CALM이 전 세계의 진행성 암 환자를 위한 돌봄에서 필수적이고 표준적인 것이 될 수 있는지 독자 스스로 판단하도록 남겨 두고 싶다. 이 치료가 환자와 가족에게 더 나은 도움을 제공하고, 더 많은 임상가가 환자들이 질병을 관리하고 삶을 더 의미 있게 살도록 도와주며 깊은 만족감에 빠져 들 수 있기를 바란다.

참고문헌

Balboni, T. A., Balboni, M., Enzinger, A. C., Gallivan, K., Paulk, M. E., Wright, A., Steinhauser, K., VanderWeele, T. J., & Prigerson, H. G. (2013). Provision of spiritual support to patients with advanced cancer by religious communities and associations with medical care at the end of life. *JAMA Internal Medicine, 173*(12), 1109-1117.

Bray, F., Ferlay, J., Soerjomataram, I., Siegel, R. L., Torre, L. A., & Jemal, A. (2018). Global cancer statistics 2018: GLOBOCAN estimates of incidence and mortality worldwide for 36 cancers in 185 countries. *CA: A Cancer Journal for Clinicians, 68*(6), 394-424.

Buckman, R., Tulsky, J. A., & Rodin, G. (2011). Empathic responses in clinical practice: Intuition or tuition? *CMAJ: Canadian Medical Association Journal, 183*(5), 569-571.

Bylund, C. L. (2017). Taking the 'training' out of communication skills training. *Patient Education and Counseling, 100*(7), 1408-1409.

Gawande, A. (2014). *Being mortal: Ilness, medicine, and what matters in the end.* Metropolitan Books.

Galushko, M., Romotzky, V., & Voltz, R. (2012). Challenges in end-of-life communication. *Current Opinion in Supportive and Palliative Care, 6*(3), 355-364.

Hales, S., Chiu, A., Husain, A., Braun, M., Rydall, A., Gagliese, L., Zimmermann, C., & Rodin, G. (2014). The quality of dying and death in cancer and its relationship to palliative care and place of death. *Journal of Pain and Symptom Management,*

48(5), 839-851.

Høybye, M. T., & Tjørnhøj-homsen, T. (2014). Encounters in cancer treatment: Intersubjective configurations of a need for rehabilitation. *Medical Anthropology Quarterly*, *28*(3), 305-322.

Jordan, K., Aapro, M., Kaasa, S., Ripamonti, C. I., Scotté, F., Strasser, F., Young, A., Bruera, E., Herrstedt, J., Keefe, D., Laird, B., Walsh, D., Douillard, J. Y., & Cervantes, A. (2018). European Society for Medical Oncology (ESMO) position paper on supportive and palliative care. *Annals of Oncology, 29*(1), 36-43.

Kalanithi, P. (2016). *When breath becomes air*. Random House.

Lynch, C. J., & Liston, C. (2018). New machine-learning technologies for computer-aided diagnosis. *Nature Medicine, 24*(9), 1304-1305.

Miles, L., & Corr, C. A. (2017). Death cafe: What is it and what we can learn from it. *OMEGA-Journal of Death and Dying, 75*(2), 151-165.

Mukherjee, S. (2010). *The emperor of all maladies: A biography of cancer*. Simon & Schuster.

Napier, A. D., Ancarno, C., Butler, B., Calabrese, J., Chater, A., Chatterjee, H., Guesnet, F., Horne, R., Jacyna, S., Jadhav, S., Macdonald, A., Neuendorf, U., Parkhurst, A., Reynolds, R., Scambler, G., Shamdasani, S., Smith, S. Z., Stougaard-Nielsen, J., Thomson, L., Tyler, N., Volkmann, A. M., Walker, T., Watson, J., Williams, A. C., Willott, C., Wilson, J., & Woolf, K. (2014). Culture and health. *The Lancet, 384*(9954), 1607-1639.

Patel, S., Pelletier-Bui, A., Smith, S., Roberts, M. B., Kilgannon, H., Trzeciak, S., & Roberts, B. W. (2019). Curricula for empathy and compassion training in medical education: A systematic review. *PLoS One*, *14*(8), e0221412. doi: 10.1371/journal.pone.0221412.

Physician burnout: The need to rehumanise health systems. (2019). *The Lancet*, *394*(10209), 1591.

Quince, T., Thiemann, P., Benson, J., & Hyde, S. (2016). Undergraduate medical students' empathy: Current perspectives. *Advances in Medical Education and Practice, 7*, 443-455.

Rodin, G., An, E., Shnall, J., & Malfitano, C. (2020). Psychological interventions for patients with advanced disease: Implications for oncology and palliative care. *Journal of Clinical Oncology, 38*(9), 885-904.

Roser, M., Ortiz-Ospina, E., & Ritchie, H. (2019). Life Expectancy. *Published online at OurWorldInData.org*. Retrieved from: 'https://ourworldindata.org/life-expectancy' [Online Resource. First published in 2013; last revised in October 2019].

Sullivan, R., Pramesh, C. S., & Booth, C. M. (2017). Cancer patients need better care, not just more technology. *Nature, 549*(7672), 325-328.

The Lancet [Editorial]. (2019). Physician burnout: The need to rehumanise health systems. *Lancet, 394*(10209), 1591.

Timmermans, S. (2005). Death brokering: Constructing culturally appropriate deaths. *Sociology of Health & Illness*, *27*(7), 993-1013.

Topol, E. (2019). *Deep medicine: How artificial intelligence can make healthcare human again*. Basic Books.

Yates, M., & Samuel, V. (2019). Burnout in oncologists and associated factors: A systematic literature review and meta-analysis. *European Journal of Cancer Care*, 28(3), e13094. doi: 10.1111/ecc.13094.

제2장

공포 관리

진단 이후 듣게 되는 것마다 점점 더 끔찍해졌습니다.

—CALM 참가자

서론

CALM의 근원적인 목표는 진행성/전이성 암 진단과 그 이후 과정에서 나타나는 환자와 가족의 공포를 조절하는 것이다. 우울증과 의기소침 상태는 질병이 진행되면서 흔히 나타나는 것이지만, 불안과 공포는 대부분 나쁜 소식에 충격받아 생기는 즉각적인 심리 반응이다. 이러한 반응은 매우 심하고 만연할 수 있고, 증상이 급성스트레스장애acute Stress Disorder: ASD나 외상후스트레스장애posttraumatic Stress Disorder: PTSD의 진단 기준을 충족할 수 있다. 이 장에서는 진행성 암 진단, 진행 또는 재발 후에 나타날 수 있는 외상 상태와 CALM 치료가 증상 완화에 어떻게 도움이 되는지 설명할 것이다.

외상 및 스트레스관련장애

외상성 사건에 노출되면 심한 심리적 디스트레스 상태에 빠질 수 있고, 이것은 『정신장애 진단 및 통계 편람 5판(Diagnostic and Statistical Manual of Mental Disorder-Fifth Edition: DSM-5』(American Psychiatric Association, 2013)의 외상 및 스트레스관련장애에 해당될 수 있다. 이러한 상태들은 신체적 폭행, 성폭행, 사고로 인해 발생할 수 있다(Shalev et al., 2017). 급성스트레스장애와 외상후스트레스장애는 다음과 같은 증상을 포함한다.

1. **침습적 심리 증상:** 외상과 관련된 꿈, 기억, 또는 해리성 플래시백, 외상성 사건 단서에 노출되었을 때 강렬하고 지속되는 심리적 디스트레스와 생리적 반응.
2. **외상성 사건과 관련된 자극의 회피:** 외상성 사건에 대한 내적 · 외적 단서를 의도적으로 회피.
3. **기분이나 인지 기능의 변화:** 자기 비난, 지속적인 부정적 감정, 긍정적인 감정을 경험할 수 없고, 의미 있는 활동에 대한 흥미 감소, 사람들과의 분리감, 외상성 사건의 세부 사항 기억 못 함, 자기, 타인, 세계에 대한 과장된 부정적 믿음.
4. **과도한 각성과 반응:** 예민함, 분노, 무모함과 자기 파괴적 행동, 과각성, 집중력 감소, 과도한 놀람 반응, 수면 문제(APA, 2013).

이러한 증상은 기능과 신체적 안녕을 손상시키고 자살과 조기 사망을 포함한 많은 부정적 결과와 관련이 있다(Shalev et al., 2017). 급성스트레스장애 및 외상후스트레스장애 진단 기준은 〈표 2-1〉과 같다.

표 2-1 성인의 급성스트레스장애와 외상후스트레스장애의 차이

	급성스트레스장애(ASD)	외상후스트레스장애(PTSD)
증상 기준	진단 클러스터와 관계없이 9개 이상의 증상 * 주: ASD는 해리성 기억 상실증, 변화된 기분 및 인지 증상의 일부로 긍정적인 감정을 경험할 수 없음을 포함하지만, 무모함 혹은 자기 파괴적인 행동을 포함하지 않는다.	• 적어도 하나의 침습 증상(위 참조) • 적어도 하나의 회피 증상 • 기분이나 인지 증상은 적어도 두 가지 • 과도한 각성과 반응 증상은 적어도 두 가지 주의: 비현실감은 진단 기준에 포함되지 않지만, 동시 이환된 해리 증상의 일부로 볼 수 있다.
기간	3일에서 1개월까지	1개월 이상

진행성 암 환자의 외상성 스트레스

DSM-5는 외상성 사건을 "실제 죽음이나 죽음의 위험에 노출"로 정의한다(APA, 2013, p. 271). 진행성 암에서는 암의 진단, 진행, 재발 소식을 듣는 것 혹은 질병으로 죽을 수 있다는 사실을 상기시키는 고통스러운 증상을 경험하는 형태로 노출될 수 있다. 외상성 스트레스 증상들은 신체 폭행이나 성폭력에 노출된 사람, 군인과 경찰, 재난과 대규모 사고의 최초 대응자(Shaleve et al., 2017)와 같은 집단에서 잘 연구되었지만, 암이나 생명을 위협하는 질병을 가진 사람의 외상성 스트레스는 주목받지 못했다. 암에서 외상성 스트레스 증상을 조사하는 연구가 부족한 이유는 부분적으로 진단, 진행, 악화, 재발 시 환자를 연구에 모집하기 어려운 고유의 특성 때문이다. 이 순간에 환자들은 고통을 어렵게 견뎌 내면서, 복잡한 의료 시스템을 알아 가야 하고, 생사에 영향을 미치는 중요한 치료결정을 내려야만 한다. 이 와중에 낯선 의료 정보를 이해하고

논의하는 것은 매우 힘든 일이다. 한 환자는 다음과 같이 말했다. "의사들이 하는 말을 정확하게 이해하기 어렵습니다. 너무 혼란스러운 지금, 의사의 말이 귀에 들어오지 않습니다." 이와 같은 매우 어려운 시기에 연구 참여는 대부분 환자에게 우선순위가 아니다. 하지만 이들을 치료하기 위해서 외상성 경험의 특성과 심각성을 전문적으로 이해하는 것은 필수적이다.

우리는 급성 백혈병 진단 후 외상 경험을 연구할 수 있었다. 급성 백혈병은 급성으로 발병하여 즉각적으로 생명을 위협하고, 신체적 고통을 주며, 유도화학요법을 시작하기 위해 긴급 입원이 필요한 특징을 가지고 있기 때문에(Rodin et al., 2018; Zimmerman et al., 2013), 이 연구에서 생명을 위협하는 암의 발생, 진행, 재발과 관련된 외상성 스트레스를 일차적으로 이해할 수 있었다. 우리는 임상적으로 유의미한 외상성 스트레스 증상이 상당수의 환자에게서 발생한다는 것을 발견했다(Zimmerman et al., 2013; Rodin et al., 2013). 급성 백혈병을 새로 진단받거나 최근에 재발한 350명 이상의 성인을 대상으로 한 추적 연구에서, 1/3이 급성스트레스장애 진단 기준을 충족하는 외상성 스트레스 증상을 보였고, 이 증상은 절반 이상에서 지속되거나 이후에 재발했다(Rodin et al., 2018). 다른 연구진의 연구에서도, 새로 진단된 급성 백혈병에서 외상성 스트레스의 비율이 비슷하게 나타났다(Jia et al., 2015). 이러한 비율은 신체 폭행 또는 사고 후에 보고된 비율과 비슷하거나 더 높다(Kessler et al., 1995). 특히 더 주목해야 할 점은 진행성 암에서 심리적·육체적 외상은 지속되는 특성을 가지기 때문에, 외상성 스트레스 증상이 저절로 해결될 가능성이 작다는 점이다.

암에서 발생하는 외상성 스트레스는 여러 가지 면에서 특별하다(Gurevich et al., 2002). 신체 폭행이나 성폭행, 신체 상해에 의한 외상은 외부 사건에 의해 유발되는 반면, 암과 관련된 외상은 몸 안에서 일어나는 사건과 관련이 있다. 이러한 내부 기원의 특성은 위협의 인식과 그 의미 인식에 영향을 주고, 이 위협을 회피할 수 없다고 생각하게 할 수 있다(Gurevich et al., 2002). 게다가 폭행이나 사고는 단 하나의 사건일 수 있지만, 암의 외상과 암 치료는 만성적이고 반복적일 수 있다. 암이 의심되는 증상에서 시작된 불안은 질병의 진단, 진행, 재발에 대해 듣거나 예후에 관해 이야기하는 순간에도 지속될 수 있다. 암과 암 치료 관련 신체적 고통, 임박한 죽음의 가능성, 신체기능과 외모 변화 모두 지속되기 때문에 외상의 위협 또한 지속된다. 한 CALM 치료 참가자는 "항상 불안합니다. 항상 불안해서 가끔 불안하다는 사실을 알지 못할 때도 있습니다."라고 말했다.

진행성 질병 진단이나 진행으로 촉발된 죽음과 죽어감의 공포는 초기 외상 후 반응의 핵심 요소이다. 그러나 환자는 현재 자신의 두려움을 잘 알지 못할 수 있다. 대신 즉각적이고 덜 위협적인 실질적 문제나 치료 관련 문제에 초점을 맞추기도 한다. 급성 백혈병 연구 중 하나로 시행된 질적 연구 인터뷰에서, 우리는 참가자들과 진단 초기의 정신적 외상을 주제로 토론했다. 여기서 환자들은 정서적 지원의 부재와 주로 질병의 생의학적 치료에 초점을 맞춘 환경에 대해 자주 언급했다(Nissim et al., 2013). 초기 치료단계에서 환자들은 의료진에게 통제권을 내어주고, 미래에 관한 생각을 피하려고 일상적인 일에 집중하며, 압도당하지 않으려 일부 정보만 듣기를 원하는 경향이 있었다. 한 환자는 다음과 같이 말했다. "저는 치료에 적극적으로 참여해야 한다는 것을 알고 있었습니다. 하지만 그것에 대해 생각하고 싶지 않았습니다. 그냥 병원에서 알아서 해 주기를 바랐습니다. 숫자, 퍼센트는 저에게 도움이 되지 않는다고 생각했기 때문에 듣고 싶지 않았습니다."

이때 환자들이 미래와 미래의 두려움을 깊이 생각하려 하지 않는 것은 불안이 심하고, 빠르고 극적으로 변화하는 삶을 초반에는 바로 통합하지 못하기 때문이다. 실제로, 고통스러움에 대한 두려움, 다른 사람에게 부담을 안겨주는 것에 대한 걱정, 죽음과 죽어감에 대한 걱정, 다른 사람을 남겨두고 떠나는 것에 대한 걱정은 질병 궤적의 후반에야 나타난다(Smith et al., 1983; Neel et al., 2015; Adelbratt & Strang, 2000; Coyle, 2006; Lehto & Stein, 2009; Grumann & Spiegel, 2003; Vehicling et al., 2017). 한 참가자는 다음과 같이 말했다. "사랑하는 사람들을 남겨두고 떠나는 것이 두렵습니다. 사랑하는 사람들이 잘 지냈으면 좋겠습니다." 이러한 불안은 이 참가자가 가족에게 '최악의 상황'을 준비시키기 위해 광적으로 행동하게 만들었다. "저에게 시간이 얼마 남지 않은 것 같아서, 아이들에게 여름 모자와 자외선 차단제가 어디 있는지 알려 주었습니다. 공황 상태에서 너무 힘들었지만, 죽을 경우를 대비하기 위해 모든 찬장을 정리하고, 방을 페인트칠하면서 바쁘게 지냈습니다."

주 보호자에 대한 영향

암 진단은 환자만큼이나 보호자에게도 고통스러운 사건이다(Wadhwa et al., 2013; Braun et al., 2007). 외상성 스트레스 증상은 보호자에게도 환자만큼 흔하다(Moschopoulou et al., 2018). 그리고 진행성 질병 환자의 가족 보호자는 급격한 역할 변화를 겪게 되고(Nijboer et al., 1999), 시간이 지나면서 환자의 실질적 · 사회적 · 정서적 지지의 주요 원천이 된다(Zabora et al., 1992; Nijboer et al., 1998).

최근 몇 년 동안 많은 보호자의 간병 부담은 의료가 입원에서 외래 중심으로 옮겨 가면서 가중되었다. 아마도 보호자는 의약품 투여와 신체 증상 관리를 포함한 직접적인 환자 치료에서 주된 역할을 맡으며, 이에 더해 가족을 위해 직업을 유지하고 지금까지 해 오던 집안일을 고스란히 맡아야 할 것이다(Mohammed et al., 2018). 이러한 부담은 여성에게 불균형적으로 가중된다(Schrank et al., 2016). 보호자는 또한 사랑하는 사람을 잃는 것을 걱정하고, 환자의 고통을 목격하며 괴로워할 수 있다. 결과적으로, 주 보호자는 일반 인구보다 의학적으로 질병의 위험이 증가하고 우울증, 불안, 의기소침 증상 등 심각한 심리적 디스트레스를 겪을 위험성이 증가하게 된다(Mohammed et al., 2018; Williams et al., 2014; Götze et al., 2018).

프린세스 마거릿 암센터에서 진행 중인 급성 백혈병 연구에서, 새로 진단받은 환자의 주 보호자를 진단 후 첫 1개월 안에 심층 인터뷰하였다(Malfitano et al., 2020). 이 인터뷰의 예비 분석을 통해 보호자의 디스트레스가 환자와 밀접하게 연결되어 있고, 일부 측면에서 환자의 경험과 유사하다는 것을 확인했다(Nissim et al., 2013). 확진되기 전, 보호자는 불확실한 미래와 나쁜 결과에 대해 두려워했다. 하지만 진단 후 부턴, 적응적으로 힘든 감정을 분리하고 단기 목표나 실질적인 일에 초점을 맞추면서 디스트레스가 빠르게 감소했다. 환자의 건강상태에 따라 보호자의 디스트레스는 변했고, 환자가 좋아지거나 퇴원을 준비하는 상황이 되면 보호자는 비로소 질병의 장기적인 영향과 앞으로 적응해 나아가야 할 것들을 숙고하며 상실의 슬픔을 대비하기 시작했다(Malfitano et al., 2020).

공포관리이론

공포관리이론은 죽음의 불안으로부터 한 사람을 보호하는 개인적 자산을 설명하는 체계이다. 건강한 군을 대상으로 광범위하게 연구한 이 이론은 죽음의 두려움으로부터 한 사람을 보호하는 세 가지 심리적 기둥을 강조한다(Burke et al., 2010). 이것은 자존감, 삶의 의미, 안정된 애착성이다. 자신에 대해 긍정적인 믿음을 가지며, 삶의 의미를 찾고, 사회적 지원을 창출하고 활용할 수 있는 사람은 죽음의 불안을 더 잘 대처할 수 있다. 대부분 진행성 암 환자의 경우 생명의 단축을 인식할 수밖에 없으므로(Cox et al., 2012; Little & Sayers, 2004), 공포관리 메커니즘이 개입할 수밖에 없다(Portalupi et al., 2016). 이를 확인하기 위해 우리는 연구를 수행했고, 안정된 애착, 의미 의식, 자존감이 진행성 질병 환자들을 삶의 마지막 시기의 고통으로부터 보호한다는 것을 발견했다(Rodin et al., 2009; 이 책의 제3장 참조). 이러한 근거를 바탕으로 CALM

은 안정된 애착, 삶의 의미, 자존감을 지지해 주는 강력한 치료 관계 형성에 초점 맞추었다.

CALM의 역할

디스트레스를 조절하는 것은 완화의료와 암 치료에서 가장 중요한 목표 중 하나이지만, 외상성 스트레스와 죽음의 불안 증상은 임상 치료나 임상시험에서 통상적으로 측정하지 않는다. 전문화된 정신사회적 치료가 생명을 위협하는 암 환자의 통상적인 치료에 통합되어 있지 않은 경우가 많으므로, 가장 힘든 사람들이 정신사회적 치료나 돌봄을 받지 못하는 경우가 많다. CALM과 같은 정신치료적 접근은 진행성 암 환자들이 압도되거나 감정적으로 무감각해지지 않으면서 두려움을 처리하고 조절할 수 있는 특별한 기회가 되기도 한다. CALM 임상가는 환자의 감정상태 변화에 세심한 주의를 기울이고 환자가 견딜 수 있는 범위 내에서 감정을 유지하도록 돕는 것을 목표로 한다. CALM은 질병이 가족 단위 전체에 영향을 미치고(Lewis, 1993; Edwards & Clarke, 2004), 환자와 배우자가 '상호 영향 체계'에 속한다는 이해를 바탕으로 개인 및 커플 기반 치료로 개발되었다(Lo et al., 2013).

결론

급성스트레스장애와 외상후스트레스장애의 기준을 충족시키는 강렬한 불안은 생명을 위협하는 암의 진단과 그 이후의 과정에서 흔히 나타난다. 죽음의 불안은 이 시기 전형적인 공포이며, 공포관리이론은 이 두려움의 조절을 위한 개인적 자원을 이해하는 데 도움을 준다. CALM은 자기 성찰을 돕는 것을 목표로 하지만, 자기 성찰을 위해선 감정조절이 필요하다. 불안을 조절하기 위해 구체적인 불안관리 기법이 필요할 수 있으나, 치료 관계로부터 제공되는 안정된 애착이 CALM 치료의 가장 중요한 특징 중 하나이다. 진단 후 급성 외상 상태를 성공적 관리하면, 질병의 후반부에 일어날 일의 의미를 사유하게 하고, 환자와 보호자 모두에게 질병 진행과정에서 피할 수 없는 외상을 관리할 수 있다는 자신감을 줄 수 있다. 이러한 자신감은 소위 외상 후 성장을 위한 필수적인 과정이다(이 책의 제8장 참조).

참고문헌

Adelbratt, S., & Strang, P. (2000). Death anxiety in brain tumour patients and their spouses. *Palliative Medicine, 14*(6), 499-507.

American Psychiatric Association. (2013). *Diagnostic and statistical manual of mental disorders*. Fifth edition. (DSM-5). American Psychiatric Publishing.

Braun, M., Mikulincer, M., Rydall, A., Walsh, A., & Rodin, G. (2007). Hidden morbidity in cancer: Spouse caregivers. *Journal of Clinical Oncology, 25*(30), 4829-4834.

Burke, B. L., Martens, A., & Faucher, E. H. (2010). Two decades of terror management theory: A meta-analysis of mortality salience research. *Personality and Social Psychology Review, 14*(2), 155-195.

Cox, C. R., Reid-Arndt, S. A., Arndt, J., & Moser, R. P. (2012). Considering the unspoken: The role of death cognition in quality of life among women with and without breast cancer. *Journal of Psychosocial Oncology, 30*(1), 128-139.

Coyle, N. (2006). The hard work of living in the face of death. *Journal of Pain and Symptom Management, 32*(3), 266-274.

Edwards, B., & Clarke, V. (2004). The psychological impact of a cancer diagnosis on families: The influence of family functioning and patients' illness characteristics on depression and anxiety. *Psycho-Oncology, 13*(8), 562-576.

Götze, H., Brähler, E., Gansera, L., Schnabel, A., Gottschalk-Fleischer, A., & Köhler, N. (2018). Anxiety, depression and quality of life in family caregivers of palliative cancer patients during home care and after the patient's death. *European Journal of Cancer Care, 27*(2), e12606. doi: 10.1111/ecc.12606.

Grumann, M. M., & Spiegel, D. (2003). Living in the face of death: Interviews with 12 terminally ill women on home hospice care. *Palliative & Supportive Care, 1*(1), 23-32.

Gurevich, M., Devins, G. M., & Rodin, G. M. (2002). Stress response syndromes and cancer: Conceptual and assessment issues. *Psychosomatics, 43*(4), 259-281.

Jia, M., Li, J., Chen, C., & Cao, F. (2015). Post-traumatic stress disorder symptoms in family caregivers of adult patients with acute leukemia from a dyadic perspective. *Psycho-Oncology, 24*(12), 1754-1760.

Kessler, R. C., Sonnega, A., Bromet, E., Hughes, M., & Nelson, C. B. (1995). Posttraumatic stress disorder in the National Comorbidity Survey. *Archives of General Psychiatry, 52* (12), 1048-1060.

Lehto, R. H., & Stein, K. F. (2009). Death anxiety: An analysis of an evolving concept. *Research and Theory for Nursing Practice, 23*(1), 23-41.

Lewis, F. M. (1993). Psychosocial transitions and the family's work in adjusting to cancer. *Seminars in Oncology Nursing, 9*(2), 127-129.

Little, M., & Sayers, E. J. (2004). The skull beneath the skin: Cancer survival and awareness of death. *Psycho-Oncology, 13*(3), 190-198.

Lo, C., Hales, S., Braun, M., Rydall, A. C., Zimmermann, C., & Rodin, G. (2013). Couples facing advanced cancer: Examination of an interdependent relational system. *Psycho-Oncology, 22*(10), 2283-2290.

Malfitano, C., Caruso, R., Patterson, A., Rydall, A., Nissim, R., Zimmermann, C., & Rodin, G. Zimmermann, C., & Rodin, G. (2020). *Distress in family caregivers of individuals with newly diagnosed acute leukemia.* Paper presented at the 10th International Seminar of the European Palliative Care Research Centre (PRC), in collaboration with the Norwegian Cancer Society, December 3, 2020.

Mohammed, S., Swami, N., Pope, A., Rodin, G., Hannon, B., Nissim, R., Hales, S., & Zimmermann, C. (2018). "I didn't want to be in charge and yet I was": Bereaved caregivers' accounts of providing home care for family members with advanced cancer. *Psycho-Oncology*, *27*(4), 1229-1236.

Moschopoulou, E., Hutchison, I., Bhui, K., & Korszun, A. (2018). Post-traumatic stress in head and neck cancer survivors and their partners. *Supportive Care in Cancer, 26* (9), 3003-3011.

Neel, C., Lo, C., Rydall, A., Hales, S., & Rodin, G. (2015). Determinants of death anxiety in patients with advanced cancer. *BMJ Supportive & Palliative Care, 5*(4), 373-380.

Nijboer, C., Tempelaar, R., Sanderman, R., Triemstra, M., Spruijt, R. J., & van den Bos, G. A. (1998). Cancer and caregiving: the impact on the caregiver's health. *Psycho-Oncology, 7*(1), 3-13.

Nijboer, C., Triemstra, M., Tempelaar, R., Sanderman, R., & van den Bos, G. A. (1999). Determinants of caregiving experiences and mental health of partners of cancer patients. *Cancer, 86*(4), 577-588.

Nissim, R., Zimmermann, C., Minden, M., Rydall, A., Yuen, D., Mischitelle, A., Gagliese, L., Schimmer, A., & Rodin, G. (2013). Abducted by the illness: A qualitative study of traumatic stress in individuals with acute leukemia. *Leukemia Research, 37*(5), 496-502.

Portalupi, L. B., Matlock, D. D., Pyszczynski, T. A., & Allen, L. A. (2016). Evidence for terror management theory in patients with chronic progressive illness near the end of life: A systematic review. *Journal of Cardiac Failure*, *22*(8), Supplement, S105.

Rodin, G., Deckert, A., Tong, E., Le, L. W., Rydall, A., Schimmer, A., Marmar, C. R., Lo, C., & Zimmermann, C. (2018). Traumatic stress in patients with acute leukemia: A prospective cohort study. *Psycho-Oncology, 27*(2), 515-523.

Rodin, G., Lo, C., Mikulincer, M., Donner, A., Gagliese, L., & Zimmermann, C. (2009). Pathways to distress: The multiple determinants of depression, hopelessness, and the desire for hastened death in metastatic cancer patients.

Social Science & Medicine, 68(3), 562-569.

Rodin, G., Yuen, D., Mischitelle, A., Minden, M. D., Brandwein, J., Schimmer, A., Marmar, C., Gagliese, L., Lo, C., Rydall, A., & Zimmermann, C. (2013). Traumatic stress in acute leukemia. *Psycho-Oncology, 22*(2), 299-307.

Schrank, B., Ebert-Vogel, A., Amering, M., Masel, E. K., Neubauer, M., Watzke, H., Zehetmayer, S., & Schur, S. (2016). Gender differences in caregiver burden and its determinants in family members of terminally ill cancer patients. *Psycho-Oncology, 25*(7), 808-814.

Shalev, A., Liberzon, I., & Marmar, C. (2017). Post-traumatic stress disorder. *New England Journal of Medicine, 376*(25), 2459-2469.

Smith, D. K., Nehemkis, A. M., & Charter, R. A. (1983-1984). Fear of death, death attitudes, and religious conviction in the terminally ill. *International Journal of Psychiatry in Medicine, 13*(3), 221-232.

Vehling, S., Malfitano, C., Shnall, J., Watt, S., Panday, T., Chiu, A., Rydall, A., Zimmermann, C., Hales, S., Rodin, G., & Lo, C. (2017). A concept map of death-related anxieties in patients with advanced cancer. *BMJ Supportive & Palliative Care, 7*(4), 427-434.

Wadhwa, D., Burman, D., Swami, N., Rodin, G., Lo, C., & Zimmermann, C. (2013). Quality of life and mental health in caregivers of outpatients with advanced cancer. *Psycho-Oncology, 22*(2), 403-410.

Williams, A. M., Wang, L., & Kitchen, P. (2014). Differential impacts of care-giving across three caregiver groups in Canada: End-of-life care, long-term care and short-term care. *Health & Social Care in the Community, 22*(2), 187-196.

Zabora, J. R., Smith, E. D., Baker, F., Wingard, J. R., & Curbow, B. (1992). The family: The other side of bone marrow transplantation. *Journal of Psychosocial Oncology, 10*(1), 35-46.

Zimmermann, C., Yuen, D., Mischitelle, A., Minden, M. D., Brandwein, J. M., Schimmer, A., Gagliese, L., Lo, C., Rydall, A., & Rodin, G. (2013). Symptom burden and supportive care in patients with acute leukemia. *Leukemia Research, 37*(7), 731-736.

제3장

천 명의 생명: CALM에 영향을 준 업적

우리는 파괴된 폐허의 한 중간에 있습니다. 하지만 경이롭고 자연스러운 삶의 재탄생 속에 있기도 합니다.

—삶의 의지 연구 참가자

서론

암을 다루면서 의미 있게 살아가기CALM는 이 분야의 토대를 닦은 선구자들의 업적, 우리가 지난 20년 동안 1천 명 이상의 진행성 암 환자, 그리고 이보다 더 많은 유족과 함께 한 임상경험과 연구를 기반으로 만들었다. 이 장에서는 이 연구들이 어떻게 CALM의 발전을 이끌었는지 설명한다. 특히 삶의 의지Will to Live: WTL 연구와 죽어감과 죽음의 질Quality of Dying and Death: QODD 연구를 중점으로 설명한다.

초기의 획기적인 연구

퀴블러 로스(Kübler-Ross, 1969), 글레이저와 스트라우스(Glaser & Strauss, 1965), 패티슨(Pattison, 1977) 등 개척자들의 업적은 우리가 진행성 질병의 심리적 영향을 이해하는 데 굉장한 영향을 미쳤다. 『죽음과 죽어감On Death and Dying』에서 퀴블러 로스는 치명적인 질병의 진단에 대한 심리적 반응은 대부분 부정에서 시작하여 분노, 협상, 우울, 마지막으로 수용으로 이어지는 순차적 과정이라고 말했다. 부정은 처음 충격적인 소식에 필요한 감정적 완충재로 여겨졌다. 이후 죽음의 임박을 이해하고 단기 반응인 분노, 협상으로 이어진다고 가정했다. 그 후 질병으로 인한 상실로 슬퍼하기 시작할 때 우울 단계가 시작된다고 하는데, 이는 평화로운 수용 단계에 도달하기 전에 필요하다고 생각했고, 이와 같은 단계가 진행되지 않는 것을 적응 실패로 간주했다.

퀴블러 로스의 5단계 모델은 빠르게 이 분야의 주요 패러다임이 되어 갔다(Corret al., 1999; Steinhauser, 2005). 물론 이에 대한 비판도 있었다(Copp, 1998; Côté & Pepler, 2005; Morse, 2000; Zimmermann, 2004). 특히 퀴블러 로스가 가정한 부정에서 수용으로 이어지는 단일 방향의 움직임에 문제를 제기했다. 와이즈맨(Weisman, 1972)과 패티슨(Patison, 1977)은 부정과 수용이 질병 전체에 걸쳐 변동할 수 있다고 제안했고, 와이즈맨Weisman은 부정은 사망의 위협을 감소시킬 뿐만 아니라 가족이나 의료 제공자와 같은 다른 사람들에게 부담을 주지 않도록 하는 역할도 한다고 덧붙였다. 이러한 문제 제기에도 불구하고, 퀴블러 로스의 연구는 서구 사회에서 치명적인 질병의 심리적 반응을 개념화하는 데 큰 영향을 주고 있다.

퀴블러 로스(Kübler-Ross, 1969)가 자신의 연구를 수행하던 동안 글레이저와 스트라우스(Glaser & Strauss, 1965, 1968)는 미국의 여러 병원에서 죽어감과 관련된 사회 조직에 대해 조사하고 있었다. 그들은 '죽어감의 궤적the dying trajectory'

이라는 용어를 만들어 죽음은 사건이 아니라 과정이며, 그 기간과 양상에 따라 의료진들이 죽어감을 대하는 태도가 달라진다고 하였다(Glaser & Strauss, 1968, p. 5)[1]. 이러한 맥락에서 패티슨(Patison, 1977, 1978, p. 49)은 '죽음이 임박함을 알고 위기를 느끼는 시점crisis of knowledge of death'과 실제 사망 시점의 간격을 삶-죽음 간격living-dying interval으로 설명했다. 패티슨Patison은 삶-죽음 간격의 각 단계에서 수행해야 하는 특정한 임상적 과제가 있다고 제안했다. 급성 위기 단계에서 의료 전문가는 진단의 스트레스를 극복하도록 지원해야 하고, 만성 단계는 죽음의 두려움을 해결하고 예견된 죽음으로 발생하는 현재의 여러 상실을 애도하는 데 초점을 맞추어야 한다고 하였다. 최근 암 치료 발전으로 생존 기간이 연장됨에 따라 만성 단계는 더 흔해졌다. 마지막 말기 단계에서 의료 전문가의 임무는 환자가 편안한 죽음에 이르도록 돕는 것이다.

퀴블러 로스(Kübler-Ross, 1969), 글레이저와 스트라우스(Glaser & Strauss, 1965), 패티슨(Pattison, 1977, 1978)은 죽음과 죽어감 분야의 연구를 개척했고, 진행성 질병 환자의 정신사회적 요구를 연구하도록 고무시켰으며, 이들을 위한 보살핌의 방법 변화에 영향을 주었다. 그러나 진행성 질병에 대한 그들의 견해는 환자의 관점보다는 의료 제공자의 관점에서 도출된 것이었다. 그들은 전문가가 환자의 '병적인' 반응을 적응적이고 적절한 것으로 고쳐 줄 수 있다고 생각했다(Corr et al., 1999). 하지만 이 선의의 견해는 당시 널리 퍼졌던 의사-환자 관계의, 수평이 아닌 수직적 측면이 반영된 것이다.

많은 곳에서 자율권과 자기 결정권이 합법화되고 입법화되었던 20세기 후반부터 의료에서 환자의 역할은 극적으로 변화하기 시작했다(Charles et al., 1999). 환자 중심의 관리 모델이 많아졌고, 이 중 일부는 삶의 마지막 몇 주 동안 성취해야 할 신체적 · 심리적 · 영적 · 사회적 과제들을 상세히 기술했다(Byock,

---

1) 말기 환자를 보는 의료진들이 환자와 죽음이나 죽음 가능성에 관해 이야기하는 것을 피하는 모습을 관찰하고 최초로 보고했다.

1997; Corr, 1992; Doka, 1993). 이 과제의 완성은 죽음과 죽어감에 대한 성공적인 대처, 성장, 삶의 종결감, 죽음의 준비됨의 신호로 여겼다. 이러한 과제기반 모델들은 이전에 사별의 슬픔을 극복하기 위해 개발되었던 모델과 일맥상통했다(Corret al., 1999). 이 모델들은 경험적 뒷받침이 부족했고(Copp, 1998), 애도는 상실과 회복이라는 이중성을 포함하는 능동적 과정이라는 관점으로 대체되었다(Stroebe et al., 1998). 예전에는 치명적인 질병 경험에 관한 이원론적인 모델은 흔치 않았다.

진행성 질병 적응에 관한 초기 연구는 대부분 삶의 질과 임종의 고통을 평가하는 단면 연구였다(Steinhauser, 2005). 대부분의 이러한 연구는 적절하고 검증된 평가도구가 부족했고, 진행성 질병의 초기 단계에 대해서 주의를 기울이지 않았다. 말기 환자의 경험이 귀중한 정보를 제공했지만(Copp, 1998), 실제 암과 여러 치명적 질병을 가진 환자들은 죽음에 이르기까지 더 오랜 시간이 걸렸다(Good et al., 2004; Lynn, 2005). 환자들은 질병 과정 중, 진단 후 몇 개월 동안 비교적 좋은 기능을 유지하는 시간을 좀 더 많이 누릴 수 있게 되었다(Diaz-Rubio, 2004; Lunney et al., 2003; Stinnett et al., 2007). 이러한 삶-죽음 간격(Pattison, 1977)이 더 길어지면서, 진행성 암 진단을 받은 사람들에게 가장 시급한 질문은 단순하게 어떻게 잘 죽는가가 아니라 어떻게 잘 사는가가 되었다(Walter, 2003). 그러나 진행성 암으로 비교적 장기간 살아가는 이 경험을 포착할 수 있는 연구는 거의 수행되지 않았다(George, 2002; Hays, 2003; Lynn, 2005; Seale, 2000; Steinhauser, 2005). 단면 연구는 중요한 정보를 제공했지만, 진단 시점부터 삶의 마지막까지 진행성 질병 환자의 경험을 포착할 수 없었다.

삶의 의지 연구

우리는 환자와 보호자의 관점에서 진행성 암 경험을 이해하기 위해 삶의 의지Will to Live: WTL 연구와 죽어감과 죽음의 질Quality of Dying and Death: QODD 연구 프로젝트를 시작했다. 5년이 넘는 시간 동안, 700명 이상의 환자를 캐나다 토론토에 있는 대형종합 암센터인 프린세스 마거릿 암센터의 외래에서 모집하였다. 참가자들은 4기(전이성) 위장관계암 또는 3기A, 3기B, 4기(재발성 또는 전이성) 폐암 환자들이었다. 400명 이상의 참가자가 삶의 마지막까지 심리적 안녕을 평가하는 자기보고식 검사를 수행했고, 이 중 일부는 근거이론grounded theory 기반 질적 연구에 참여하였다(Glaser & Strauss, 1967, Rennie et al., 1988).

우리는 진행성 암으로 살아가는 동안 심한 디스트레스를 자주 경험한다는 것을 발견했다(Lo et al., 2010). 환자의 3분의 1 이상이 병이 진행되는 동안 적어도 한 번은 우울 증상을 보였고, 이 중 절반은 중등도에서 중증의 우울증을 보고했다. 어느 수준 이상의 디스트레스가 발생하고 지속되는 데에는 위험요

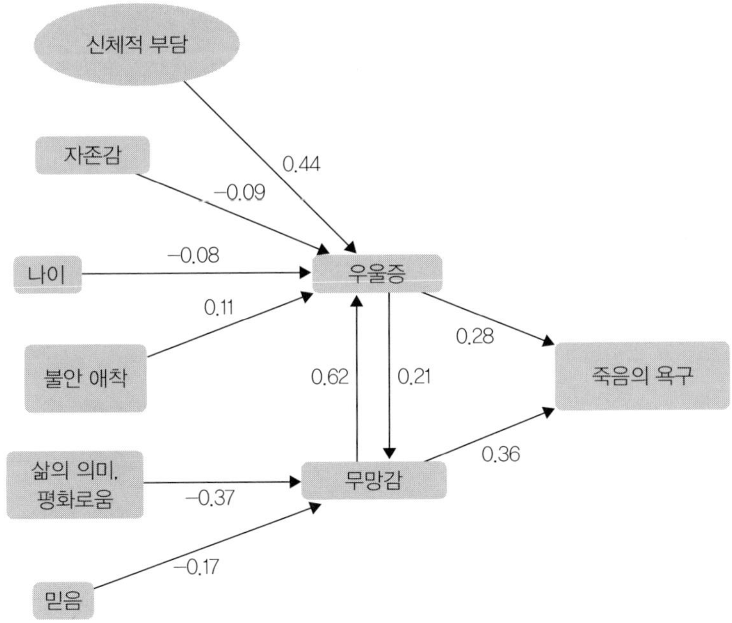

[그림 3-1] 우울, 무망감, 죽음의 욕구에 영향을 주는 위험요인과 보호요인

출처: Rodin et al. (2009).

인과 보호요인의 복잡한 상호작용이 영향을 주었다(Rodin et al., 2009). 공포관리이론(이 책의 제2장 참조)의 핵심인 자존감, 안정된 애착, 영적 안녕과 같은 심리적 요인은 우울증을 예방하지만, 신체적 증상 부담은 우울증 위험을 크게 증가시켰다([그림 3-1] 참조). 우울증과 구별되지만, 관련 요소인 무망감hopelessness은 삶의 의미, 평화로움, 믿음에 대한 실존적 불안에서 비롯되었다.

우리 연구에서 우울 증상은 아래로 볼록한 곡선 형태로, 삶의 마지막에 다가갈수록 점점 심해졌다(Lo et al., 2010; [그림 3-2] 참조). 실제 삶의 마지막 3개월 동안 심각한 우울증을 앓은 참가자의 비율은 죽음 반대편 가장 멀리 있는 환자의 3배였다. 마지막 몇 개월 동안 고통의 증가는 질병 부담 증가와 죽음의 임박함에서 기인했다(Lo et al., 2010). 선형적인 퀴블러 로스의 모델과는 대조적으로, 디스트레스는 질병의 진행에 따라 변동했고, 이는 질병의 진행과정에서 발생한 다양한 상실과 도전에 지속적이고 역동적으로 적응해야 함을 시사했다. 우리는 이러한 문제들, 특히 증상 부담과 실존적 고통과 관련된 문제를 사전에 대처하지 않는 한, 진행성 암 환자의 삶의 질과 죽음과 죽어감의 질은 손

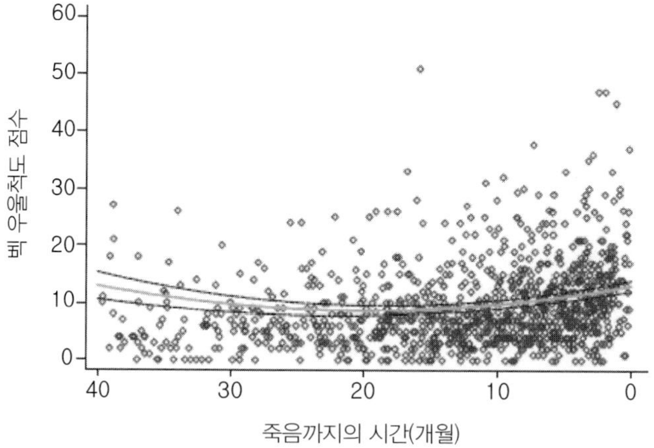

[그림 3-2] 죽음까지의 시간에 따른 우울증 발생 곡선

출처: Lo et al. (2010).

상될 것이라고 믿게 되었다. 이러한 발견은 신체적 · 심리적 · 영적 고통을 완화하기 위한 개입이 필요하다는 것을 시사했고, CALM 개발에 경험적 동력을 제공했다.

우리의 양적 연구는 진행성 암의 디스트레스 유병률과 성격을 설명했지만, 질적 연구를 통해 진행성 질병을 앓는 긴 시간 동안의 경험을 더 깊이 이해할 수 있었다. 이 이해에서 근거이론을 기반으로 '삶/죽음의 영역에서 성장을 위한 노력'이라는 핵심 범주와, '삶/죽음의 영역'과 '성장하기 위한 노력'(Nissim et al., 2012)이라는 이차 범주second level category를 도출해 냈다. '삶/죽음의 영역'은 진행성 암을 진단받은 새로운 상황, 즉 낯설고 위험한 미지의 땅terra incognita에 놓인 것을 나타냈고, '성장하기 위한 노력'은 삶을 고수하고 이 낯선 곳에서 적응하며 앞으로 나아가고자 하는 소망을 묘사했다. 이 두 개의 범주는, 당황스러울 정도로 다양한 질병의 정신적 · 영적 · 신체적 · 사회적 충격에 계속 노출되면서도, 성장을 위한 노력과 함께 피할 수 없는 것과 가능한 것 사이의 통합을 만들어 낸다. 이 두 개의 범주에 대해 다음에 더 자세하게 설명하겠다.

삶/죽음의 영역

삶/죽음의 영역은 진행성 암 진단을 받게 되면서 삶과 죽음이 결정되지 않은 상태에 놓이게 되는 것을 비유적으로 표현한 것이다. 진행성 암 진단은 지금까지 익숙했던 삶의 영역의 이정표가 더 이상 존재하지 않는 낯선 곳으로 추방되는 것이다. 한 참가자는 "눈을 뜨면…… 제가 암 환자, 그것도 말기암 환자라는 사실을 알게 됩니다. 오늘 하루도 평생 익숙했던 날과는 다르겠죠."라고 말했다. 참가자들은 진행성 암 경험이 치료될 수 있고 생명에 위협적이지 않던 질병을 앓던 것과 전혀 다르다는 것을 강조한다. 한 참가자는 다음과 같이 이 상황을 설명했다.

> 어떤 사람들은 '그래, 6개월 동안 항암치료를 잘 참아 내면 괜찮아질 거야. 분명히 그렇게 될 거야.'라고 생각하며 항암치료를 시작하기도 합니다. 그 사람에겐 딱 6개월 정도의 시간밖에 남아 있지 않습니다. 남아 있는 에너지를 항암치료에 쏟아부을 수도 있습니다. 하지만 말기 암이라면, 도대체 지금 뭘 하고 있는지 알긴 아는 걸까요? 그저 행운에 기대며 치료를 시작하는 겁니다.

환자에게 있어 새로운 영역으로 옮겨진다는 것은 하나의 사건이라기보다 과정이다. 매우 많은 환자가 자기 질병에 대해 듣고 난 뒤 자신이 새로운 영역 위에 있다는 것을 이해하고 '사망 선고'가 눈에 들어오기까지 몇 주가 걸린다. 우리 참가자들은 자신이 새로운 영역에 속해 있다는 것을 아는 데 한참 걸리기도 했다. 진단되자마자 임상시험에 참가하게 되면 아직은 삶/죽음의 영역에 속해 있다는 느낌이 유예되기도 하고, 반복적으로 임상시험 참가할 수 있는 몇몇 참가자는 치료가 더 이상 효과 없다는 사실을 알게 되고 나서야 비로소 이 영역에 영원히 속할 수밖에 없음을 인정하게 된다. 어느 한 환자는 "그때가 오고 나서야, 저의 상태를 알게 됐어요. 그때서야 모든 상태를 이해하게 되었습니다."라고 말했다. 갑작스럽고 심각한 신체적 문제가 있을 때, 진단받게 되면, 새로운 영역의 완전한 경험은 이 급박한 위기가 지나갈 때까지 미뤄진다. 삶/죽음의 영역의 경험을 5개 범주로 나눌 수 있는데 다음과 같다.

1. **유한성이라는 망령.** 삶의 유한성은 많은 참가자에게 뚜렷하고 사라지지 않는 공포였다. 그들은 '죽음의 경계에 있다.'라는 '자연스럽지 않은' 느낌을 '죽음의 대기 줄에 서서 산다.' 또는 '시한폭탄을 들고 산다.'라는 것에 비유했다. 한 참가자는 다음과 같이 말했다. "누구나 죽는다는 것은 사실입니다. 하지만 건강한 사람은 이런 생각을 할 필요가 없죠. 30, 40, 50년 후에나 일어날 수 있기 때문입니다. 그래서 행복하게 살면 됩니다. 하지만 우리는 죽음을 생각하지 않을 수 없습니다." 이러한 생각과 느낌은 클럽

회원증을 갱신하거나, 휴가 계획을 세우거나, 다음 연구 인터뷰 일정을 잡을 때 더욱 뚜렷해졌다. 유한성이라는 망령은 무겁고 영원한 짐처럼 느껴졌고, 미래의 삶에서 밀려나는 슬픔과 고뇌를 불러일으켰다. 이것은 나이가 많은 사람에게도 나타났지만, 어린 자녀를 키우는 부모에게 가장 큰 영향을 미쳤다. 그들은 자기 미래의 상실뿐만 아니라 자녀의 미래에 미칠 영향에 대해서도 슬퍼했다.

2. **오래 앓다가 죽는 것에 대한 두려움.** 삶/죽음의 영역에 있다는 것 자체가 새로운 걱정, 죽음에 이르는 방식에 대한 걱정으로 이어지기도 한다. 삶의 영역에 있는 사람들은 예측되지 않거나 갑작스러운 죽음을 두려워하지만, 삶/죽음의 영역에 있는 사람들은 죽음의 과정이 원치 않게 늘어나고, 자신의 존엄을 지키지 못하고, 자신과 가족에게 고통을 줄까 봐, 인간다움이나 삶의 의미를 빼앗길까 봐 두려워했다. 참가자들은 이와 같은 것들을 죽는 것보다 더 두려워하고 받아들이지 못했다. 연구를 수행하는 시기에 캐나다의 조력자살에 대한 공공 토론과 매스컴 보도, 그리고 친구, 가족이 암으로 사망했던 경험은 오래 앓다가 죽는 것에 대한 두려움을 더 자극했다. 참가자들은 친구나 가족의 마지막 날을 떠올리며, '나는 그렇게 죽고 싶지 않다.'라고 생각했다.

주치의와 삶의 마지막에 대해 의논하지 않고, 미래의 문제보다는 현재 직면한 의학적 문제만 다룰 때, 오래 앓다가 죽는 것에 대한 두려움은 커진다. 참가자들은 미래에 일어날 일에 대해 종양 의사와 대화하는 것을 종양 의사의 소중한 시간을 뺏는 행동으로 느끼거나, 금기로 여기거나, 암 치료를 거부하는 무례함을 보이는 것으로 여겼다. 하지만 환자를 기다리고 있는 미래를 논의하지 않는 것은 죽음의 과정을 훨씬 더 두렵게 만든다. 결과적으로, 미래를 이해하지 못해서 생겨 버린 빈 공간은 암과 죽음에 대한 개인적 · 문화적 고정관념으로 채워지게 되고, 삶의 마지막에서 증상을 완화할 수 있는 전문 의학을 믿지 못하게 만든다.

3. **의학적 불확실성.** 삶/죽음의 영역에 죽음이라는 확실성이 분명하게 존재하고 있다. 하지만 죽음이 언제 다가올지 모른다는 불확실성이 훨씬 더 크게 자리 잡고 있다. 참가자들은 종종 이 영역을 치료 프로토콜이 정해지지 않고 계속 개발되고 있는, 혹은 치료 반응 예측이 불가능한 의학적 사각지대로 여겼다. 한 참가자는 암 치료에 동의하는 것을 '실험용 쥐에게 시행하는 실험'으로 비유했다. 또한 참가자들은 의학적으로 분명한 치료 방향이 없고, "환자에 따라 반응이 달라요."라는 소리를 반복적으로 들으며 심하게 좌절했다. 그들은 죽음이라는 확실성보다는 의학적 불확실성에 더 큰 두려움을 느꼈다. 한 환자는 "우리가 죽을 거라는 것은 이미 알고 있습니다. 이 사실은 두렵지는 않습니다. 하지만 3개월 뒤일지 1년 뒤일지 알 수 없다는 것과, 고통스러울 수도 그렇지 않을 수도 있겠지만 그것이 얼마나 고통스러울지 모른다는 것이 두렵습니다."라고 말했다.
4. **신체적 고통.** 암과 관련된 신체적 고통은 평균 8가지를 호소할 정도로 흔했고, 신체적 이질감을 느끼게 했다. 통증과 피곤함은 과거에는 아무것도 아니었지만, 진단 후부터는 불길함을 느끼게 했다. 한 환자는 말했다. "통증은 내가 죽어가고 있는 것을 말해 줍니다. 통증은 암이 이기고 있다는 것을 뜻합니다. 정말 불길한 느낌입니다.…… 이것은 그냥 통증과는 다릅니다. 통증은 나를 똑바로 보며 말합니다. '내가 이겼다.'" 통증 이외에도 균형감과 조정력 상실, 호흡 곤란, 삼킴 곤란과 같은 증상은 환자를 불안하게 만든다. 삶/죽음의 영역에서 신체적 고통이 왔다 갔다하는 것은 '롤러코스터를 타는 느낌'과 같다. 극심한 신체적 증상이 있는 동안은 훨씬 더 큰 불확실성, 공포, 슬픔, 절망, 덫에 걸린 느낌을 불러일으킨다. 반면에 신체적 증상이 거의 없을 때는, '고요한 물'에 있는 것과 같은 느낌을 경험한다고 한다.
5. **사람이 살지 않는 곳.** 환자들은 한결같이 진행성 암 진단이 낙인 찍히고, 소외되고, 고립되고, '거절당하는' 그리고 '이미 죽은 사람' 취급받는 느낌

을 주었다고 하였다. 특히 삶/죽음의 영역의 살고 있는 이들의 정신과 신체의 고유한 측면을 사람들이 이해하지 못할 때 고립감이 심해졌다. 한 환자는 "어떤 사람은 이렇게 말합니다. '나도 내일 길을 건너다가 트럭에 치일지도 몰라.' 하지만 이것은 우리의 그것과 전혀 같지 않습니다."

사람이 살지 않는 곳에 속해 있다는 느낌은 다른 사람과 경험을 나누기 어려울 때 심해진다. 환자들은 자기가 속한 세계의 현실을 이야기하는 것이 가족, 친구들을 힘들게 할까 봐 말하기가 너무 어렵다고 하였다. 환자들은 가족이나 친구에게 부담을 주지 않기 위해 자신에 관한 질문은 피하는 경향이 있었다. 참가자들은 사람이 살지 않는 곳에 속해 있다는 느낌이 진행성 암에 걸렸지만 오랫동안 생존하는 모습이나 삶과 죽음의 경계에 대한 기존의 생각을 뛰어넘을 수 있었던 사람에 관해서만 이야기하는 대중매체나 사회문화의 몰이해 때문에 생긴다고 말했다. 어느 한 환자가 '해야 할 것에 관한 지침들'을 아무리 뒤져도 찾을 수 없다고 말한 것처럼, 환자들은 삶/죽음의 영역에서 따를 수 있는 사회문화적 지침이나 '교본'이 없음을 토로했다.

성장을 위한 노력

삶/죽음의 영역에 속해 있는 참가자들은 생명의 힘과 삶의 의지를 더 강조하는 것 같다. 환자들은 단지 살아남기 위해서가 아니라, 역동적으로 살며 끔찍한 상황과 관계없이 성장하고 삶에 참여할 수 있는 방법을 찾기 위해 끈질기게 노력했다. 한 참가자는 이 노력을 "내가 살아 있는 한, 최선을 다해 내가 할 수 있는 것을 하는 것입니다."라고 표현했다. 사람들은 환자들을 '용기 있다'고 말하지만, 환자들은 위험한 새로운 영역에 갇혔을 때 성장하기 위한 노력은 본능 혹은 자연적인 행동으로 여겼다. 다음 발췌문은 분홍바늘꽃(불초)[2)]의 메타포를 통해 '믿어지지 않는 파괴'의 한가운데에서 일어나는 '생명의 폭발'이라는 역설을 포착하여 정교하고 아름답게 묘사하고 있다.

> 예전에 유럽 여행을 다녀왔습니다. 마치 사진이나 영화처럼 그때가 떠오릅니다. 제2차 세계대전 중 불에 탄 교회를 보았고, 폐허는 분홍바늘꽃(불초)이라고 불리는 꽃으로 덮여 있었습니다. 이 꽃은 놀랍도록 강렬한 색깔을 가지고 있었습니다. 불처럼 보이긴 하지만, 이것이 불초라 불리는 이유는 아닙니다. 런던에서는 완전히 자취를 감추었던 이 잡초가 1607년 런던 대화재 후 다시 싹을 틔웠는데, 아무도 이유를 알 수 없었습니다. 나중에 알고 보니, 씨앗은 바위처럼 단단해서 바깥쪽 껍질을 깨려면 불이 필요했고, 오직 파괴의 화염만이 씨앗의 껍질을 벗길 수 있었습니다. 오직 이 방법을 통해서만 습기가 들어가 씨앗을 발아시킬 수 있었습니다. 이 꽃은 어디에나 있었지만, 가장 희귀한 것이었습니다. 이것이 불초라고 불리는 이유입니다. 우리는 지금 도저히 받아들일 수 없는 파괴의 한 중간에 있지만, 또한 경이롭고 자연스러우며 압도적인 생명의 폭발에 둘러싸여 있습니다. 저는 이 장면을 떠올리며, 바로 이 순간이 나의 삶을 표현하는 메타포라는 것을 깨닫습니다. 암 진단을 받고 일어난 일들이 내 삶과 삶의 방식을 감싸고 있던 오래된 껍질을 완전히 태워 버린 것과 같습니다.

성장하기 위한 노력은 외상 후 성장 개념(이 책의 제8장 참조)과 유사하며, 자기 능력과 잠재력을 상실한 것에 슬퍼하지만, 새로운 목표를 세우고 실현하기 위해 움직이는 것이다. 참가자들은 질병 상태가 계속 변화하는 중에도 여전히 할 수 있거나 새롭게 할 수 있는 기회가 있음을 알게 되었다. 이러한 것들을 달성하는 것은 남은 시간 동안 의미, 만족, 기쁨을 가져왔지만, 이 목표를 실현할

---

2) 분홍바늘꽃fireweed은 여러해살이 야생화이다. 숲에서 불이 나면 가장 먼저 나타나는 식물 중 하나로 생명력이 강하고 몇 년 동안 휴면할 수 있다. 한글 정식 명칭은 분홍바늘꽃이지만 역자는 fireweed를 더 잘 표현하기 위해 불초로 표현한다.

수 있는 모든 경로가 차단될 때 절망의 상태에 빠졌다. 하지만 이러한 절망 상태는 일시적인 경향이 있었고, 참가자들은 가능한 선에서 질병 경과 동안 목표 실현을 위해 마음을 다지는 경향이 있었다. 전체적으로 환자들은 목표를 정하는 것과 실현하는 것 사이를 오가다 절망에 빠진다. 그런 다음 다시 목표를 정한다. 이러한 과정은 삶의 마지막 날, 신체적으로 최종 마침표를 찍을 때까지 계속되었다.

죽어감과 죽음의 질 연구

CALM은 진행성 암 환자들이 의미 있는 삶을 살다가 평화와 평온함 속에서 마지막을 맞이하도록 돕는다. 이런 죽음이 일어나는 정도를 '죽어감과 죽음의 질the Quality of Dying and Death: QODD'의 다차원적 측면, 즉 삶의 마지막에서 신체적 · 심리적 · 사회적 · 영적 · 실존적 경험을 측정했다(Hales et al., 2008). 그러나 CALM을 개발하기 시작했을 때, 우리는 진행성 암 환자의 죽어감과 죽음의 질을 이 과정과 관련된 사람들의 시각에서 조사한 연구가 거의 없다는 사실을 알게 되었다(Goodman, 2011; Heyland et al., 2005). 이에 대한 더 많은 이해를 위해, 우리는 캐나다의 도시 환경에서 죽어감과 죽음의 질을 평가하기 위한 대규모 후향성 연구를 수행했다. 이러한 연구는 최초였다.

죽어감과 죽음의 질 연구에서 죽어감과 죽음의 질 설문지the Quality of Dying and Death Questionnaire(Patrick et al., 2001)와 심리적 안녕을 측정하는 도구를 사용하여 400명 이상의 전이성 암 환자의 유족 보호자를 대상으로 환자의 사망 6개월 후에 인터뷰를 시행했다. 죽어감과 죽음의 질 설문지는 보호자가 환자를 대변해 답변하는 가장 잘 검증된 도구로, 죽어감과 죽음의 질을 평가하기 위해 가장 널리 사용된다(Hales et al., 2010). 우리는 환자가 사망한 후 보호자의 애도를 방해하지 않기 위해 6개월을 기다렸다. 6개월의 지연은 사랑하는 사람의 죽음에 대한 세부 사항을 기억하는 보호자의 능력에 영향을 미치지 않았다. 우리는 입원, 외래, 가정 완화의료 환경에서 암 환자의 죽어감과 죽음의 질을 조사했다. 이 연구는 대부분 환자가 조기완화의료에 접근할 수 있는 도시의 센터에서 실시되었다는 점에 유의해야 한다.

우리 연구에서 유족들은 대부분 우울증과 무망감 증상을 부인했고, 대다수는 사랑하는 사람의 죽음을 '좋은' 또는 '거의 완벽한'이라고 평가했다(Hales et al., 2014). 그러나 대다수 보호자는 죽음의 질을 높게 평가했음에도 불구하고, 신체 증상 조절과 사망 관련 두려움 초월에 관해선, 각각 15%, 19%의 보호자들이 '불량한' '끔찍한' 것으로 평가했다. 이 범주에 속하는 사람들은 소수이지만 의미 있는 수의 환자들이 만족스럽지 못한 경험을 하고 있었다. 질병 과정 초기에 CALM을 시행하면 두려움과 고통을 덜 느끼며 마지막을 맞이하게 할 수 있을 것으로 생각한다.

결론

진행성 암에서 생존을 연장하는 의학적 진보는 불확실한 삶/죽음 상태가 수년 동안 지속되는, 새로운 죽어감의 경험을 만들어 냈다. 죽어감이 지연되는 궤적을 가지는 이 사람들의 "언어, 범주, 이야기"(Lynn, 2005, p. 14)를 만드는 연구가 필요했다. 추적 연구는 삶/죽음 궤적의 복잡성과 진행성 암 환자 경험의 이중성(상실의 강렬함과 자기실현을 지속하고자 하는 욕구)을 조망하는 데 도움을 주었다. 이 연구를 통해 죽음의 스트레스, 두려움, 슬픔을 해결하기 위한 임상 과제를 강조한 초기 설명 모델(Pattison, 1977)과 죽음에 대한 심리적 반응의 선형적 진행을 가정하는 모델(Kübler-Ross, 1969)과는 다른 견해를 제기했다. 우리의 발견은 두려움과 상실을 결코 완전하게 해결할 수 없으며, 대신 가능하다면 온전한 삶을 살기 위한 심오한 노력으로 두려움과 상실의 진폭을 변화시킬 수 있다는 것이었다. 우리의 연구 결과는 희망이 다차원적이고 역동적이며, 완치에 대한 소망을 훌쩍 넘어선다는 사실을 보여 준 여러 연구 결과와 일치한다(Fitzgerald Miller, 2007; Gum & Snyder, 2002; Parse, 1999). 우리 연구를 통해 얻은 진행성 암 환자 경험에 관한 지식은 환자들이 직면하는 두려움을 극복하는 것뿐만 아니라, 삶을 살아가도록 도와주는 것의 중요함을 강조하고 있는 CALM을 만드는 데 도움을 주었다.

참고문헌

Byock, I. (1997). *Dying well: The prospect for growth at the end of life*. Riverhead Books.

Charles, C., Gafni, A., & Whelan, T. (1999). Decision-making in the physician-patient encounter: Revisiting the shared treatment decision-making model. *Social Science & Medicine, 49*(5), 651-661.

Copp, G. (1998). A review of current theories of death and dying. *Journal of Advanced Nursing, 28*(2), 382-390.

Corr, C. A. (1992). A task-based approach to coping with dying. *OMEGA-Journal of Death and Dying, 24*(2), 81-94.

Corr, C. A., Doka, K. J., & Kastenbaum, R. (1999). Dying and its interpreters: A review of selected literature and some comments on the state of the field. *OMEGA-Journal of Death and Dying, 39*(4), 239-259.

Côté, J. K., & Pepler, C. (2005). A focus for nursing intervention: Realistic acceptance or helping illusions? *International Journal of Nursing Practice, 11*(1), 39-43.

Diaz-Rubio, E. (2004). New chemotherapeutic advances in pancreatic, colorectal, and gastric cancers. *The Oncologist, 9*(3), 282-294.

Doka, K. J. (1993). *Living with life-threatening illness*. Lexington Books.

Fitzgerald Miller, J. (2007). Hope: A construct central to nursing. *Nursing Forum, 42*(1), 12-19.

George, L. K. (2002). Research design in end-of-life research: State of science. *The Gerontologist*, *42*(Suppl. 3), 86-98.

Glaser, B. G., & Strauss, A. L. (1965). *Awareness of dying*. Aldine Transaction.

Glaser, B. G., & Strauss, A. L. (1967). *The discovery of grounded theory: Strategies for qualitative research*. Aldine Transaction.

Glaser, B. G., & Strauss, A. L. (1968). *Time for dying*. Aldine Transaction.

Good, P. D., Cavenagh, J., & Ravenscroft, P. J. (2004). Survival after enrollment in an Australian palliative care program. *Journal of Pain and Symptom Management, 27*(4), 310-315.

Goodman, D. (2011). End-of-life cancer care in Ontario and the United States: Quality by accident or quality by design? *Journal of the National Cancer Institute, 103*(11), 840-841.

Gum, A., & Snyder, C. R. (2002). Coping with terminal illness: The role of hopeful thinking. *Journal of Palliative Medicine, 5*(6), 883-894.

Hales, S., Chiu, A., Husain, A., Braun, M., Rydall, A., Gagliese, L., Zimmermann, C., & Rodin, G. (2014). The quality of dying and death in cancer and its relationship to palliative care and place of death. *Journal of Pain and Symptom Management, 48*(5), 839-851.

Hales, S., Zimmermann, C., & Rodin, G. (2008). The quality of dying and death. *Archives of Internal Medicine, 168*(9), 912-918.

Hales, S., Zimmermann, C., & Rodin, G. (2010). The quality of dying and death: A systematic review of measures. *Palliative Medicine, 24*(2), 127-144.

Hays, J. C. (2003). Busy/ dying. *Public Health Nursing, 20*(3), 165-166.

Heyland, D. K., Groll, D., Rocker, G., Dodek, P., Gafni, A., Tranmer, J., Pichora, D., Lazar, N., Kutsogiannis, J., Shortt, S., Lam, M.; Canadian Researchers at the End of Life Network(CARENET). (2005). End-of-life care in acute care hospitals in Canada: A quality finish? *Journal of Palliative Care, 21*(3), 142-150.

Kübler-Ross, E. (1969). *On death and dying*. Tavistock. Publications.

Lo, C., Zimmermann, C., Rydall, A., Walsh, A., Jones, J. M., Moore, M. J., Shepherd, F.A., Gagliese, L., & Rodin, G. (2010). Longitudinal study of depressive symptoms in patients with metastatic gastrointestinal and lung cancer. *Journal of Clinical Oncology, 28*(18), 3084-3089.

Lunney, J. R., Lynn, J., Foley, D. J., Lipson, S., & Guralnik, J. M. (2003). Patterns of functional decline at the end of life. *JAMA, 289*(18), 2387-2392.

Lynn, J. (2005). Living long in fragile health: The new demographics shape end of life care. *Hastings Center Report, 35*(Suppl 6), s14-s18.

Morse, J. M. (2000). Denial is not a qualitative concept. *Qualitative Health Research, 10*(2), 147-148.

Nissim, R., Rennie, D., Fleming, S., Hales, S., Gagliese, L., & Rodin, G. (2012). Goals set in the land of the living/ dying: A longitudinal study of patients living with advanced cancer. *Death Studies, 36*(4), 360-390.

Parse, R. R. (1999). *Hope: An international human becoming perspective*. Jones & Bartlett Learning.

Patrick, D. L., Engelberg, R. A., & Curtis, J. R. (2001). Evaluating the quality of dying and death. *Journal of Pain and Symptom Management, 22*(3), 717-726.

Pattison, E. M. (1977). *The experience of dying*. Prentice Hall.

Pattison, E. M. (1978). The living-dying process. In C. A. Garfield (Ed.), *Psychosocial care of the dying patient* (pp. 133-168). McGraw-Hill.

Rennie, D. L., Phillips, J. R., & Quartaro, G. K. (1988). Grounded theory: A promising approach to conceptualization in psychology? *Canadian Psychology/ Psychologie Canadienne, 29*(2), 139-150.

Rodin, G., Lo, C., Mikulincer, M., Donner, A., Gagliese, L., & Zimmermann, C. (2009). Pathways to distress: The multiple determinants of depression, hopelessness, and the desire for hastened death in metastatic cancer patients. *Social Science & Medicine, 68*(3), 562-569.

Seale, C. (2000). Changing patterns of death and dying. *Social Science & Medicine, 51*(6), 917-930.

Steinhauser, K. E. (2005). Measuring end-of-life care outcomes prospectively.

Journal of Palliative Medicine, *8*(Suppl. 1), S 30-41.

Steinhauser, K. E., Clipp, E. C., & Tulsky, J. A. (2002). Evolution in measuring the quality of dying. *Journal of Palliative Medicine, 5*(3), 407-414.

Stinnett, S., Williams, L., & Johnson, D. H. (2007). Role of chemotherapy for palliation in the lung cancer patient. *The Journal of Supportive Oncology, 5*(1), 19-24.

Stroebe, M., Schut, H., & Stroebe, W. (1998). Trauma and grief: A comparative analysis. In J. H. Harvey (Ed.), *Perspectives on loss: A sourcebook* (pp. 81-96). Brunner/ Mazel.

Walter, T. (2003). Historical and cultural variants on the good death. *BMJ, 327*(7408), 218-220.

Weisman, A. D. (1972). *On dying and denying: A psychiatric study of terminality.* Behavioural Publications.

Zimmermann, C. (2004). Denial of impending death: A discourse analysis of the palliative care literature. *Social Science & Medicine, 59*(8), 1769-1780.

제4장

애착 안정성Attachment Security

지금까지 이야기하지 못했던, 정말 중요한 것들을 이야기할 수 있는 공간과 시간을 CALM은 마련해 주었습니다. 이것은 노숙자에게 집과 같은 의미입니다.

—CALM 참가자

서론

타인과 연결되는 것은 인간의 기본적 욕구로서, 심리적 안녕과 삶의 의지를 유지하게 한다(Khan et al., 2010). 애착 안정성이란 이러한 연결의 내적 감각이자 타인의 정서적 지지를 요청하고 받아들일 수 있는 능력과 의지를 뜻한다. 애착이론은 심각한 혹은 삶을 위협하는 질병의 위기에 처한 환자와 가족의 관계적 필요를 이해할 수 있는 강력한 틀이다. 애착 안정성은 사적인 관계, 가족관계, 의료진과의 관계, 디스트레스 완화에 도움이 되는 사람들과의 관계에 관한 것이다. 암을 다루면서 의미 있게 살아가기Managing Cancer and Living Meaningfully: CALM 치료자는 환자의 안정된 애착을 강화할 수 있고, 매우 심한 정서적 디스트레스 상태와 진행성 질환으로 자율성이 저하된 상태에서 이들의 애착 관계를 재조정하는 데 도움을 주는 중요한 역할을 한다. 이 장에서는 애착 안정성의 이론적 배경과 CALM 치료 적용에 관해 설명할 것이다.

애착이론

존 볼비John Bowlby는 인간의 심리발달과 정신치료과정을 이해하는 데 애착 안정성이란 구조를 처음 적용한 정신건강의학과 의사이자 정신분석가이다. 이 주제에 대한 그의 관심사는 20세기 중반, 어머니로부터 분리된 부적응 소년들을 대상으로 수행한 임상 연구로부터 시작된다. 그리고 그는 애착에 관한 이론을 세 권으로 구성된 책, 『애착과 상실Attachment and Loss』(Bowlby, 1969, 1973, 1980)에서 서술하기 시작했다. 볼비는 심리발달에서 애착 관계의 근원적 중요성을 강조했고, 특히 위험이 고조된 시기에 우리가 보호자에게 가깝게 다가간 상태를 유지하는 행동 체계의 생존적 가치를 강조했다. 그는 안정 혹은 불안정으로 묘사할 수 있는 일반적인 애착 경향에 관해 설명했다. 이것은 아이가 애착 대상의 가용성에 대한 기대와 아이 자신이 애착 대상에게 받아들여질 만한 존재로 생각할 수 있는지에 따른다.

볼비와 동료들은 아이와 엄마의 관계를 관찰하며 연구를 시작했지만, 후에 애착이론은 성인에서의 관계로 범위를 넓혔다. 여기에 연애 대상(Kunce & Shaver, 1994)과 환자와 의료진(Maunder & Hunter, 2016)과의 관계가 포함되었다. 성인의 애착 안정성은 성인애착인터뷰Adult Attachment Interview(George et al., 1996)와 같은 반구조화된 도구나 친밀관계경험척도Experience in Close Relationships Inventory: ECR(Brennan et al., 1998; Fraley et al., 2000)와 같은 자기보고식 설문지를 사용하여 평가할 수 있다. 후자는 애착 안정성의 두 가지 주요 차원인 불안 애착, 회피 애착을 평가한다. 불안 애착은 어려움을 대처할 수 없다고 느끼고 필요한 지원을 받을 수 없을 것 같다고 느끼는 두려움의 경향을 의미하며, 회피 애착은 자기 의존성과 고통 표현을 최소화하는 경향을 의미한다(Bowlby, 1980).

친밀관계경험척도의 원래 버전(Brenna et al., 1998)과 수정된 버전(Fraley et al., 2000)은 연애에서 애착 경향을 평가하는 36개 항목의 자기보고식 설문지이다. 그러나 안정된 애착 경험은 의료진을 포함한 다른 많은 사람으로부터 도출될 수 있고, 더 간단하게 측정하는 것이 진행성 질병을 앓고 있는 환자에게 더 적절할 수 있다. 그래서 우리는 내용을 수정하고 문항 수를 16개로 줄여 친밀관계경험척도-M16Modified Experience in Close Relationships Inventory: ECR-M16을 만들었다(Lo et al., 2009). 친밀관계경험척도-M16은 지지적인 관계에서 더 보편적으로 애착 안정성을 평가한다. 우리는 이 평가의 신뢰성과 타당성을 입증했고(Lo et al., 2009) 연구 프로그램과 CALM 임상 적용까지 광범위하게 활용했다(이 책의 제10장 참조).

볼비(1969)는 애착 안정성이 "요람에서 무덤까지" 인간에게 지속적으로 필요한 근본적인 것이라 제안했다(Bowlby, 1969, p. 208). 애착 시스템은 심리적·신체적 안녕에 도움을 주며 위협에 대응하여 활성화된다. 진행성 질병의 위협은 통증과 여러 육체적 고통, 의존성, 통제력 상실, 죽어감과 죽음의 위협과 같은 것들이다. 애착 시스템이 활성화되면, 디스트레스를 경감하고 정서적 평형을 회복하기 위해 보호자나 다른 애착 대상에게로의 다가감proximity을 추구하게 된다. 안정된 애착을 가진 사람들은 그들의 고통을 완화하기 위해 실질적이고 감정적인 도움을 더 잘 찾고 받아들일 수 있다. 죽음의 공포로부터 환자들을 보호해 주는 안정된 애착의 이점은 공포관리이론의 이론적 프레임워크에서 강조했었다(Greenberg, 2012; 이 책의 제2장 참조).

공포관리이론Terror Management Theory: TMT은 건강한 군에서 실험적으로 유발한 죽음불안을 연구하며 검증했다(Burke et al., 2010). 우리 팀은 죽음의 위협에 직면한 진행성 질병 환자에서 안정된 애착의 보호 효과를 조사함으로써 공포관리이론 연구를 확장했다. 이 연구는 삶의 의지 연구에서 안정된 애착이 신체증상 부담이 커지더라도 우울증으로부터 환자들을 보호한다는 것을 증명했다(Rodin et al., 2007). 애착 안정성이 낮은 사람들은 다른 사람들의 지지에 대한 자신감이나 신뢰가 부족할 뿐만 아니라 지지 관계를 적절하게 활용할 가능성이 낮아 '이중의 위험'에 처할 수 있다. 초기 발달 경험은 안정된 애착 형성에 중요한 역할을 하지만, 추적 연구를 통해 애착 안정성은 고정된 것이 아니라 살아가면서 경험하는 인간관계의 방향과 질에 따라 성장하거나 악화할 수 있다는 것을 알게 되었다(McConnell & Moss, 2011).

애착이론은 삶의 마지막 환자가 도움을 적절히 활용하는 능력이나 이들이 경험하는 디스트레스의 차이를 설명할 수 있다. 그뿐만 아니라 이 이론을 활용함으로써 삶의 마지막과 완화의료를 대하는 태도도 변화시킬 수 있다. 삶의 마지막에 나타나는 애착과 관련된 주제는 자율성, 자기 통제, 프라이버시, 사회적 지지, 돌봄의 방향tenor of care[1], 타인에게 짐이 되는 느낌 등이 있다(Chochinov et al., 2002). 회피적 애착 스타일을 가진 사람들은 진행성 질병으로 존엄성 상실을 경험할 가능성이 더 높다(Tan et al., 2005). 의료조력자살Medical Assistance In Dying: Maid의 요청은 회피 애착, 자기 통제감 유지 욕구, 의존성과 자율성 상실을 피하고자 하는 소망과 관련이 있는 것으로 보고되었다(Ganzini et al., 2009). 우리는 CALM뿐만 아니라 이와 비슷한 정신치료적 접근이 이와 같은 이슈를 개선하거나 예방할 수 있을 것으로 생각해 왔다.

1) 돌봄의 방향tenor of care: 삶의 마지막에서 의료 제공자가 돌봄의 방향을 어디로 향하게 하느냐에 따라 한 사람의 자기 가치감과 존엄성이 결정된다. 의료 제공자가 환자를 존경과 친절함으로 대하면 존엄성을 유지하며 마지막을 맞이할 수 있다.

진행성 질병에서 애착과 돌봄

생명을 위협하는 질병을 가진 환자의 보호자들은 의료 시스템의 탐색, 정보에의 접근, 의료진과의 연락, 환자의 이동, 경제적 · 신체적 · 정서적 지지와 같은 것들을 해야만 하는 처지에 놓인다. 이렇듯 보호자는 보살핌을 제공해야 하는 스트레스를 받지만, 사랑하는 사람의 죽음, 즉 보호자 본인의 중요한 애착 대상이 사라지는 것에 대해서도 준비해야 한다. 전 세계 모든 지역의 의료 시스템은 진행성 암 환자를 지원하기 위해 보호자를 활용하지만, 보호자에게 필요한 것에 관심을 충분히 기울이지 못했다(Glajchen, 2004; Grunfeld et al., 2004).

환자에게 필요한 것과 환자의 디스트레스를 신경 써야 하는 보호자들은 사랑하는 사람이 없는 앞으로의 삶을 준비하기 위해 환자와 너무 깊게 연결되지 않으려 할 수 있다(Evans, 1994; Johansson & Grimby, 2012; Parkes, 1996). 연구에 따르면, 더 안정된 애착을 가질수록, 효과적인 돌봄을 제공할 수 있는 능력이 더 크다. 회피 애착 경향을 가질수록, 보살핌을 제공하지 않거나 무감각하고 통제하는 보살핌을 제공하는 경향을 보였다. 불안 애착을 갖는 보호자들은 환자의 필요와 불안보다는 자신의 필요와 불안 때문에 강박적으로 환자를 돌보는 경향이 있다(Kunce & Shaver, 1994). 이런 종류의 보살핌은 환자와 보호자 모두 지치게 할 수 있다. 우리는 환자-보호자 사이의 애착 안정성이 낮은 보호자는, 간병 자체의 객관적이고 주관적인 부담을 고려하더라도, 우울해질 가능성이 더 높다는 것을 증명했다(Braun et al., 2007, 2012).

애착이론은 의료 제공자가 외래 진료실, 완화의료 병동, 중환자실에서 볼 수 있는 죽어가는 환자와 가족의 디스트레스와 행동을 더 효과적으로 이해하고 반응하는 데 도움을 준다(Curtiset al., 2012; Petersen & Koehler, 2006). 치료자가 정서적으로 환자와 가족과 잘 공명attune하고 새로운 문제나 위협이 증가하면서 변화하는 환자의 독특한 상황에 잘 반응할 때, 환자는 치료자와의 관계에서 안정된 애착을 제공받을 수 있다. 이러한 이점을 애착이론의 프레임워크를 통해 잘 이해할 수 있다. 또한 애착이론은 회피 애착 경향, 불안 애착 경향, 역설적으로 불안 및 회피 모두 높은 애착 형태를 보이는 사람에게 각각 다른 관계적 필요가 있다는 것을 잘 보여 준다[2)](Tan et al., 2005).

애착과 CALM

안정된 애착의 회복과 유지에 중점을 둔 CALM과 같은 정신치료적 개입은 진행성 암의 맥락에서 특별한 가치를 가진다. 환자의 애착 스타일은 치료자와의 관계에서 먼저 알 수 있다. 어떤 사람은 감정적인 연결을 경계하는 반면, 어떤 사람은 더 쉽게 지지를 받아들인다. 이러한 차이는 환자의 가족 관계에서도 명백하게 드러날 수 있는데, 이 관계 안에는 다양한 정도의 친밀감과 자율성이 존재한다. 환자는 여러 가지 중요한 애착 관계를 통해 평온함과 만족을 경험하지만, 진행성 암이라는 환경에서 방해받을 수 있다. 진행성 암과 관련된 의존성 및 정서적 고통의 증가가 배우자, 가족 또는 친구의 정서적 도움을 더 필요하게 만들 수 있다. 이렇게 중요한 애착 관계를 재조정해야 하는 상황에서 환자는 자신에게 필요한 것을 더 명확하게 받아들이고 표현해야 할 수 있다. 배우자와 가족 구성원은 환자의 요구에 더 유연하게 적응해야 한다. CALM은 환자와 배우자, 가족 구성원, 친구와 함께하는 치료 시간을 가짐으로써 애착의 재조정을 돕는다. 또한 치료 시간 동안 민감한 문제를 논의하는 과정에서 환자가 사랑하는 사람에게 더 쉽게 감정을 전달하도록 돕는다.

---

2) 애착 경향성에 따라 환자에게 필요한 관계적 도움은 다르다. CALM은 환자의 애착 형태를 이해하고 이를 바탕으로 환자에게 접근하고 도움을 준다.

CALM 치료과정에서 발생할 수 있는 애착 관계의 변화는 때로는 심오하고 극적일 수 있다. 우리는 더 독립적이고 자율적이었던 배우자들이 진행성 암이라는 환경에서 사랑하는 사람과 더 친밀해지는 것을 봐 왔다. 이것은 환자가 필요로 하는 것을 배우자가 잘 인식했기 때문이기도 하고, 환자가 자신에게 필요한 것을 이해하고 분명하게 소통했기 때문이기도 하다.

그러나 이러한 변화가 항상 일어나는 것은 아니며, 애착 관계가 원하는 대로 변하지 않을 때 환자는 큰 슬픔과 고립감을 느낄 수 있다는 점을 유의해야 한다. 이럴 때, 다른 가족, 친구 또는 치료자가 안정된 애착의 가장 중요한 원천이 될 수 있다. 치료 관계에서 안정된 애착은 환자가 자기 경험을 깊이 성찰하고 다양한 관점에서 생각할 수 있게 되는 데 필수적이다. 이는 정신화$_{\text{mentalization}}$ 과정에서 포착할 수 있다(이 책의 제5장 참조). 애착 안정성과 정신화의 임상 적용은 이 책의 제2부에서 더 깊이 기술한다.

결론

애착 안정성은 디스트레스 완화와 심리적 안녕을 유지하는 데 기본 토대이다. 진행성 암은 애착 체계를 활성화한다. 이때 불안정한 애착을 가질수록 디스트레스를 경험하고, 필요로 하는 것들이 증대되는 이 시기에, 애착 관계를 재조정하는 데 어려움을 가진다. 환자–치료자의 관계는 진행성 암 환자에게 안정된 애착을 제공할 수 있고, 다른 중요한 애착 관계의 재조정을 도울 수 있다. 진행성 암 환경에서 흔히 환자와 보호자 모두 의존성이 증가하고, 자율성을 상실하며, 정서적 지원 필요성이 증가하므로, 진행성 암 환자에게 애착 재조정은 매우 중요한 작업이다. CALM과 같은 애착–기반 치료는 정신화를 돕고 진행성 암 환자의 정신사회적 치료영역에서 애착이라는 중요한 측면에 관심을 기울이게 만든다.

참고문헌

Bowlby, J. (1969). *Attachment and loss.* Vol. 1: *Attachment*. Hogarth Press and the Institute of Psycho-Analysis.

Bowlby, J. (1973). *Attachment and loss.* Vol. 2: *Separation, anxiety and anger.* Hogarth Press and the Institute of Psycho-Analysis.

Bowlby, J. (1980). *Attachment and loss.* Vol. 3: *Loss: Sadness and depression.* Hogarth Press and Institute of Psycho-Analysis.

Braun, M., Hales, S., Gilad, L., Mikulincer, M., Rydall, A., & Rodin, G. (2012). Caregiving styles and attachment orientations in couples facing advanced cancer. *Psycho-Oncology, 21*(9), 935-943.

Braun, M., Mikulincer, M., Rydall, A., Walsh, A., & Rodin, G. (2007). Hidden morbidity in cancer: Spouse caregivers. *Journal of Clinical Oncology, 25*(30), 4829-4834.

Brennan, K. A., Clark, C. L., & Shaver, P. R. (1998). Self-report measurement of adult romantic attachment: An integrative overview. In J. A. Simpson & W. S. Rholes (Eds.), *Attachment theory and close relationships* (pp. 46-76). The Guilford Press.

Burke, B. L., Martens, A., & Faucher, E. H. (2010). Two decades of terror management theory: A meta-analysis of mortality salience research. *Personality and Social Psychology Review, 14*(2), 155-195.

Chochinov, H. M., Hack, T., McClement, S., Kristjanson, L., & Harlos, M. (2002). Dignity in the terminally ill: A developing empirical model. *Social Science & Medicine, 54*(3), 433-443.

Curtis, J. R., Ciechanowski, P. S., Downey, L., Gold, J., Nielsen, E. L., Shannon, S. E., Treece, P. D., Young, J. P., & Engelberg, R. A. (2012). Development and evaluation of an interprofessional communication intervention to improve family outcomes in the ICU. *Contemporary Clinical Trials, 33*(6), 1245-1254.

Evans, A. J. (1994). Anticipatory grief: A theoretical challenge. *Palliative Medicine, 8*(2), 159-165.

Fraley, R. C., Waller, N. G., & Brennan, K. A. (2000). An item-response theory analysis of self-report measures of adult attachment. *Journal of Personality and Social Psychology, 78*(2), 350-365.

Ganzini, L., Goy, E. R., & Dobscha, S. K. (2009). Oregonians' reasons for requesting physician aid in dying. *Archives of Internal Medicine, 169*(5), 489-492.[Erratum in: *Archives of Internal Medicine*, 2009 Mar 23, 169(6), 57].

George, C., Kaplan, N., & Main, M. (1996). *Adult attachment interview* [Unpublished manuscript]. Department of Psychology, University of California.

Glajchen, M. (2004). The emerging role and needs of family caregivers in cancer care. *The Journal of Supportive Oncology, 2*(2), 145-155.

Greenberg, J. (2012). Terror management theory: From genesis to revelations. In P. R. Shaver & M. Mikulincer (Eds.), *Meaning, mortality, and choice: The social psychology of existential concerns* (pp. 17-35). American Psychological Association.

Grunfeld, E., Coyle, D., Whelan, T., Clinch, J., Reyno, L., Earle, C. C., Willan, A., Viola, R., Coristine, M., Janz, T., & Glossop, R. (2004). Family caregiver burden: Results of a longitudinal study of breast cancer patients and their principal caregivers. *CMAJ: Canadian Medical Association Journal, 170*(12), 1795-1801.

Hunter, M. J., Davis, P. J., & Tunstall, J. R. (2006). The influence of attachment and emotional support in end-stage cancer. *Psycho-Oncology, 15*(5), 431-444.

Johansson, Å. K., & Grimby, A. (2012). Anticipatory grief among close relatives of patients in hospice and palliative wards. *American Journal of Hospice and Palliative Medicine, 29*(2), 134-138.

Khan, L., Wong, R., Li, M., Zimmermann, C., Lo, C., Gagliese, L., & Rodin, G. (2010). Maintaining the will to live of patients with advanced cancer. *Cancer Journal, 16*(5), 524-531.

Kunce, L. J., & Shaver, P. R. (1994). An attachment-theoretical approach to caregiving in romantic relationships. In K. Bartholomew & D. Perlman (Eds.), *Advances in personal relationships, Vol. 5. Attachment processes in adulthood* (pp. 205-237). Jessica Kingsley Publishers.

Lo, C., Walsh, A., Mikulincer, M., Gagliese, L., Zimmermann, C., & Rodin, G. (2009). Measuring attachment security in patients with advanced cancer: Psychometric properties of a modified and brief Experiences in Close Relationships scale. *Psycho-Oncology, 18*(5), 490–499.

Main, M. (1995). Recent studies in attachment: Overview, with selected implications for clinical work. In S. Goldberg, R. Muir, & J. Kerr (Eds.), *Attachment theory: Social, developmental and clinical perspectives* (pp. 407–474). Analytics Press, Inc.

Maunder, R. G., & Hunter, J. J. (2016). Can patients be 'attached' to healthcare providers? An observational study to measure attachment phenomena in patient-provider relationships. *BMJ Open, 6*(5), e011068. doi: 10.1136/bmjopen-2016-011068.

McConnell, M., & Moss, E. (2011). Attachment across the life span: Factors that contribute to stability and change. *Australian Journal of Educational & Developmental Psychology, 11*, 60–77.

Parkes, C. M. (1996). *Bereavement. Studies in grief in adult life.* 3rd edition. Routledge.

Petersen, Y., & Koehler, L. (2006). Application of attachment theory for psychological support in palliative medicine during the terminal phase. *Gerontology, 52*(2), 111–123.

Rodin, G., Walsh, A., Zimmermann, C., Gagliese, L., Jones, J., Shepherd, F. A., Moore, M., Braun, M., Donner, A., & Mikulincer, M. (2007). The contribution of attachment security and social support to depressive symptoms in patients with metastatic cancer. *Psycho-Oncology, 16*(12), 1080–1091.

Tan, A., Zimmermann, C., & Rodin, G. (2005). Interpersonal processes in palliative care: An attachment perspective on the patient-clinician relationship. *Palliative Medicine, 19*(2), 143–150.

제5장

정신화와 죽음

서론

삶을 계속해 나가는 것은 진행성 암 환자에게 만만치 않다. 이들은 신체적 한계, 진료 시간 조정, 검사, 치료에 영향을 받으며, 다음 영상검사나 혈액검사 결과가 나쁜 소식으로 이어지지 않을까 두려워한다. 모든 곳으로 손을 뻗치는 암은 이들의 정체성과 관계를 붕괴시키고, 삶을 재조정하고 재구성할 수 있게 하는 상상력을 잃게 만들 수 있다. 우리는 진행성 암과 삶의 마지막을 마주하면서도, 삶을 충만하고 의미 있게 살려고 시도하는 능력을 '이중인식double awareness'이라고 했다(Rodin & Zimmermann, 2008). 이 능력이 없다면, 자신이 해낼 수 있는 삶을 단념할 수 있다. 심지어 육체적으로 충분히 건강함에도 삶을 포기할 수 있다. 다양한 관점에서 바라볼 수 있는 능력이 정신화 개념의 핵심이다(Bateman & Fonagy, 2008). 암을 다루며 의미 있게 살아가기CALM에서 정신화의 초점은 환자 자신과 자기 삶에 존재하고 있는 여러 가능성에 대한 관점을 확장하게끔 도와 이중인식을 만들어 내는 데 있다. 이 장에서는 정신화 개념과 CALM 치료에서 응용한 정신화를 자세히 설명하고자 한다.

정신화

1960년대 정신분석 문헌에서 의미를 상징화하고 표상화할 수 있는 능력을 뜻하는 정신화mentalization 개념이 나타났다(Freeman, 2016). 그 후 자신의 정신상태와 타인의 정신상태를 사유하고 묘사하며 감정, 생각, 신념을 행동과 연결할 수 있는 능력을 의미하도록 정교화했다(Bateman & Fonagy, 2008). 타인과 자신에 대해 다양한 관점에서 생각하는 것은 직접 관찰 이상의 것을 요구하는 창의적인 활동이다(Bateman & Fonagy, 2008). 정신화는 우리 마음과 타인의 마음, 이 둘의 상호작용을 반사적이고 자동적으로 느끼고 해석할 때 암묵적으로 작동한다(Davidsen & Fosgerau, 2015). 하지만 정신상태와 관점을 이해하고자 대화할 때에는 명시적으로 작동한다(Bateman & Fonagy, 2008).

정신화 능력은 안정된 애착 관계의 맥락에서 유아기에 발달한다(Bateman & Fonagy, 2013). 정신화는 아이의 느낌과 경험을 함께하며 반영해 주는 부모와 같은 인물에 의해 촉진된다. 이러한 능력 발달의 일차적인 실패는 경계선 성격장애와 같은 장애에서 분명히 드러난다(Bateman & Fonagy, 2003). 경계선 성격장애 환자는 내적 현실과 외적 현실을 구별하거나 자신의 관점 이외의 관점을 경험하거나 받아들이는 데 어려움을 겪는다(Bateman & Fonagy, 2008).

정신화 능력은 연속적인 스펙트럼이다. 관계적 맥락, 개인의 정서적 상태(Bateman & Fonagy, 2013), 특정 대화의 질과 성격에 따라 계속 변화한다(Sperry, 2013 참조). 정신화는 흔히 개인의 능력이나 특성으로 간주되지만, 우리는 치료적 대화에서 공동 생산하는co-produced 관계적 산물이라고 주장해 왔다(Shaw et al., 2019; Shaw et al., 2020). 이 주장을 뒷받침하기 위해 우리의 논문에서 CALM 치료에서의 대화를 미시적으로 분석하여, 치료자가 어떻게 정신화를 불러내고 환자가 정신화에 초점을 맞춘 대화mentalization talk에 어떻게 반응하고 참여하는지 보여 주었다. 다음 절부터는 CALM에서 암 환자 고유의 어려움에 초점을 맞춘 정신화를 포함해, 치료 관계에서의 정신화를 탐구할 것이다.

치료에서 정신화

정신화-기반 치료는 환자가 자신과 타인이 생각하는 방식에 대해 생각할 수 있도록 돕기 위해 개발되었다(Bateman & Fonagy, 2006). 우울증(Bressi et al., 2017; Luyton et al., 2012), 섭식 장애(Robinson et al., 2016; Skrderud & Fonagy, 2012), 외상후스트레스장애(Allen et al., 2012; Palgi et al., 2014)를 포함한 다양한 장애에 성공적으로 적용되었다. 다양한 관점으로 생각하는 것은 안정된 애착 관계 내에서 가장 잘 되기 때문에(Bateman & Fonagy, 2013), 정신화-기반 치료법은 환자에게 '안전기지secure base'을 제공하는 것을 포함할 수밖에 없다. 치료자는 호기심을 갖고, 환자의 관점에 대해 알지 못한다는 입장을 취하며, 자신의 관점이나 객관적인 현실에 근거해 추정 혹은 가정하지 않기 위해 노력한다. 치료자는 때때로 환자에게, 기존의 자기 관점이나 현실을 직접 반영하지 않는 또 다른 관점이 있을 수 있다는 것을 보여 주기 위해, 자기 경험을 말해줄 수 있다(Bateman & Fonagy, 2008). 이것은 같은 상태 혹은 상황이라도 여러 가지 관점이 존재할 수 있음을 알려 주는 데 도움이 된다.

진행성 암에서 정신화

진행성 암에서 정신화는 환자와 치료자 모두에게 특별한 도전이다. 죽음에 대한 생각으로 인한 고통은 상상력과 유연한 생각을 저해하기 때문에 죽음을 정신화하기가 어려울 수 있다. 또한 환자들은 자기 죽음에 대한 불안을 다른 사람들이 견디기 힘들어하거나 이겨 내지 못할까 봐 걱정하기 때문에, 치료 환경이나 가족 관계에서 죽어감과 죽음에 대한 사유를 멈출 수 있다. 이것은 특히 도움받을 가족이나 친구가 없거나, 이들이 환자의 상황에 너무 압도당해서 도움과 지지를 줄 수 없을 때 일어나는 경향이 있다. CALM에 참가한 한 참가자는 다른 사람들에게 죽음의 두려움을 언급했을 때를 생각하며 다음과 같이 말했다. “그때 갑자기 대화가 얼어붙었습니다. 대화는 더 이상 이어지지 못했습니다.”

긍정적 사고는 여러 가지 상황에서 가치가 있지만, 진행성 암에서는 그렇지 않은 경우가 많다. 한 CALM 참가자는 사람들이 “긍정적으로 생각해.”라고 말할 때, ‘나에게 또 다른 기대를 하고 있구나.’라고 느낀다고 말했다. 암 증상이 있거나 암과 관련된 세계에 사는 것은 긍정적인 마음을 온전히 유지하기 어렵게 만든다. 병이 진행하고 삶의 마지막에 가까워지면 살아감의 기회들은 축소되고, 미래를 다른 관점에서 생각하며 살아갈 방법이 환자와 치료자 모두에게 쉽게 떠오르지 않을 수 있다(Hales & Rodin, 2021). 이러한 맥락에서 정신치료적 개입은 환자가 죽어감과 죽음에 대한 고통을 견디고 관리하며, 삶에서의 여러 가지 가능성을 고려하는 데 도움을 줄 수 있다. 이처럼 질병을 관리하면서도 삶을 적극적으로 이어 가는 이중성은 죽음학thanatalogy과 완화의료 문헌에서 “중간 지식middle knowledge”(Weisman, 1972), “삶-죽음 간격living-dying interval”(Pattison, 1977)으로 표현되었다. 그리고 최근에 우리 팀은 “이중인식”(Rodin & Zimmermann, 2008)으로 기술했다. CALM 치료자는 죽음에 대한 두려움을 ‘교정’하는 것이 아니라, 생각을 확장함으로써 현재와 삶의 마지막에 대한 여러 관점을 가질 수 있게 하는 것이 목표이다.

CALM 치료에서 정신화

CALM 치료는 삶의 모든 측면, 질병으로 인한 어려움, 질병의 진행에 대한 사유를 초대함[1]으로써, 환자가 인식을 확장하는 데 도움을 준다. 우리는 대화분석 방법을 사용하여 치료자가 CALM 치료에서 이러한 사유을 초대하는 과정을 설명했다. 이 방법론은 한 발화와 다음 발화 사이의 연결되는 대화를 매 순간 분석함으로써, 서로 연결되며 생성되는 정신화를 탐구하기 위해 특별히 설계했다(Shaw et al., 2020). 우리는 대화를 순간순간 직관적으로 이어 나가지만, 대화분석은 상호작용의 세부 사항과 뉘앙스를 설명하는 데 유용한 도구이다. 분석은 대화가 시작될 때(예: 일시 중지 후 다시 시작하거나, 두 사람이 동시에 말을 하는 경우), 분명한 말이 사용될 때, 분명한 어조가 사용될 때를 포착하는 전사(글로 옮기기) 기법을 통해 이루어졌다(Jefferson, 2004). 대화 중에 머뭇거림과 자기 말의 수정은 대화를 이해하는 데 중요하다. 이는 말하는 사람의 자기 인식과 대화하는 순간 듣는 이가 대화를 이해할 수 있고 수용할 수 있게 하려는 시도를 보여 주기 때문이다(McCabe et al., 2016). 다음에 제시된 것은 단순화한 삽화 녹취록이지만, 대화의 뉘앙스를 설명하기 위해 대화 중 분명하게 사용된 말과 두 사람이 중첩하여 사용한 말과 같은 세부 사항의 일부를 포함했다.

의미-중심정신치료에서 의미는 탐색해야만 하는 주요 주제인 반면(Breitbart, 2016 참조), 소위 정신화-기반 치료와 같은 CALM에서는 치료자와 환자가 함께하는 사이에 하나의 과정으로 의미탐색이 일어난다. CALM에서 환자

---

1) 명상을 시작하기 전에 종을 치는 의식이 있다. 플럼 빌리지Plum Village의 틱낫한 스님은 종을 치는 의식에서 종소리를 초대한다고 표현한다. '초대한다'는 표현은 종소리도 하나의 인격이 있는 것처럼 중요한 존재로서 감사히 여긴다는 의미이다. 사유는 CALM이나 다른 많은 영역에서 매우 중요한 치료요인이자 자기극복 인자이다. CALM에서도 사유는 하나의 인격체나 친한 친구처럼 치료 공간에서 항상 함께할 수 있다.

를 정신화 과정에 참여시킨다는 것은 환자가 제시한 관점을 무시하지 않고 대안적인 관점을 생각할 수 있도록 도와준다는 것을 의미한다. 일반적으로 처음에는 치료자가 암시적으로 제안한 다른 관점을 통해서 대안적 관점에 도달한다. 하지만 치료자는 자신의 우월한 지식을 강요하지 않는다(Shaw et al., 2019 참조). 환자가 표현한 관점을 인정하고 수용하며, 다른 관점들 또한 고려한다. 다음 발췌문에서 CALM 치료자는 배우자와의 관계에서 좌절감을 이야기하고 있는 환자를, 환자의 원래 관점을 무효화하지 않은 채 점진적으로 새로운 관점으로 안내한다.

관계 문제

1 치*: 그렇다면 두 분 사이에 무슨 문제가 있습니까?
2 환*: 음 병이 있다는 것은, 아시다시피 어떻게 될지 예측할 수 없잖아요. 그 사람은
3 계획 세우기를 좋아해요. 여행 계획 세우는 것을 좋아하죠. 음, 그것도 1년 전에요. 이것은 하나의
4 예일 뿐입니다. 그 사람은 기획하고 사람 모으는 것을 정말 잘해요. 정말 사회적이고, 그 사람은 이혼한 상태로
5 몇 년을 혼자 살면서 친구들을 많이 만들었어요. 사람 만나는 것을 좋아해요.
6 그리고 음, 가만히 있지를 못하고, 계획을 계속 만들어요.
7 우리가 함께 시간을 보낼 수 있으면 대부분은 괜찮았어요. 실제 그랬어요. 그런데, 제가 아프기 시작하면서
8 사람들하고 계속 같이 있기가 힘들어졌어요.
9 치: 이것에 남편은 어떻게 반응하나요?
10 환: 음, 저에게 화를 내고, 화를 참지 못해요. 이틀 전에도 그랬어요.
11 그래도…… 좋은 날도 나쁜 날도 있고 그런 거죠, 일단 어디론가

12 가면, 모든 것을 버려두고 즐겁게 보낼 수 있어요. 하지만 저는
13 3년 전의 제가 아니에요.
14 치: 남편이 당신의 상태를 잘 알고 있나요?
15 환: 음, 완전히…… 알지는 못하는 것 같아요. 완전히 몰라요.
16 치: [아마 저도] 당신에게 물어봐야 할 것 같은데요?
17 환: [아하]
18 환: [제가 완전히] 이해하고 있냐고요?
19 치: [무엇–] 당신의 상태에 대해 [무엇을] 알고 있어요?
20 환: 저는 4기 폐암이에요. 하지만 잘 지내고 있어요. 환자가 아니라고 해도 믿을 거예요.
21 심리적인 것 빼고는 단 하루도 아프다고 할 만한 것이 없었어요. 음, 그리고 저는
22 이겨 내려고 하고 있어요. 통계수치가 매우 끔찍하다는 것을 알고 있어요. 하지만 스스로 다짐해요. 0%든
23 100%든 숫자가 중요한 것은 아니잖아요. 그리고
24 치: 완치될 수 있기를 바라는 것 같네요? 맞나요?
25 환: 적어도 치료가 삶을 연장해 주기를 바라고 있어요. 완치될 거라고는 생각하지 않아요.
26 저도 알아요. 적어도 병원에 올 때마다 듣거든요.
27 [주치의 이름]으로부터요.
28 치: 음.
29 환: 주치의…… 선생님은 완치가 안 된다고 해요. 그런데 저는 아주 잘 지내 왔거든요.
30 약 효과도 좋고, 증상도 없고, 심지어
31 약 부작용도 없었어요. 저는
32 치: 당신이 꽤 정상처럼 보이니깐 잘 지내 왔다고 생각하는 건가요? 정상처럼 생각한다는 게, 잘 모르겠네요. 정상처럼……
33 [정상처럼……]

34 환: 제가 아프다는 것을 [믿을 수 없어요.] 서류상에서나 그런 거죠.
35 치: 이것이 남편이 당신이 아프다고 인정하기가 힘든 이유가 아닐까요?
36 환: 그렇군요. 그럴 수 있겠군요. 이런 식으로 생각해 보지 못했어요.

*치=치료자, *환=환자

치료자는 환자가 남편에 대해 불평하는 것에 대해, 환자 상태에 대한 남편의 이해(14행)와 그녀 자신의 이해(16, 19행)에 대한 질문으로 응답한다. 이러한 질문은 암묵적으로 환자가 남편의 문제 행동에 대한 다른 관점을 고려하게 한다. 환자는 남편이 잘 이해하고 판단할 수 있도록 자기 상태의 심각성을 남편에게 전달하지 않았을 수도 있다. 환자는 자신이 4기 폐암에 걸렸다는 것과 '통계가 끔찍하다'는 것을 알고 있지만(22행), 컨디션이 좋으므로 낙관적으로 생각하고 있다(20행). 환자가 이와 같은 확장된 관점에서 생각할 수 있게 되었을 때, 치료자는 남편의 이해 부족이 환자가 남편에게 자신의 질병을 이야기하는 방식과 관련이 있을 수 있다고 더 명시적으로 제안한다(35행).

치료자는 환자의 의사소통하는 방식이 남편의 이해를 저해하게 했다는 것을, 먼저 두 부부가 병에 대해 이해하는 정도를 묻는 단순한 질문을 통해 암묵적으로 제시하고, 환자와 점진적으로 대안적인 관점을 탐구해 나가는 모습을 주목할 필요가 있다. 환자는 병을 가지고 있는 자기와 실제의 자기가 일치하지 않는다고 생각하고 있었다. 환자가 이를 인정하게 되면서 치료자가 더 명시적으로 다른 관점을 제안할 수 있는 상호작용의 공간이 생겼다. 그것은 환자가 남편에게 말한 것과 환자의 모습의 차이로 인해 남편의 이해 부족이 생길 수 있다는 점이다. 환자와 함께 점진적으로 이러한 관점에 도달함으로써 치료자는 다른 관점을 강요하지 않고 환자의 관점을 확장할 수 있었다(Shaw et al., 2019 참조). 치료자의 목표는 갈등에서 누구의 편을 드는 것이 아니라 딜레마를 해결하기 위해 고려할 수 있는 관점의 범위를 확장하는 것이다. 이 치료에서 질병에 대해 완전히 드러내지 않고, 부부의 상호 영향 체계를 이해하게 하면서, 환자와 남편 모두 상처받지 않도록 했다(Lo et al., 2013).

어느 한 시점에서 한 사람의 정신화 능력은, 적어도 그 시점의 대화를 맺는 사람과의 관계적 맥락(Bateman & Fonagy, 2013)과 그 대화의 질과 방향이 영향을 준다(Sperry, 2013). 따라서 다른 정신화-기반 치료에서와 마찬가지로(Bateman & Fonagy, 2006), CALM 치료에서도 치료자의 정신화 능력이 환자의 정신화 능력을 출현하게 한다. 그러나 환자의 질병 경과나 죽음의 위협에 대해 알고 있기 때문에, CALM 치료자는 환자의 삶의 가능성을 열어 두는 데 어려움을 겪을 수 있다. 죽음의 그림자가 커질 때, 환자와 치료자 모두에게 대안적 관점을 상상하는 것이 어려울 수 있다. 또한 죽어감과 죽음에 대한 두려움을 일축하지 않고 환자에게 삶을 적극적으로 살아가도록 지지하는 것은 매우 어려울 수 있다. 다음은 남아 있는 시간이 얼마 남지 않았다고 생각해서, 가족과 직업에 관련된 것들을 계속하기 힘들어하는 한 CALM 참가자와의 대화이다.

불확실성과 상실

1 치: 많은 것들이 불확실합니다.

2 환: 네, 그리고 많은 것들을 잃어버리겠지요.

3 치: 맞아요.

4 환: 저는……저는 포기하지 않을 겁니다.

5 환: 우울해하지도 않을 겁니다. 저는 그런 사람이기 때문입니다. 그냥 이것이 저를 혼란스럽게 하고 있을 뿐입니다. 이것은 그냥 생소한

6 환: 프로젝트일 뿐이라고 생각합니다.

7 치: 음, 슬프게 느껴지네요. 이것은 슬픈 일입니다.

8 환: 맞아요. 사실 정말 많이 울었어요.

9 치: 네.

10 환: [이름]도 그렇고, [이름]도 그렇고, [이름]도 그렇고, 우리 모두 슬퍼하고 있어요. 그리고 우리는

11 환: 이겨 내야만 할 뿐이죠. 슬픔이 계속되진 않겠죠. 그럴 것 같긴 하지만 불안했습니다. 저는 어제

12 환: 잠을 못 잤어요. 지금 문제들은, 답이 없는 것 같습니다.

13 치: 저도 슬픔을 느낍니다. 불확실하죠. 음…… 모든 것이 불확실하지만, 지금 상황은,

14 환: [조금] (불확실해졌습니다.)

15 치: [네, 지금 상황에서] 불확실성이 급격하게 커지죠.

16 환: 아 [네.]

17 치: [네.]

18 치: 음, 저는, 완화의료는, 저는 일종의 보험이라고 생각하고 있습니다.

19 환: [그러니] 완화의료팀은 당신을 이미 알고 있어서, 증상이 생기면, 도움을

20 환: [네.]

21 치: 증상 조절을 위한 많은 도움을 [(바로)] 받을 겁니다.

22 환: [네.]

23 치: 그리고 불확실한 것에 도움이 될 겁니다. 제가 무슨 말을 하려는지

24 환: [네.]

25 치: 아시겠지요? 당신에게 증상이 있다고 해도, 증상에만 머물러 있지만 않을 겁니다.

26 환: 네.

27 치: 음.

28 환: (네.)

29 치: 음.

30 환: 음, 저는……저는……[이름]와

31 환: 첫 번째 완화의료 외래에 함께 가고 싶어요. 그런데 [(괜찮을까요?)]

32 치: [제 생각에는] 좋은 생각인 것 같습니다.

33 환: 괜찮을까요?
34 치: 좋은 [생각] 같습니다.
35 환: [그렇게 하는 것이]
36 환: 그렇게 하겠습니다.
37 치: 완화의료팀은 보통 누군가와 함께 오는 것을 더 좋아합니다.

치료자는 환자의 경험을 "이것은 슬픈 일입니다."라고 기정사실화하면서까지 환자의 경험을 확인한다. 그리고 환자는 "우리는 이것을 이겨 내야만 할 뿐이죠"(10, 11행)라며 자신의 느낌에 대해 설명하려 하지만, 그녀는 불안할 뿐이다. 치료자는 다시 이러한 환자의 감정에 머무르며, 마치 자신의 느낌인 것처럼 "저도 슬픔을 느낍니다. 불확실하죠."(13행)라고 이야기한다. 그러나 치료자는 계속해서 이전에 이야기했던 완화의료 서비스가 증상 관리에 대한 불확실한 느낌에 도움이 될 것이라고 제안한다(18~25행). 다시 말하지만, 이것은 환자가 표현한 슬픔과 불확실성의 느낌에 반대하지 않고 추가적인 관점을 제안한다. 완화의료를 다시 소개함으로써, 치료자는 환자가 질병의 불확실성과 진행에도 불구하고 어느 정도 안전함과 안정감을 경험할 수 있게 해 준다. 이 이중성을 유지하는 것을 '이중인식'이라고 할 수 있다.

이 예시는 슬픔과 절망의 느낌을 인정하는 동시에 대안적 관점을 정신화하는 작업을 해야 하는 CALM 치료자들의 과제를 강조한다. 이 대화는 이전 예시에서 나타났던 환자와 남편의 정신화를 유도하면서, 치료자 자신의 정신화 능력을 유지하는 모습과 연관해서 생각해 볼 수 있다.

정신화와 정체성 회복

진행성 암에서 흔한 합병증 중 하나는 정체성 상실이며, 이는 병을 중심으로 완전히 붕괴되기도 회복되기도 한다. 다음 CALM 치료 예시는 환자의 관점을 거부하지 않고, 대안적 관점이 환자의 관점에 추가될 수 있는지에 대한 또 다른 예이다. 환자는 자기 정체성이 병으로 대체되는 위협을 묘사하고 있다. 그녀는 암이라는 맥락에서만 자신이 규정되는 것에 우려를 표하며 '원래 자기를 되찾고' 싶어 한다(12열).

암과 정체성

1 환: 네, 저는 이게 문제라고 생각해요.

2 치: 네.

3 환: 원래대로 돌아가는 것이 어렵네요.

4 치: 네.

5 환: 음

6 치: 네.

7 환: 저는, 제 동료들이 많이 걱정해 주고

8 환: 공감해 주는 것 같고

9 치: 음.

10 환: 도와주는 것 같지만, 저를 [암]으로 생각하지 않았으면 좋겠어요. [그랬으면 좋겠어요.]

11 치: [맞습니다.] [맞습니다.]

12 환: 예전의 [나]로 돌아갔으면 좋겠어요.

13 치: [그렇죠.]

14 치: 그렇죠.

15 환: 그럴 수 있을지 모르겠어요.

16 환: 아시다시피, 예전의 삶으로 돌아갈 수 있을지 진짜 모르겠어요. 가능할지 모르겠어요.

17 환: 원래의 나로 돌아갈 수 있을지 모르겠어요.

18 치: 음, 답은 중간 어디 즈음에 있다고 말해 주고 싶습니다.

19 환: 당신이 겪고 있는 모든 것들. 이 모든 것에서 암을 빼고 생각하기가 어렵습니다.

20 환: 음, 우리의 목표는, 이것을 완전히 제거하는 것이 목표가 아닙니다. 그렇게 해서,

21 환: 암을 완전히 생각나지 않게 할 수는 없습니다. 불가능합니다. 모든 생각이

22 환: 암에 관한 것일 수 있습니다. 그리고 당신 삶의 일부분에만 집중할 수 있을 수도 있습니다. 이 병을 가지고 있으니 그럴 수도 있습니다. 하지만

23 환: 당신에게 집중할 수 있게 하는 것. 이것이 우리의 [목표]입니다. [쉽지 않은 도전이긴 합니다.]

24 환: [네.] [이건……] [이것이]

25 환: 제게 필요한 것을 더 잘 설명하는 것 같네요. 저는 그 공간을 더 키울 필요가 있겠 네요.

26 환: [(웃음)]

27 치: [네] 매우 좋은 [방식의] 생각이네요. 바로 [그것]입니다.

28 환: [네] [제가……] 저는

29 치: 네

30 환: [모든 것]을 되돌려 놓을 거예요. [하지만 저는] 그 [공간을] [키울 필요가] 있어요.

31 치: [맞아요.] [네] [이것은…… 이것은 아름]다운 표현의 방식이네요.

32 치: 이게 바로 그 목표예요.

치료자는 새로운 사고방식을 제안함으로써 환자의 말에 반응한다. 새로운 사고방식은 환자가 자기 마음속에 두 개의 표상을 동시에 지닐 수 있다는 것이다(18~23행). 치료자는 환자가 원래의 자기로 돌아가길 바라는 소망을 받아 주면서도 자기 정체성의 일부가 암과 필연적으로 연결될 것임을 알려 준다. 이후 환자는 생각하는 방식의 확장을 이루어 냈다. 그녀는 이전 정체성을 완전히 회복하려 하기보다는 성장이라는 과정을 말할 수 있게 된다. '공간의 키움'이라는 메타포는 그 가능성을 상상할 수 있는 길을 열어 주는 CALM의 정신화라는 치료과정을 보여 준다.

사실에서 느낌으로

환자와 대안적 관점을 암묵적인 형태로 탐색하는 것은 느낌과 사실을 구분하게 한다. 치료 상황에서 이것은 환자가 하는 말의 암묵적 의미를 알아보는 것으로, 환자의 말을 명백하고 고정된 것으로 여기지 않고, 많은 가능성 중 하나로 본다(Shaw et al., 2019 참조). 사실보다 주관적인 느낌으로서의 관점을 확인하면서, 다면적 · 공존적$_{\text{co-existing}}$ 관점을 창조해 낼 수 있다. 다음 대화는 치료자가 환자를 사실의 관점보다 느낌의 관점으로, 암시적으로 시작해서 명시적으로 생각하게끔 만든 예이다. 환자는 힘든 소식을 듣고 암에 굴복할 수밖에 없을 것 같고, 현재 치료 선택이 제한된 상태에서 암이 다시 나빠질 것 같은 느낌을 이야기한다. 여기서 환자가 '포기'로 간주하는 것을 치료자가 어떻게 명료화하는지 볼 수 있다.

'포기'의 의미

1 치: 항암치료를 받는 것은 포기하지 않는 것이고, 받지 않는 것은

2 환: 포기하는 것입니까?

3 환: 음. 저는 임상시험과 항암치료를 구분합니다. 그래도 이것을

4 환: 구분하기란 아마 어려운 일일 겁니다. 사실 저도 구분하기 어려워요. 하지만…… (음)…… 어렵겠지만, 결국

5 환: 인정해야만 하겠지요. 그리고 제가 죽을 거라는 것, 죽어가고 있다는 것을 받아들여야 하겠지요. 이게 제가 느끼고 있는 것이라고요.

6 환: 이해가…… 제가 이해가 안 되나요? (웃음)

7 치: 음, 이해가 되기도 하고 안 되기도 합니다. 저는 분명히 지금보다는 더 나을 수 있다는 것을 압니다. 기분이

8 환: 더 낫고, 용기가 더 생겼을 수도 있을 겁니다. 치료가 효과 있었다면 말이죠. 혹은 반응이 있었다거나……

9 환: 이해해요. 하지만, 약물치료가 좋은 선택이고, 도움이 될 수 있다고 생각하는 것은

10 환: 사실의 영역에 관한 것입니다. 저는 당신이 '포기'라고 말하는 것은 심리적인

11 환: 것으로 생각합니다. 지금 중요한 것은 생각을 이동시키는 것이라고 생각합니다. 아마,

12 환: [완화의료 의사 이름]가 항암치료에 대해 말해 줄 겁니다. 하지만 이것은 다른 프로젝트로

13 환: 옮겨 간다는 것을 뜻합니다. 이것이 가능한 한 당신을 잘 지내도록 도와줄 겁니 다. 당신이

14 환: 항암치료를 받건 안 받건 말이죠.

15 환: (침묵)

16 환: 네.

17 환: 네.

18 환: 말이 되는군요. 다음 주 목요일에 완화의료팀과 약속이 있어서 다행입니다.
19 치: 아, 잘되었군요.
20 환: 예약이 되어 있어서 다행이에요.
21 치: 네.
22 환: 완화의료는 제가 모르는 분야이긴 하지만, 완화의료는
23 환: 제가 할 수 있는 것에 관한 것이라 말할 수 있을 것 같아요. 완화의료가 제게 도움이
24 환: 되었으면 좋겠습니다.

이 환자는 최근 힘든 소식을 접했다. 치료 선택이 거의 없음을 고려할 때 그녀는 이제 '포기'해야 하고 암이 나빠지는 경과를 밟을 것 같아 두려워했다. 치료자는 환자의 '포기'(1~2행)의 의미를 질문하고 환자의 관점이 명백하고 고정된 것으로 대하지 않음으로써, 이 상황에서 한 가지 이상의 관점이 있을 수 있음을 암시적으로 제안했다. 이렇게 의미를 확장하는 질문meaning expansion enquiry은 자기 생각에 관해 상세히 말할 기회를 제공하여 대안적 관점을 탐구할 수 있게 한다(Shaw et al., 2019). 이와 같이 의미를 확장할 수 있게 하는 질문은 암시적으로 관점을 사실에서 느낌으로 이동시킨다. 환자가 치료자에게 도전했을 때(6행) 비로소 치료자는 다른 관점을 명시적으로 제시하여 느낌으로부터 사실을 분리해 내었다. '포기'를 더 이상 치료받지 않는 것의 필연적 결과로 여기지 않게 되었다. 치료자의 이야기는 환자가 느낌과 사실 사이를 효과적으로 분리할 수 있게 했다. 그녀는 "말이 되는군요."(18행)라고 하면서 그녀가 할 수 있는 것을 알게 해 줄 완화의료팀과의 만남을 다행으로 생각했다. 다시 말해, 그녀는 이제 단순히 '포기'한 것이 아닌 다른 프로젝트를 옮겨 가고 있다.

결론

심각한 질환을 앓고 있는 환자들은 긍정적으로 생각하고 희망을 유지하라는 권고를 받는 경우가 많다. 하지만 증상이 심해지면서 이러한 전략은 지속할 수 없게 된다. 정신화는 환자가 삶의 마지막을 직면하면서도 삶을 위해 다르게 생각할 수 있는, 관점을 넓히는 데 도움을 준다. CALM 치료자는 환자가 경험해야 할 것을 가정하지 않고, 관점의 확장을 도와주는 것을 목표로 한다. CALM 임상가는 죽음과 관련된 고통을 이해하고 공감하는 동시에 이러한 역경 속에서 자신의 회복력과 긍정적인 부분을 경험하도록 돕는 것이 목표이다. CALM은 여러 관점에서 생각할 수 있도록 돕고 환자의 시선을 사실에서 감정으로 이동시킴으로써 두려움, 희망, 여러 가능성을 함께 이야기하도록 도우며 공포와 침묵의 고립을 감소시킨다.

참고문헌

Allen, J., Lemma, A., & Fonagy, P. (2012). Trauma. In A. Bateman & P. Fonagy (Eds.), *Handbook of mentalizing in mental health practice* (pp. 419-445). American Psychiatric Publishing, Inc.

Bateman, A. W., & Fonagy, P. (2003). The development of an attachment-based treatment program for borderline personality disorder. *Bulletin of the Menninger Clinic, 67*(3), 187-211.

Bateman, A., & Fonagy, P. (2006). *Mentalization based treatment: A practical guide*. Oxford University Press.

Bateman, A., & Fonagy, P. (2008). Mentalization-based treatment for BPD. *Social Work in Mental Health, 6*(1-2), 187-201.

Bateman, A. W., & Fonagy, P. (2013). Mentalization-based treatment. *Psychoanalytic Inquiry, 33*(6), 595-613.

Breitbart, W. (Ed.). (2016). *Meaning-centered psychotherapy in the cancer setting: Finding meaning and hope in the face of suffering*. Oxford University Press.

Bressi, C., Fronza, S., Minacapelli, E., Nocito, E. P., Dipasquale, E., Magri, L., Lionetti, F., & Barone, L. (2017). Short-term psychodynamic psychotherapy with mentalization-based techniques in major depressive disorder patients: Relationship among alexithymia, reflective functioning, and outcome variables-A pilot study. *Psychology and Psychotherapy: Theory, Research and Practice*, *90*(3), 299-313.

Davidsen, A. S., & Fosgerau, C. F. (2015). Grasping the process of implicit mentalization. *Theory & Psychology, 25*(4), 434-454.

Freeman, C. (2016). What is mentalizing? An overview. *British Journal of Psychotherapy, 32*(2), 189-201.

Hales, S., & Rodin, G. (2021). Managing Cancer And Living Meaningfully(CALM) therapy. In W. Breitbart, P. Butow, P. Jacobsen, W. Lam, M. Lazenby, & M. Loscalzo (Eds.). *Psycho-Oncology* Fourth edition (pp. 487-491). Oxford University Press.

Jefferson, G. (2004). Glossary of transcript symbols with an introduction. In G. H. Lerner (Ed.), *Conversation analysis: Studies from the first generation* (pp. 13-31). John Benjamins Publishing Company.

Lo, C., Hales, S., Braun, M., Rydall, A. C., Zimmermann, C., & Rodin, G. (2013). Couples facing advanced cancer: Examination of an interdependent relational system. *Psycho-Oncology, 22*(10), 2283-2290.

Luyton, P., Fonagy, P., Lemma, A., & Target, M. (2012). Depression. In A. Bateman & P. Fonagy (Eds.), *Handbook of mentalizing in mental health practice* (pp. 385-418). American Psychiatric Publishing, Inc.

McCabe, R., John, P., Dooley, J., Healey, P., Cushing, A., Kingdon, D., Bremner, S., & Priebe, S. (2016). Training to enhance psychiatrist communication with patients with psychosis (TEMPO): Cluster randomised controlled trial. *The*

British Journal of Psychiatry, 209(6), 517-524.

Palgi, S., Palgi, Y., Ben-Ezra, M., & Shrira, A. (2014). "I will fear no evil, for I am with me": Mentalization-oriented intervention with PTSD patients. A case study. *Journal of Contemporary Psychotherapy, 44*(3), 173-182.

Pattison, E. M. (1977). *The experience of dying*. Prentice Hall.

Robinson, P., Hellier, J., Barrett, B., Barzdaitiene, D., Bateman, A., Bogaardt, A., Clare, A., Somers, N., O'Callaghan, A., Goldsmith, K., Kern, N., Schmidt, U., Morando, S., Ouellet-Courtois, C., Roberts, A., Skårderud, F., & Fonagy, P. (2016). The NOURISHED randomised controlled trial comparing mentalisation-based treatment for eating disorders (MBT-ED) with specialist supportive clinical management (SSCM-ED) for patients with eating disorders and symptoms of borderline personality disorder. *Trials, 17*(1): 549. doi: 10.1186/s13063-016-1606-8.

Rodin, G., & Zimmermann, C. (2008). Psychoanalytic reflections on mortality: A reconsideration. *Journal of the American Academy of Psychoanalysis and Dynamic Psychiatry, 36*(1), 181-196.

Shaw, C., Chrysikou, V., Lanceley, A., Lo, C., Hales, S., & Rodin, G. (2019). Mentalization in CALM psychotherapy sessions: Helping patients engage with alternative perspectives at the end of life. *Patient Education and Counseling, 102*(2), 188-197.

Shaw, C., Lo, C., Lanceley, A., Hales, S., & Rodin, G. (2020). The assessment of mentalization: Measures for the patient, the therapist and the interaction. *Journal of Contemporary Psychotherapy, 50*(1), 57-65. https://doi.org/10.1007/s10879-019-09420-z

Skårderud, F., & Fonagy, P. (2012). Eating disorders. In A. Bateman & P. Fonagy (Eds.), *Handbook of mentalizing in mental health practice* (pp. 347-384). American Psychiatric Publishing, Inc.

Sperry, M. (2013). Putting our heads together: Mentalizing systems. *Psychoanalytic Dialogues, 23*(6), 683-699.

Weisman, A. D. (1972). *On dying and denying: A psychiatric study of terminality*. Behavioral Publications.

제6장

치료결정과 치료과정

임상시험을 직접 경험해 보지 않고서는 임상시험이 무엇을 의미하는지 정말 몰랐습니다…… 막상 시작해 보니 제 예상과는 완전히 달랐습니다.

–CALM 참가자

서론

현대 암 치료는 치료결정에 환자와 가족이 적극적으로 참여하도록 하고 있다. 치료받는 환자의 자율성을 존중하고, 의사결정 공유를 장려하며, 정보 제공 후 동의를 얻도록 하고 있다. 그러나 환자와 가족이 고통받고 절망을 느끼며, 치료의 잠재적 위험과 이점에 대해 이해하기 어려운 상황에서, 자율성 존중과 의사결정 공유는 환상일 뿐이다. 더욱이, 암 클리닉의 바쁘고 짧은 진료시간은 환자가 치료 선택의 위험과 이점, 그리고 환자 자신의 가치가 치료 목표와 일치하는지 깊이 생각할 시간이나 공간을 제공하지 않는다. 이 장에서는 진행성 암의 맥락에서 치료적 의사결정의 독특한 측면을 설명한다. 그리고 암을 다루면서 의미 있게 살아가기CALM가 환자가 중립적이고 여유 있는 공간에서 깊이 생각하고, 치료결정과 관련된 복잡한 문제를 검토하는 데 어떻게 도움이 되는지 설명할 것이다.

진행성 암에서 자율성 문제

현대 의료에서 사전 동의 개념은 환자의 질병과 치료 선택과 관련된 정보를 이해하고 판단할 수 있는 환자 능력의 중요성을 강조한다. 이에 관한 의료법은 일반적으로 환자에게 정보를 분명하게 제공하고 환자가 자신의 믿음과 가치에 의해 판단할 수 있게 하는 의료 제공자의 책임을 강조한다. 이 과정에서 환자의 자율성을 존중해야 한다. 이는 많은 문화권에서 매우 중요시하는 원칙이며, 특히 삶과 죽음에 관한 결정을 해야 하는 의료 환경에서 더 중요하다.

자율성을 존중하는 윤리 원칙을 지키기 위해 치료나 연구를 위한 사전 동의가 법적으로 필요할 수 있다. 이러한 관점에서, 자율성이란 행동이나 의사결정을 하는 데 자기 가치, 믿음, 의지, 욕망을 스스로 인식하고 결정하는 것을 의미한다. 하지만 이 관점은 관계적 · 사회적 측면에서의 우리의 생각과 감정을 다 담아 내지 못한다. 어떤 문화권에서는, 특정 암 기수에 따라 의사결정은 가족이 하고(Chong et al., 2015), 어떤 곳에서는 의료진의 권위에 의해서 결정되기도 한다(Ruhnke et al., 2000). 전반적으로, 가족, 의료 제공자, 기타 중요한 인물의 영향을 피할 수 없다. 이는 자율성 개념을 훨씬 더 모호하게 만들고, 사전 동의 과정의 복잡성을 더 두드러지게 만들고 있다.

최선의 결과를 위한 치료를 분명히 선택할 수 없을 때, 의사결정 과정은 더 복잡하게 된다. 공격적인 항암치료 혹은 1상, 2상 연구의 목적은 의료 제공자,

가족 구성원, 환자에 따라 각각 차이가 있다. 이러한 차이는 치료의 이득과 위험이 모호할 때 더 커진다. 왜냐하면 환자와 가족은 이 치료 권고가 명확하고 모호하지 않아야 받아들일 수 있기 때문이다. 의사결정 과정에서 환자, 가족, 의료 제공자 사이에 갈등이 벌어질 수 있는데, 이것은 외부적인 것이라 할 수 있다(May, 2002; Carnevale, 2005). 내적 갈등 또한 발생할 수 있는데, 환자가 자신의 행로 선택에 양가적 감정을 느낄 때 발생한다. 암 치료를 결정할 때, 환자-가족 간, 환자-가족-의료진 간의 의견이 불일치한다면 환자는 의사결정을 힘들어한다. 하지만 이러한 외적 갈등만큼, 질병의 경과에 절박감을 느끼면서도 암 치료 부작용, 치료 위험성을 감내하며 남은 시간을 헌신한 만큼 임상시험에서 효과를 보지 못할 수 있다. 이러한 불확실성을 걱정해야 하는 내적 갈등은 환자에게 외적 갈등만큼 큰 어려움이다. 이 시기에 심한 정서적 고통과 질병으로 인한 가치와 우선순위의 변화는 환자와 가족을 더 혼란스럽게 만들고, 자신들의 결정이 변화된 가치와 믿음에 부합하는지 확신할 수 없게 만든다.

CALM과 같은 정신치료적 개입은 환자가 내적 · 외적 갈등을 해결하는 데 도움이 될 수 있다. CALM의 관계적 지지는 격렬한 감정을 조절하도록 돕고, 다양한 감정을 검토하게 하며, 타인의 소망과 견해로부터 자신을 분리해 바라볼 수 있는 사유의 공간을 제공한다. 암 클리닉에서는 이러한 사유를 할 만한 충분한 시간이 없는 경우가 많다. 이러한 종류의 사유는 암 치료를 계속하는 것의 위험과 이점을 검토하고, 치료를 계속하든 하지 않든 희망을 유지하는 방법을 찾게 한다. 그리고 CALM 세션에서 환자는 의료진에게 묻고 싶은 질문을 명확히 하는 데 도움을 받는데, 이는 의사결정에서 필수적일 수 있다.

CALM은 자기 사유와 정신화를 도와줌으로써 환자가 가족과 의료진의 관점을 이해하며 치료에 관한 자신의 소망, 두려움, 선호하는 것을 생각하고 판단할 수 있게 한다. 환자가 가족이나 치료진의 의견으로부터 독립된 결정을 내리게 하는 것이 목표가 아니라, 자신의 관점과 타인의 관점 모두를 더 잘 이해하여 결정을 내리게 하는 것이 목표이다. CALM에서 제공하는 관계적 지지는 환자가 자신감을 형성하고 치료결정에서 더 큰 주체감을 가지게 한다.

임상시험에서 치료 오해와 치료 오산

전이성 암 치료결정은 환자가 의료진과 신뢰 관계에 있고, 근거가 확실할 때 가장 간단하다. 치료 이익이 불분명하고 부작용이 상당할 때 환자들은 의사결정을 훨씬 어려워하는데, 이런 경우 종양의사들 또한 정확하게 말해 주지 않고 의사결정을 환자에게 미루는 경향이 있다.

1상, 2상 시험은 치료의 안정성과 유효성, 위험-이익 비율의 불확실성이 가장 높은 단계이다(Grankvist & Kimmelman, 2016). 일부 환자가 이러한 시험에 참여함으로써 혜택을 받을 수 있다. 하지만 실제 혜택받을 가능성은 적다(Kimmelman, 2019). 이 단계에서 시험의 주된 목표는 독성을 평가하고 최적의 복용량을 결정하는 것이다. 따라서 이득은 미래의 환자에게 있을 가능성이 높다. 1상, 2상 시험에 참여하는 사람들이 혜택을 받을 수 있지만, 환자와 가족은 종종 시험의 잠재적인 이익을 비현실적으로 기대하고, 시험 참여를 희망, 용기와 동일시한다. 이들은 임상 연구를 자신에게 최적화된 치료로 오해하거나, 이익과 위험을 잘못 예측한다. 전자를 '치료 오해therapeutic misconception', 후자를 '치료 오산therapeutic misestimation'이라 한다. 1상 시험에 참가한 진행성 암 환자에게서 치료에 대해 충분하고 완전하게 설명했음에도 불구하고 이 둘은 흔히 나타난다(Pentz et al., 2012). 결과적으로, 환자들은 위험과 이익을 잘 판단하고 자신에게 가장 좋은 치료를 선택하지 못하는 경우가 많다.

죽음과 관련된 디스트레스가 의사결정에 미치는 영향

항암치료 연장이나 1상 시험 참여 여부를 결정하는 것은 환자, 가족, 치료진 모두가 어려워하는 것 중 하나이다. 이 치료는 수명을 의미 있게 연장하고 증상을 감소시킬 수 있지만, 독성으로 인한 부작용을 일으킬 수 있다. 특히 삶의 마지막에 가까울 때 투여하면 부작용은 더 심해진다. 사실, 삶의 마지막에 가까워질 때 삶의 질을 높이는 중요한 인자 중 하나는 덜 공격적인 치료이다(Bainbridge & Seow, 2016). 이러한 맥락에서 '치료의 공격성aggressiveness of care'이라는 말은 완화의료적이라기보다 수명연장을 위한 더 높은 강도의 치료를 의미한다.

북미에서 시행된 연구에 따르면, 자신의 죽어감을 인식하고 있는 환자들은 덜 공격적인 치료를 원하지만(Mack et al., 2010; Weeks et al., 1998), 실제로는 진행성 암 환자의 치료가 점점 더 공격적으로 바뀌고 있다.(Ho et al., 2011). 덜 공격적인 치료는 비용이 적게 들고(Cheung et al., 2015), (보호자가 보고한) 환자의 삶의 질과 치료의 질을 높이면서, 보호자의 상실과 관련된 디스트레스를 줄였으며(Prigerson et al., 2015; Wright et al., 2008, 2016; Zhang et al., 2012), 생존 기간을 더 늘렸다(Näppäet al., 2011). 현재 치료지침은 진행성 암 환자를 위해 질병 초기부터 완화의료와 사전관리계획advanced care planning을 논의하도록 권고하고 있다(Ferrell et al., 2017; Smith et al., 2012). 이는 조기완화의료가 삶의 질 향상(Temel et al., 2010; Zimmermann et al., 2014), 치료 만족도 향상(Zimmermann et al., 2014), 덜 공격적인 치료 개입, 더 긴 생존 기간과 관련이 있다는 강력한 증거에 기초한다(Temel et al., 2010). 그러나 완화의료나 사전관리계획이 지연되고 더 공격적인 치료가 그 자리를 메꾸는 경우가 여전히 흔하다(Temel et al., 2010).

말기 암 환자가 공격적인 의료 서비스를 받게 되는 이유는 더 많은 설명이 필요하다. 희망을 유지해 줄 항암치료나 삶의 마지막 준비에 대한 환자, 가족의 태도나 고집이 치료결정에 영향을 준다(Innes & Payne, 2009). 마찬가지로, 적극적인 치료와 삶의 마지막에 대한 논의를 피하는 치료진, 의료기관, 의료 시스템이 공격적인 치료를 부추기는 역할을 한다(Dzeng et al., 2015).

환자, 가족 구성원, 의료 제공자가 느끼는 삶의 마지막에 대한 디스트레스가 의사결정에 영향을 미치고, 환자가 선택한 것들을 무시하게끔 만든다. 환자와 임상의는 사전관리계획이나 완화의료에 대한 논의를 피하면서, 상대방이 이 문제를 해결하도록 기다리고 있을 수 있다. 이러한 상호 회피는 사전관리계획을 논의하지 못하게 하고, 완화의료나 호스피스로 이어지지 못하게 만든다. 결국 그 빈자리는 공격적 치료가 차지한다(de Haes & Koedoot, 2003). 항암치료는 질병 치료뿐만 아니라 임종의 두려움을 완화하고 희망을 줄 수도 있다. 하지만 이러한 접근방식은 삶의 질을 악화시키고 죽어감과 죽음의 질을 더 나쁘게 만들 수 있다. CALM은 사전관리계획과 죽어감과 죽음의 디스트레스를 다룸으로써, 의사결정을 도와주고 죽음의 과정에서 두려움과 절망을 줄여 준다.

예후를 알아 가는 과정과 죽음의 부각

예후에 관해 대화하는 것은 말하는 의사와 듣는 환자 모두에게 민감한 주제이다(Chochinov et al., 2000; Glare et al., 2008). 연구에 따르면, 환자들은 자신의 예후에 대해 가능한 한 모두 알고 싶어 하며, 이러한 맥락에서 예후를 아는 것이 본질적으로 환자를 심리적으로 손상시키지 않는다(Barnett, 2006). 환자가 살거나 죽거나, 암과 싸우거나 포기하는 것과 같이 생각하는 것은 잘못된 이분법적 관점이다. 이러한 관점은 사전관리계획을 논의하거나 완화의료로 이어지지 못하게 만든다. 예후에 관한 논의는 시간을 두고 여러 번에 걸쳐 이루어질 때 가장 효과적이다. 일반적으로 예후에 대한 환자의 인식 변화는 치료가 바뀌거나 새로운 신체 증상이 시작되었을 때 일어난다. 예후를 이해하는 것은 시간이 지남에 따라 깊어지는 과정으로 생각해야 한다. 이러한 이해는 환자, 가족, 의료 제공자들이 예후를 질병 궤적의 시점마다 다르게 바라볼 수 있게 하며, '이중인식'을 유지하게 한다(Rodin & Zimmermann, 2008).

사유를 위한 중립적 공간의 장점

환자는 자신의 상황과 치료 방법을 다양한 관점에서 바라볼 수 있는 시간과 중립적인 공간으로부터 도움을 받을 수 있다. 이 기회는 암과 암 치료에 대해 이해하고 환자의 개인적인 믿음과 가치를 명확히 하는 데 도움이 된다. 이 과정은 환자와 가족이 공격적인 항암치료를 시행하거나 1상, 2상 임상시험에 참여 여부를 결정할 때 중요하다. 왜냐하면 서로의 이해관계가 복잡해지기 때문이다. 암 치료 환경에서 CALM이 제공하는 사유 공간은 여러 관점에서 이 결정에 대해 깊이 생각할 수 있게 하므로 매우 특별한 가치를 지닌다. 환자들은 CALM 치료자의 암 치료 시스템에 관한 지식을 매우 중요하게 생각한다. 이러한 치료자의 지식을 통해 환자의 경험을 더 쉽게 이해할 수 있어서, 환자는 겪고 있는 모든 것을 설명할 필요가 없다. 또한 CALM 치료자는 암 치료결정에서 한 단계 떨어져 있어서, 특정 치료나 그 과정에 대한 전문가의 책임에서 벗어나 균형 잡힌 자세를 취할 수 있다. CALM 치료과정 동안, 환자는 의료진, 가족, 노출되는 온라인과 대중매체의 견해를 고려하며, 치료의 위험과 이점 모두를 고려할 수 있게 된다.

결론

항암치료에 대한 의사결정은 진행성 암 환자에게 가장 중요한 과제이자 도전 중 하나이다. 치료 적응증과 효과의 증거가 분명할 때는 간단하다. 그러나 치료 이득이 모호할 때, 환자와 가족의 가치와 선호도가 더 중요해진다. 특히 효과가 나타날 가능성이 상대적으로 낮은 1상 시험에서 더욱 그러하다. CALM은 암 클리닉에서 제공할 수 없는 치료 선택이나 임상시험의 위험과 이점을 고려할 수 있는 사유의 공간을 제공하기 때문에, 암 치료 환경에서 특별한 가치를 지닌다. 의사결정 과정에서 치료자 자신의 가치나 의견을 강요하지 않으면서 환자와 의사결정 과정을 함께하는 것은 CALM 치료자에게 어려운 과제 중 하나이지만, CALM 트레이닝을 받으며 종양팀, 완화의료팀과 통합적으로 접근해 간다면 의사결정 과정에서 섬세한 균형을 유지할 수 있다.

참고문헌

Bainbridge, D., & Seow, H. (2016). Measuring the quality of palliative care at the end of life: An overview of data sources. *Healthy Aging & Clinical Care in the Elderly, 8*, 9-15.

Barnett, M. M. (2006). Does it hurt to know the worst? Psychological morbidity, information preferences and understanding of prognosis in patients with advanced cancer. *Psycho-Oncology*, *15*(1), 44-55.

Carnevale, F. (2005). Ethical care of the critically ill child: A conception of a 'thick' bioethics. *Nursing Ethics, 12*(3), 239-252.

Cheung, M. C., Earle, C. C., Rangrej, J., Ho, T. H., Liu, N., Barbera, L., Saskin, R., Porter, J., Seung, S. J., & Mittmann, N. (2015). Impact of aggressive management and palliative care on cancer costs in the final month of life. *Cancer, 121*(18), 3307-3315.

Chochinov, H. M., Tataryn, D. J., Wilson, K. G., Enns, M., & Lander, S. (2000). Prognostic awareness and the terminally ill. *Psychosomatics, 41*(6), 500-504.

Chong, J. A., Quah, Y. L., Yang, G. M., Menon, S., & Krishna, L. K. R. (2015). Patient and family involvement in decision making for management of cancer patients at a centre in Singapore. *BMJ Supportive & Palliative Care, 5*(4), 420-426. http://dx.doi.org/10.1136/bmjspcare-2012-000323.

de Haes, H., & Koedoot, N. (2003). Patient centered decision making in palliative cancer treatment: A world of paradoxes. *Patient Education and Counseling, 50*(1), 43-49.

Dzeng, E., Smith, T. J., & Levine, D. M. (2015). What are the contributing factors towards overly aggressive care at the end of life? *Journal of General Internal Medicine*, *30*, S301.

Ferrell, B. R., Temel, J. S., Temin, S., Alesi, E. R., Balboni, T. A., Basch, E. M., Firn, J. I., Paice, J. A., Peppercorn, J. M., Phillips, T., Stovall, E. L., Zimmermann, C., & Smith, T. J. (2017). Integration of palliative care into standard oncology care: American Society of Clinical Oncology Clinical Practice Guideline Update. *Journal of Clinical Oncology, 35*(1), 96-112.

Glare, P., Sinclair, C., Downing, M., Stone, P., Maltoni, M., & Vigano, A. (2008). Predicting survival in patients with advanced disease. *European Journal of Cancer, 44*(8), 1146-1156.

Grankvist, H., & Kimmelman, J. (2016). How do researchers decide early clinical trials? *Medicine, Health Care, and Philosophy, 19*(2), 191-198.

Ho, T. H., Barbera, L., Saskin, R., Lu, H., Neville, B. A., & Earle, C. C. (2011). Trends in the aggressiveness of end-of-life cancer care in the universal health care system of Ontario, Canada. *Journal of Clinical Oncology, 29*(12), 1587-1591.

Innes, S., & Payne, S. (2009). Advanced cancer patients' prognostic information preferences: A review. *Palliative Medicine, 23*(1), 29-39.

Kimmelman, J. (2019). Phase I trials as therapeutic options: (Usually) a betrayal of evidence-based medicine. *Nature Reviews Clinical Oncology, 16*(12), 719-720.

Mack, J. W., Weeks, J. C., Wright, A. A., Block, S. D., & Prigerson, H. G. (2010). End-of-life discussions, goal attainment, and distress at the end of life: Predictors and outcomes of receipt of care consistent with preferences. *Journal of Clinical Oncology, 28*(7), 1203-1208.

May, T. (2002). *Bioethics in a liberal society: The political framework of bioethics decision making.* Johns Hopkins University Press.

Näppä, U., Lindqvist, O., Rasmussen, B. H., & Axelsson, B. (2011). Palliative chemotherapy during the last month of life. *Annals of Oncology, 22*(11), 2375-2380.

Pentz, R. D., White, M., Harvey, R. D., Farmer, Z. L., Liu, Y., Lewis, C., Dashevskaya, O., Owonikoko, T., & Khuri, F. R. (2012). Therapeutic misconception, misestimation, and optimism in participants enrolled in phase 1 trials. *Cancer, 118*(18), 4571-4578.

Prigerson, H. G., Bao, Y., Shah, M. A., Paulk, M. E., LeBlanc, T. W., Schneider, B. J., Garrido, M. M., Reid, M. C., Berlin, D. A., Adelson, K. B., Neugut, A. I., & Maciejewski, P. K. (2015). Chemotherapy use, performance status, and quality of life at the end of life. *JAMA Oncology, 1*(6), 778-784.

Rodin, G., & Zimmermann, C. (2008). Psychoanalytic reflections on mortality: A reconsideration. *Journal of the American Academy of Psychoanalysis and Dynamic Psychiatry, 36*(1), 181-196.

Ruhnke, G. W., Wilson, S. R., Akamatsu, T., Kinoue, T., Takashima, Y., Goldstein, M. K., Koenig, B. A., Hornberger, J. C., & Raffin, T. A. (2000). Ethical decision making and patient autonomy: A comparison of physicians and patients in Japan and the United States. *Chest, 118*(4), 1172-1182.

Smith, T. J., Temin, S., Alesi, E. R., Abernethy, A. P., Balboni, T. A., Basch, E. M., Ferrell, B. R., Loscalzo, M., Meier, D. E., Paice, J. A., Peppercorn, J. M., Somerfield, M., Stovall, E., & Von Roenn, J. H. (2012). American Society of Clinical Oncology provisional clinical opinion: The integration of palliative care into standard oncology care. *Journal of Clinical Oncology, 30*(8), 880-887.

Temel, J. S., Greer, J. A., Muzikansky, A., Gallagher, E. R., Admane, S., Jackson, V. A., Dahlin, C.M., Blinderman, C.D., Jacobsen, J., Pirl, W.F., Billings, J. A., & Lynch, T. J. (2010). Early palliative care for patients with metastatic non-small-cell lung cancer. *The New England Journal of Medicine, 363*(8), 733-742.

Weeks, J. C., Cook, E. F., O'Day, S. J., Peterson, L. M., Wenger, N., Reding, D., Harrell, F. E., Kussin, P., Dawson, N. V., Connors Jr, A. F., Lynn, J. , & Phillips, R. S. (1998). Relationship between cancer patients' predictions of prognosis and their treatment preferences. *JAMA, 279*(21), 1709-1714.

Wright, A. A., Keating, N. L., Ayanian, J. Z., Chrischilles, E. A., Kahn, K. L., Ritchie, C. S., Weeks, J. C., Earle, C. C., & Landrum, M. B. (2016). Family perspectives on aggressive cancer care near the end of life. *JAMA, 315*(3), 284-292.

Wright, A. A., Zhang, B., Ray, A., Mack, J. W., Trice, E., Balboni, T., Mitchell, S.L., Jackson, V.A., Block, S.D., Maciejewski, P.K., & Prigerson, H. G. (2008). Associations between end-of-life discussions, patient mental health, medical care near death, and caregiver bereavement adjustment. *JAMA, 300*(14), 1665-1673.

Zhang, B., Nilsson, M. E., & Prigerson, H. G. (2012). Factors important to patients' quality of life at the end of life. *Archives of Internal Medicine, 172*(15), 1133-1142.

Zimmermann, C., Swami, N., Krzyzanowska, M., Hannon, B., Leighl, N., Oza, A., Moore, M., Rydall, A., Rodin, G., Tannock, I., Donner, A., & Lo, C. (2014). Early palliative care for patients with advanced cancer: A cluster-randomised controlled trial. *The Lancet, 383*(9930), 1721-1730.

제7장

CALM과 죽음의 욕구

마지막 몇 주 동안 통증이 정말 심했습니다. 마지막 한 주는 더 심해졌습니다. 도저히 견딜 수 없어서, 차라리 죽는 게 낫다고 생각했습니다.

– 삶의 의지 연구 참가자

서론

진행성 암 환자의 심리적 장애는 디스트레스 증상뿐만 아니라, 삶의 의지 상실 혹은 죽음의 욕구로 나타나기도 한다(Khan et al., 2010). 삶의 의지는 살아가기 위한 노력을 심리적으로 표현한 것인데, 이성적 · 정서적 · 본능적 토대를 가지고 있다(Carmel, 2001). 환자들은 심각한 고통이나 장애에 직면하면 삶의 가치에 의문을 제기하긴 하지만, 완화의료 환경에서(Chochinov et al., 1995), 대부분의 진행성 암 환자에게서(Rodin et al., 2007) 삶의 의지가 유지된다. 진행성 암에서 삶의 의지 상실은 피할 수 없는 것이 아니기에, 삶의 의지 상실에 대해 이해하고 개입할 가치가 있다.

삶의 의지 상실은 무관심, 체념, 고통으로부터 평온해짐, 죽음 욕구의 언어적·비언어적 표현으로 나타날 수 있다. 우울증 증상으로서의 삶의 의지 상실과 비병리적 죽음 수용이나 '이성적 자살rational suicide'을 구별하는 것은 어렵다(Cheung et al., 2017). 이와 같은 구별의 모호함이 조력자살의 합법화와 관련이 있다. 또한 이러한 합법화는 환자가 스스로 삶을 끝낼 수 있는 권리에 대한 사회적 태도, 법률, 정책의 극적인 변화를 반영하고 있다(Chochinov et al., 1995; Johansen et al., 2005). 그러나 정책은 한 사람의 결정과 관련된 복잡한 동기를 완전히 반영할 수 없다.

현재, 조력자살은 여러 가지 형태로 네덜란드, 벨기에, 콜롬비아, 룩셈부르크, 스위스, 독일, 캐나다, 호주의 빅토리아주, 뉴질랜드, 미국의 8개 지역[오리건주(1994), 워싱턴주(2008), 몬태나주(2009), 버몬트주(2013), 캘리포니아주(2015), 콜로라도주(2016), 워싱턴 D.C.(2016), 하와이주(2018)]에서 합법화되었다(Emanuel et al., 2016; Steck et al., 2013). 이 지역의 진행성 암 환자들은 자연적인 죽음의 과정을 따르기보다 임상의-조력자살을 더 많이 고려하고 있는 것으로 나타났다(Blanke et al., 2017; Tolle et al., 2004). 하지만 이 지역에서 조력자살의 비율이 늘어나고 있는 것은 사실이지만, 전체 죽음에서 0.1~4.6%에 지나지 않는다(Radbruch et al., 2016).

의료조력자살Medical Assistance In Dying: Maid은 2016년 캐나다에서 법제화되었다. 원래 연방법의 주요 자격 기준은 사전 동의, 자연사의 합리적 예측 가능, 개인에게 참을 수 없는 신체적 또는 심리적 고통이었다. 이후 자연사의 합리적 예측 가능 항목을 삭제하고, 의료조력자살이 시행될 시점에 환자가 거부하지 않는다면 특정 조건에서 조력자살이 진행될 수 있도록 법률 개정을 추진하고 있다(Goverment of Canada, 2020)[1]. 그러나 진행성 암에서 조력자살의 '이성적인' 요청과 심리적 장애로서의 요청을 구별하기란 매우 어렵다. 이 장은 진행성 암에서 죽음의 욕구와 이에 대한 CALM 치료의 역할을 탐구할 것이다.

진행성 암에서 죽음의 욕구

삶의 의지 연구에서(이 책의 제3장 참조), 높은 죽음의 욕구는 전이성 암 환자의 1.5%에서만 나타났다(Rodin et al., 2007). 이들의 죽음의 욕구가 흔하지 않다는 것은 놀라울 일이 아니며, 환자들 모두 대형병원에서 적극적으로 암 치료를 받는다. 무망감, 우울, 기능 손상과 같은 증상은 높은 죽음의 욕구를 가진 환자에게서 더 많이 관찰되었다. 다른 팀의 연구에서, 가정 혹은 입원 완화의료를 받는 환자의 12%에서 죽음의 욕구가 나타났고, 이들은 더 심한 디스트레스와 기능 손상을 가지고 있었다(Wison et al., 2016). 이 결과는 삶의 마지막에서 이성적인 죽음의 욕구가 흔하지 않다는 점을 시사한다. 심지어 죽음 직전에도 흔하지 않다. 만일 있다면, 신체적 · 심리적 고통과 관련될 가능성이 크다.

진행성 암 환자가 죽음의 욕구를 시도라는 행동으로 옮겼다 하더라도 죽음에 대한 욕구는 여전히 모호할 수 있다. 최근 연구에 따르면, 암 환자의 자살 위험은 일반 인구의 최대 4배이며 진행성 암 환자에게서 그 위험이 훨씬 더 높다(Kaceniene et al., 2017; Misono et al., 2008; Saad et al., 2019; Zaorsky et al., 2019). 더욱 놀라운 것은 진행성 암 진단 후 첫 주에 자살과 심장 질환 사망 위험이 일반 인구보다 각각 12배와 5배 높다는 점이다(Fang et al., 2012). 이러한 위험은 암이 더 진행될수록 높아진다(Misono et al., 2008). 조력자살이 법제화된 곳에서 조력자살은 주로 진행성 암 환자들이 요청한다(Blanke et al., 2017; Emanuel et al., 2016; Lee, 2014; Li et al., 2017; Steck et al., 2013). 암 환자에서 조

1) 이전에는 마지막 처치 전에 환자의 최종 동의가 재차 필요했고, 자연사의 합리적 예측이 가능해야만 했다. 현재는 법률이 개정되었다.

력자살이 많은 이유를 아직 잘 알지 못하지만, 증상으로 인한 현재와 미래의 부담이 크고, 질병과정이 예측되며, 삶의 마지막까지 사전 동의가 이루어질 수 있기 때문으로 보인다. 또한 다른 진행성 질병에 비해 전문적인 완화의료와 말기의료 접근성이 더 크기 때문일 수 있다(Pardon et al., 2013).

죽음의 욕구와 삶의 의지는 시간에 따라(Chochinov et al., 1995; Hudson et al., 2006; Johansen et al., 2005; Rodin et al., 2007), 심지어 마지막 몇 주 동안에도 변화를 반복한다(Rosenfeld et al., 2014). 이러한 현상은 1천여 명의 미국 진행성 암 환자—이 중 10% 이상은 안락사나 의사조력자살을 심각하게 고려하고 있었다—를 대상으로 시행한 연구에서도 입증된다(Rosenfeld et al., 2014). 원래 안락사나 의사조력자살을 고려했던 사람들, 반대로 부정적이었던 사람 중 상당수가 2개월에서 6개월 뒤 기존의 생각을 바꾸었다. 이와 같은 변동성은 진행성 암 환자의 삶의 의지와 죽음의 욕구가 심리적 상태, 증상 조절의 적절성, 기능적 능력, 사회적 환경과 같은 다양한 요인에 영향을 받을 수 있음을 보여 준다. 이는 죽음의 욕구가 CALM과 같은 정신치료적 개입으로 변할 수 있음을 뜻한다.

삶의 의지 상실과 죽음의 욕구의 의미

삶의 의지란 한 사람에게 삶의 동기가 있음을 뜻하고, 개인의 사회적 배경, 타인과의 연결감과 밀접한 관련이 있다. 입원 완화의료 환경에서, 삶의 의지는 사회적으로 연결되어 있을 때 유지될 가능성이 가장 컸다(Tataryn & Chochinov, 2002). 하지만 실질적인 사회적 지지보다 안정된 애착 관계에서의 지지가 훨씬 중요하다(이 책의 제4장 참조). 애착 안정성이 부족한 사람들은 진행성 암으로 인해 발생하는 의존성을 두려워할 수 있으며, 새로운 상황에서 관계를 재조정할 능력이 부족하다. 조력자살은 종종 신체적 고통을 완화하거나 진행성 암 환경 속에서 존엄성을 보존하기 위해 만들어졌지만(Attaran, 2015), 동시에 계속 악화하는 암으로 인해 의존성이 커지는 것을 피하기 위해 삶을 빨리 마감하고자 조력자살을 요청하는 수도 있다. 실제 회피적 애착은 죽음을 앞당기려는 소망, 조력자살 요청과 관계가 있었다(Oldham et al., 2011; Rodin et al., 2009; Smith et al., 2015). 나이와 여러 인구사회학적 요인 또한 삶의 의지나 죽음의 욕구와 관련이 있었는데, 노인에게서는 이성적 자살이 더 흔했다(Carmel, 2001).

조력자살의 합법화가 완화의료의 무시로 이어지거나, 치료되지 않은 고통이 조력자살의 더 빈번한 선택으로 이어질 것이라는 우려가 있었다(Barutta & Vollmann, 2015; Radbruch et al., 2016). 하지만 이것은 기우였다. 실제 조력자살의 합법화가 완화의료에 대한 관심을 낮추지 않았다(Chambaere & Bernheim, 2015). 몇몇 연구는 조력자살을 찾는 환자가 그렇지 않은 환자보다 완화의료에 훨씬 더 많이 접근한다는 사실을 보여 주었다(Dierickx et al., 2018). 이는 조력자살을 육체적 고통의 경감을 위해서라기보다 심리적 이유로 찾는 경우가 더 많다는 것을 의미한다.

삶의 의지 연구에서 수행된 질적 인터뷰를 통해, 진행성 암에서 죽음의 욕구는 세 가지로 구별되지만 상호 배타적으로 범주로 나눌 수 없었고, 시간이 지남에 따라 계속 변동된다는 것을 알 수 있었다(Nissim et al., 2009). 죽음의 욕구 중 가장 흔하고 지속되는 형태는 가상의 출구 계획이다. 이것은 현재 선택지가 아닌 질병을 통제하는 다른 모든 수단이 실패했을 때, 미래의 선택지로 죽음을 고려하는 것이다. 자신이 원한다면 고통 속에서 죽어가는 단계를 피할 수 있다고 자신에게 확신을 주는 것이다. 한 환자는 다음과 같이 말했다. "제게는 해야만 할 것들이 많습니다. 하지만 너무 약해져서 아무것도 못 하게 되면, 그만 떠날 것입니다." 역설적이게도, 이 가상의 출구 계획('플랜 B')을 통한 인지적 극복cognitive mastery은 생명을 연장하는 치료를 계속해 나갈 수 있게 만든다.

또한 환자들은 압도하는 절망감, 무망감, 공포를 해소하기 위해 죽음을 고려한다(Nissim et al., 2009). 한 참가자는 이와 같은 두려움을 '한 줄기 빛도 보이지 않는 어두운 터널에 있는 것'으로 묘사했고, 또 다른 참가자는 이 두려움을 '악순환'이라고 묘사하며 이 '악순환에서 벗어날 방법은 죽음'이라고 표현했다.

> 그냥 죽었으면 좋겠습니다. 깨어나서 마주치고 싶지 않습니다. 자는 동안 갈 수 있으면 좋겠습니다. 무엇을 위해 살아야 할지 모르겠습니다. 진짜 모르겠습니다. 생각조차도 할 수 없습니다. 만일 생각나도, 실현 가능성이 전혀 없을 것 같아서 너무 비참합니다.

비록 대부분은 일시적이었지만, 많은 참가자가 이와 비슷한 절망 상태를 묘사했다. 일반적으로 이러한 상황에서 빨리 죽기를 바라는 욕구는 실망스러운 검사 결과, 신체적 증상, 특히 통증 악화와 같은 스트레스 사건에 의해 촉발된다. 이러한 맥락에서 절망감은 종종 고립감과 무망감에 의해 악화되었고, 때로는 의료 서비스나 제공자에 접근할 수 없을 때 촉발되었다. 이 상태를 가족 간의 연결감을 통해 극복할 수 있었는데, 환자들은 삶을 고수하는 이유를 배우자, 자녀, 손자, 손녀와 관계를 맺고 책임지는 것이 중요하기 때문이라고 말했다. 안전하고 사유적 공간에서의 정신화와 대안적 관점에 대해 생각하는 것은 절망감에서 벗어나게 도울 수 있다(이 책의 제5장 참조). '한 줄기 빛도 보이지 않는 어두운 터널'로부터 자유로워질 수 있는 것이다.

마지막으로, 죽음의 욕구는 때때로 '내려놓기'의 형태로 나타났다. 이것은 임박한 죽음의 단계에서 가장 자주 일어났다. 한 환자는 "때가 왔다는 것을 깨달았습니다."라고 말하면서 자신의 마지막을 평온과 반가움의 단계로 설명했다. 삶에서 이전에는 중요하게 생각했던 것들을 더 이상 중요하지 않게 생각하게 되었다고 보고했다. 손님을 맞이하는 것이 힘들게 느껴졌고, 의학적 치료가 무의미하게 보이기 시작했다. "세상 모든 생명은 가지고, 할 수 있는 것에 한계가 있습니다. 이제 저도 한계에 도착한 것 같습니다." 신앙적이었던 또 다른 환자는 "우리는 기적이 없다는 사실을 받아들여야 합니다…… 저도 여기까지라는 것을 받아들입니다."라고 말했다. CALM 치료는 진행성 암 환자가 삶의 마지막에서 이와 같은 평온함에 이를 수 있도록 도와줄 수 있다.

이른 죽음 욕구의 세 가지 뚜렷한 형태, 즉 '플랜 B'를 통한 인지적 극복cognitive mastery, 절망, 죽음의 수용을 구별하는 것은 이론적으로, 또한 임상적으로 중요한 의미가 있다. CALM이 제공하는 사유적 공간은 죽음의 욕구를 이해하도록 도와 죽음과 관련된 고통을 낮춰 준다. 공감적인 경청자에게 자신의 느낌을 이야기하는 것이 CALM이나 의료진과의 대화에서 가장 중요한 치료적 중재이다. 현재 의료진이 공감적으로 대화할 수 있도록 교육하는 새로운 방법이 개발되고 있다(Gewarges et al., 2020).

죽음의 욕구와 CALM의 잠재적 역할

조력자살을 요청하는 사람들의 적격성competency과 이들이 앓고 있는 공존 정신질환 평가에 대해 관심을 가지고 많은 연구가 시행되었다. 그러나 이러한 요청의 의미와, 정신치료적 개입이 죽음의 욕구 또는 삶의 의지 상실을 개선할 수 있는지에 대해선 관심이 별로 없었다. CALM은 이러한 문제에 초점을 맞추고, 삶의 의지 상실이나 죽음의 욕구를 초래할 수 있는 것들을 다루기 위해 고안되었다. 죽음의 욕구를 직간접적으로 초점을 맞추는 CALM의 4개 영역과 잠재적 역할을 〈표 7-1〉에 요약했다.

표 7-1 CALM 영역과 죽음의 욕구 경감에 CALM 영역의 잠재적 활용성

영역	1. 증상 조절과 치료진과의 대화	2. 자기 및 가까운 사람과의 관계 변화	3. 영성과 삶의 의미와 목적	4. 미래에 대한 준비, 희망, 죽음
각 영역에서 대화의 초점	치료진과의 협력 및 대화 개선, 최선의 치료와 증상 조절을 위한 의사결정을 도움	암으로 인한 자존감 저하, 정체성 변화, 가까운 사람과의 관계 변화에 적응하도록 도움	진행성 암이라는 맥락에서 삶의 우선순위와 목표를 다시 생각	예상되는 공포를 이해하고 '이중인식'을 유지하며 병의 악화나 삶의 마지막을 준비
각 영역의 목표	환자가 직면할 수밖에 없는 실질적 문제와 치료 선택, 치료진과의 관계	무너진 애착 안정성과, 진행성 암에서 흔히 필요한 애착 관계의 재조정에 초점	삶의 우선순위를 다시 생각하고 설정	공포를 마주하고 병의 악화와 삶의 마지막을 준비
죽음의 욕구에 대한 각 영역의 잠재적 역할	치료진과 이야기하는 데 자신감을 느끼는 환자는 증상을 더 잘 관리하고, 치료 선택을 자신의 가치와 일치시킬 수 있으며, 더 자기 조절감을 느낌	자존감 회복, 안정된 애착성 강화, 애착 관계 재조정 모두는 죽음의 두려움과 죽음의 욕구를 줄여 줌	삶의 우선순위를 조정하고 지금까지 살아왔던 삶에 대한 성찰은 희망과 의기를 회복하고 죽음의 욕구를 감소시킴	죽어감과 죽음의 공포, 삶의 마지막에 관해 대화할 기회는 죽음의 불안과 죽음의 욕구를 감소시킴

CALM은 최선의 신체 증상 조절, 의사결정 공유, 자신의 가치와 소망에 부합하는 치료 방향 설정을 위해 치료진들과의 소통을 개선한다(이 책의 제6장 참조). CALM의 주요 관심사인 안정된 애착과 이를 위한 애착의 재조정은 환자가 가족이나 치료진으로부터 최선의 지지를 받을 수 있도록 도와주고 의존에 대한 불안을 줄여 준다(이 책의 제4장 참조). 삶의 의미에 관한 문제와 미래의 불안, 희망, 소망에 초점을 맞추는 것은 삶의 마지막에 대한 디스트레스를 줄여 준다. 많은 환자에게 이 시점이 삶의 의지나 죽음의 욕구에 관해 대화하고, 미

래의 많은 선택지 중 조력자살을 생각해 볼 수 있는 첫 번째 기회가 된다. 한 환자는 고통 속에서 죽어가던 아버지의 죽음을 보았고, 똑같은 죽음을 피하기 위해 의료조력자살을 고려했다. 하지만 가정 호스피스를 통해 가족에게 부담을 주지 않고 본인이 원하던 삶의 마지막을 맞을 수 있다는 사실을 알고 안심했다.

CALM과 같은 정신치료적 개입은 우울증을 예방하거나 치료함으로써, 직간접적으로 죽음의 욕구를 줄이고 삶의 의지를 증가시킬 수 있다. 그러나 우리 암병원에서 조력자살을 요청한 환자의 반 정도가 정신사회적 치료를 받지 않는데, 이와 같은 정신치료적 개입의 영향에 대해 좀 더 확인할 필요가 있다(Li et al., 2017). CALM의 조기 개입이 조력자살 욕구나 요청을 감소시킬 것인지 확신할 수 없다. 우리는 죽음의 욕구와 조력자살의 예측인자를 더 확실히 이해하고, CALM이나 다른 치료가 어떻게 영향을 주는지 알기 위해 대규모 추적관찰 연구를 진행 중이다.

결론

죽음의 욕구와 삶의 의지 상실은 신체적 · 심리적 고통과 이에 대한 두려움의 결과물일 수 있다. 특히 회피 애착을 갖는 사람들에게 이러한 경향은 두드러진다. 이러한 상태는 소위 이성적 자살이나 죽음의 수용 상태와는 대조적으로, 치료로 완화되거나 수정될 수 있다. CALM은 삶의 마지막을 직면하고 있는 사람에게 남은 시간 동안 여러 가지 가능성을 생각하고, 삶의 의지와 죽음의 욕구의 의미를 깊이 생각해 보는 사유적 공간을 제공한다. CALM이 삶의 의지 상실과 죽음의 욕구를 얼마나 예방하거나 지연시킬 수 있는지에 대한 추가적인 연구가 진행 중이다.

참고문헌

Attaran, A. (2015). Unanimity on death with dignity-Legalizing physician-assisted dying in Canada. *The New England Journal of Medicine*, *372*(22), 2080-2082.

Barutta, J., & Vollmann, J. (2015). Physician-assisted death with limited access to palliative care. *Journal of Medical Ethics, 41*(8), 652-654.

Blanke, C., LeBlanc, M., Hershman, D., Ellis, L., & Meyskens, F. (2017). Characterizing 18 years of the Death with Dignity Act in Oregon. *JAMA Oncology, 3*(10), 1403-1406.

Carmel, S. (2001). The will to live: Gender differences among elderly persons. *Social Science & Medicine, 52*(6), 949-958.

Chambaere, K., & Bernheim, J. L. (2015). Does legal physician-assisted dying impede development of palliative care? The Belgian and Benelux experience. *Journal of Medical Ethics, 41*(8), 657-660.

Cheung, G., Douwes, G., & Sundram, F. (2017). Late-life suicide in terminal cancer: A rational act or underdiagnosed depression? *Journal of Pain and Symptom Management, 54*(6), 835-842.

Chochinov, H. M., Wilson, K. G., Enns, M., Mowchun, N., Lander, S., Levitt, M., & Clinch, J. J. (1995). Desire for death in the terminally ill. *The American Journal of Psychiatry, 152*(8), 1185-1191.

Coombs Lee, B. (2014). Oregon's experience with aid in dying: Findings from the Death with Dignity laboratory. Annals of the *New York Academy of Sciences, 1330*(1), 94-100.

Dierickx, S., Deliens, L., Cohen, J., & Chambaere, K. (2018). Involvement of palliative care in euthanasia practice in a context of legalized euthanasia: A population-based mortality follow-back study. *Palliative Medicine, 32*(1), 114-122.

Emanuel, E. J., Onwuteaka-Philipsen, B. D., Urwin, J. W., & Cohen, J. (2016). Attitudes and practices of euthanasia and physician-assisted suicide in the United States, Canada, and Europe. *JAMA, 316*(1), 79-90.

Fang, F., Fall, K., Mittleman, M. A., Sparén, P., Ye, W., Adami, H. O., & Valdimarsdóttir, U. (2012). Suicide and cardiovascular death after a cancer diagnosis. *The New England Journal of Medicine, 366*(14), 1310-1318.

Gewarges, M., Gencher, J., Rodin, G., & Abdullah, N. (2020). Medical assistance in dying: A point of care educational framework for attending physicians. *Teaching and Learning in Medicine, 32*(2), 231-237.

Government of Canada. (2020, March 26). *Proposed changes to Canada's medical assistance in dying legislation*. Department of Justice. https://www.justice.gc.ca/eng/csj-sjc/pl/ad-am/index.html

Hudson, P. L., Kristjanson, L. J., Ashby, M., Kelly, B., Schofield, P., Hudson, R., Aranda, S., O'Connor, M., & Street, A. (2006). Desire for hastened death in patients with advanced disease and the evidence base of clinical guidelines: A systematic review. *Palliative Medicine, 20*(7), 693-701.

Johansen, S., Hølen, J. C., Kaasa, S., Loge, J. H., & Materstvedt, L. J. (2005). Attitudes towards, and wishes for, euthanasia in advanced cancer patients at a palliative medicine unit. *Palliative Medicine, 19*(6), 454-460.

Kaceniene, A., Krilaviciute, A., Kazlauskiene, J., Bulotiene, G., & Smailyte, G. (2017). Increasing suicide risk among cancer patients in Lithuania from 1993 to 2012: A cancer registry-based study. *European Journal of Cancer Prevention, 26*, S197-S203.

Khan, L., Wong, R., Li, M., Zimmermann, C., Lo, C., Gagliese, L., & Rodin, G. (2010). Maintaining the will to live of patients with advanced cancer. *Cancer Journal, 16*(5), 524-531.

Li, M., Watt, S., Escaf, M., Gardam, M., Heesters, A., O'Leary, G., & Rodin, G. (2017). Medical assistance in dying-Implementing a hospital-based program in Canada. *The New England Journal of Medicine, 376*(21), 2082-2088.

Misono, S., Weiss, N. S., Fann, J. R., Redman, M., & Yueh, B. (2008). Incidence of suicide in persons with cancer. *Journal of Clinical Oncology, 26*(29), 4731-4738.

Nissim, R., Gagliese, L., & Rodin, G. (2009). The desire for hastened death in individuals with advanced cancer: A longitudinal qualitative study. *Social*

Science & Medicine, 69(2), 165-171.

Oldham, R. L., Dobscha, S. K., Goy, E. R., & Ganzini, L. (2011). Attachment styles of Oregonians who request physician-assisted death. *Palliative & Supportive Care, 9*(2), 123-128.

Pardon, K., Chambaere, K., Pasman, H. R. W., Deschepper, R., Rietjens, J., & Deliens, L. (2013). Trends in end-of-life decision making in patients with and without cancer. *Journal of Clinical Oncology, 31*(11), 1450-1457.

Radbruch, L., Leget, C., Bahr, P., Müller-Busch, C., Ellershaw, J., de Conno, F., Vanden Berghe, P., & Board Members of the EAPC. (2016). Euthanasia and physician-assisted suicide: A white paper from the European Association for Palliative Care. *Palliative Medicine, 30*(2), 104-116.

Rodin, G., Lo, C., Mikulincer, M., Donner, A., Gagliese, L., & Zimmermann, C. (2009). Pathways to distress: The multiple determinants of depression, hopelessness, and the desire for hastened death in metastatic cancer patients. *Social Science & Medicine, 68*(3), 562-569.

Rodin, G., Zimmermann, C., Rydall, A., Jones, J., Shepherd, F. A., Moore, M., Fruh, M., Donner, A., & Gagliese, L. (2007). The desire for hastened death in patients with metastatic cancer. *Journal of Pain and Symptom Management, 33*(6), 661-675.

Rosenfeld, B., Pessin, H., Marziliano, A., Jacobson, C., Sorger, B., Abbey, J., Olden, M., Brescia, R., & Breitbart, W. (2014). Does desire for hastened death change in terminally ill cancer patients? *Social Science & Medicine, 111*, 35-40.

Saad, A. M., Gad, M. M., Al-Husseini, M. J., AlKhayat, M. A., Rachid, A., Alfaar, A. S., & Hamoda, H. M. (2019). Suicidal death within a year of a cancer diagnosis: A population-based study. *Cancer, 125*(6), 972-979.

Smith, K. A., Harvath, T. A., Goy, E. R., & Ganzini, L. (2015). Predictors of pursuit of physician-assisted death. *Journal of Pain and Symptom Management, 49*(3), 555-561.

Steck, N., Egger, M., Maessen, M., Reisch, T., & Zwahlen, M. (2013). Euthanasia and assisted suicide in selected European countries and US states: Systematic literature review. *Medical Care, 51*(10), 938-944.

Tataryn, D., & Chochinov, H. M. (2002). Predicting the trajectory of will to live in terminally ill patients. *Psychosomatics, 43*(5), 370-377.

Tolle, S. W., Tilden, V. R., Drach, L. L., Fromme, E. K., Perrin, N. A., & Hedberg, K. (2004). Characteristics and proportion of dying Oregonians who personally consider physician-assisted suicide. *Journal of Clinical Ethics, 15*(2), 111-118.

Wilson, K. G., Dalgleish, T. L., Chochinov, H. M., Chary, S., Gagnon, P. R., Macmillan, K., De Luca, M., O'Shea, F., Kuhl, D., & Fainsinger, R. L. (2016). Mental disorders and the desire for death in patients receiving palliative care for cancer. *BMJ Supportive & Palliative Care, 6*(2), 170-177.

Zaorsky, N. G., Zhang, Y., Tuanquin, L., Bluethmann, S. M., Park, H. S., & Chinchilli, V. M. (2019). Suicide among cancer patients. *Nature Communications, 10*(1), 207. doi: 10.1038/s41467-018-08170-1.

제8장

조개 속 진주[1]: 외상 후 성장

당신(부인)을 더 사랑할 수 있게 되었어. 좀 더 빨리 이렇게 되었으면 좋았을 텐데

– CALM 참가자

서론

외상이 심리적 성장을 촉진할 수 있다는 생각은 널리 퍼져 있으며, 고통을 겪는 사람들에게 매력적이고 낙관적인 희망을 준다. '외상 후 성장Posttraumatic Growth: PTG'(Tedeschi & Calhoun, 2004)은 매우 고통스럽고 충격적인 사건 후에

1) 진주는 이물질이 조개 속으로 들어와 조개의 분비물과 합쳐진 합성물이다. 진주가 만들어지는 과정은 이물질로 인한 아픔을 견뎌 내야 하는 인고의 시간이다. 이 시간은 고통을 우아함과 강인함으로 바꾸어 내는 시간이다.

심리적 안녕감이 향상되는 주관적 경험을 말한다(Tedeschi & Calhoun, 2004; Zoellner & Maercker, 2006). 외상 후 성장은 5가지 광범위한 영역(더 깊고 가치있는 관계, 삶에 대한 감사, 삶의 우선순위 변화, 새로운 가능성 인식, 정신적 힘 증가 및 영적 변화)에서 나타날 수 있다. 외상 후 성장은 외상에 대한 반응 중에서 이득 발견benefit-finding과 유사하지만(Affleck & Tennen, 1996), 한 사람의 인지와 정서의 광범위한 변화를 뜻한다. 이 변화는 단순히 역경 속에서 긍정을 찾는 것이 아니라, 외상의 결과로 삶에 대한 자신의 틀을 해체하고 재건하는 것이다(Shand et al., 2015). 외상 후 성장이 어떤 상황에서 어느 정도까지 이루어지는지는 여전히 논란의 대상이다. 그러나 외상 후 성장의 개념은 인간의 회복 탄력성 발달을 이해하게 해 주며, 진행성 암이라는 외상에 노출된 사람들을 도와주는 CALM과 같은 치료가 실제 적용될 수 있게 한다.

외상 후 성장

외상 후 성장은 외상을 마주하면서, 성공적으로 대처한 결과로 볼 수 있다(Tedeschi & Calhoun, 1996). 진행성 암에서, 질병의 심리적 · 육체적 부담, 자율성 상실, 임박한 죽음의 위협을 관리하는 법을 배우면서 외상 후 성장에 다다를 수 있다. 이러한 상황에서 두려움, 불안, 실존적 고통을 직면하고 조절하는 것은 어렵지만, 이를 효과적으로 조절한다는 것은 성장의 기회를 뜻한다(Maxfield et al., 2013). 실제로, 많은 연구가 생명을 위협하는 질병을 성공적으로 대처하는 것이 외상 후 성장으로 이어질 수 있다는 견해를 뒷받침하고 있다(Barskova & Oesterreich, 2009; Maxfield et al., 2013).

외상 후 성장 모델

외상성 사건 이후 긍정적 변화가 일어날 수 있다는 개념은 널리 퍼져 있으며(Coyne & Tennen, 2010), 이것을 달성하는 것은 CALM의 목표이다. 그러나 외상 후 성장이 객관적이고 실재하며 관찰 가능한 것인지, 아니면 위안이 되는 환상일 뿐인지에 대한 논쟁이 계속되고 있다(Sumalla et al., 2009). 이제부터 진행성 암 환경에서 이 두 견해에 대해 알아보겠다.

환상으로서의 성장

외상 후 성장을 환상으로 개념화하는 두 가지 이론은 인지적응이론cognitive adaptation theory(Taylor, 1983)과 시점비교이론temporal comparison theory of growth(Klauer et al., 1998)이다. 이 두 이론은 인간은 긍정적인 착각에 의존함으로써 위협에 대처하는 경향이 있으며, 성장은 외상 사건 이후 긍정적인 환상을 유지하는 데 있다고 생각한다. 또한 인지적응이론은 외상의 숙달이나 통제가 부정적인 사건에 긍정적인 의미를 부여하고, 잘 지내지 못하는 사람들과 하향 비교함으로써 이루어진다고 생각한다(Taylor, 1983). 시점비교이론은 과거의 사건들을 실제보다 더 부정적이라고 재구조화함으로써 현재 상황이 더 낫다고 생각하며, 현재 외상에 대한 심리적 평형을 유지할 수 있다는 이론이다(Klauer et al., 1998). 두 이론 모두 한 사람의 신념이나 세계관에서 진정한 변화가 일어나지 않았더라도 외상 사건과 그 여파에 대처하기 위해 성장의 긍정적인 환상에 의존한다고 제안한다. 외상 후 성장은 환상이며, 이는 고통을 낮추기 위한 방어인 부정의 한 형태라고 생각한다(Klauer et al., 1998).

한 연구는 외상 후 성장이 진행성 암 환자의 실제 성장 과정이라기보다는 방어 전략이라는 견해에 경험적 지지를 제공한다(Tallman et al., 2014). 이 연구에서 환자는 가족이 생각하는 환자의 성장 정도보다 자신의 성장을 과대평가하는 경향이 있다는 것을 발견했다(Tallman et al., 2014). 이렇게 환자가 과대평가하는 경향은 외상 후 성장의 환상적인 성격을 반영할 수 있으며, 소위 성장이 "자기 보존의 편향된 수단"이 될 수 있음을 시사한다(Tallman et al., 2014, p. 353). 외부적 또는 객관적인 기준에 의해 확인되지 않더라도, 자신과 자신의 삶을 긍정적으로 바라보는 이러한 경향이 성장을 뜻하는 것인지 논쟁의 여지가 있다.

실재로서의 성장

외상 후 성장이 자기 보호를 위한 환상이라는 견해에 비해, 이 관점은 어려운 상황을 겪으면서 얻은 유익한 성과로 생각한다. 삶의위기모델model of life crises(Schaefer & Moos, 1998), 유기체가치이론organismic valuing theory(Joseph & Linley, 2005), 세계관모델model of world assumptions(Janoff-Bulman, 2006)의 세 가지 이론이 있다. 성장을 착각으로 간주하는 이론과는 달리, 이 모델들은 외상의 영향으로 형성되는 실제 결과로서 성장을 개념화한다.

삶의위기모델은 외상 후, 죽음과 가까워짐을 느끼면서 자기 가치와 욕구를 다시 평가하게 된다고 가정한다. 이 과정을 통해, 더 친밀한 관계를 중요시하고 사회적 · 개인적 자원을 더 많이 활용하는 것과 같은 긍정적인 변화가 생길 수 있게 된다(Schaefer & Moos, 1998). 마찬가지로 유기체가치이론은 "사람들은 현재의 경험과 행동이 자신의 욕구를 충족시키고 있는지 끊임없이 평가한다."(Joseph & Linley, 2005)라고 주장한다. 이러한 지속적인 평가는 현재 상황과 자율성, 자신감, 관계 욕구와 같은 기본적인 심리적 욕구 사이의 불일치가 있을 때, 자신의 세계관을 변화시킨다(Joseph & Linley, 2005). 따라서 외상 후, 관계나 상황의 긍정적인 측면에 더 가치를 두기 위해 우선순위를 변경하면서, 사소한 좌절이나 실망에 영향을 덜 받게 된다.

세계관모델은 부정적 생활 사건이 자신의 기본 가정들을 산산조각 내고, "새롭고 위협적이지 않은 세계관"(Janoff-Bulman, 1992, p. 117)을 창조한다고 생각한다. 이 모델에서 성공적인 대처는 변화된 세계관에서 비롯되며, 삶에 대한 감사와 삶의 우선순위 변화와 관련이 있다. 이 모델은 낙관주의와 같은 성장을 돕거나 방해하는, 개인적 요인들을 함께 고려한다(Schaefer & Moos, 1998).

암 환자와 보호자에 대한 두 개의 연구가 있다. 이 연구들은 외상 후 성장이 실재하는 현상이라는 개념을 뒷받침한다. 한 연구는 유방암 환자와 배우자를 대상으로 한 연구(Weiss, 2002)이며, 다른 하나는 간담도암 환자와 보호자를 대상으로 한 연구(Moore et al., 2011)이다. 두 연구 모두 환자와 보호자의 성장 정도를 측정하였고, 배우자나 보호자에게 환자와 자신의 성장 정도를 보고하도록 했다. 두 연구 모두 환자와 보호자가 비슷한 정도의 성장을 보였고, 환자가 보고한 성장 정도와 배우자나 보호자가 측정한 환자의 성장 정도가 높은 일치율을 보였다. 두경부암 환자와 배우자의 성장 경험에 관한 질적 연구에서, 환자의 성장을 환자와 보호자가 비슷하게 보고했다(Ruf et al., 2009). 이 결과는 톨먼(Tallman, 2014)이 보고한 것과는 대조적이며, 외상 사건 이후의 성장은 환상적 대처기제가 아닌 실재하는 것으로 보는 견해와 일치한다.

실재와 환상 모두로서의 성장

마지막으로, 환상으로도 실재로도 확신하지 않고, 둘 다일 수 있음을 제안하는 모델이다. 야누스얼굴모델Janus-face model(Maercker & Zoellner, 2004), 정서-인지처리모델affective-cognitive process model(Joseph et al., 2012), 성장의기능적-서술적 모델functional-descripitive model of growth(Tedeschi & Calhoun, 1996, 2004)은 성장을 시간과 조건에 따라 실재하는 결과가 되기도, 환상적 대처 과정이 되기도 하는 다면적인 현상으로 본다.

야누스얼굴모델(Maercker & Zoellner, 2004)은 환상과 실재로서의 성장을 가장 분명하게 정의하고 있다. 이 모델에서 성장은 신화 속의 로마 신 야누스의 얼굴처럼 2개의 측면을 가지고 있다. 인지정서모델(Taylor, 1983)의 개념과 비슷한 자기-기만적인 면과 섀퍼와 모스(Schaefer & Moos, 1998)의 제안과 같이 더 기능적이고 자기-초월적인 면을 가진다. 비슷하게, 정서-인지처리모델은 성장의 환상적인 측면과 실제 정신적 안녕의 측면을 동시에 나타낸다(Joseph et al., 2012). 야누스얼굴모델은 성장의 자기-기만적인 측면을 단기 대응 기제로 보지만, 더 긴 시간에 걸쳐 실제 성장으로 이어진다고 생각한다(Maecker & Zoellner, 2004). 정서-인지처리모델은 외상 후 스트레스와 외상 후 성장이 곡선형의 상관관계를 가진다고 생각한다(Joseph et al., 2012). 이 두 모델은 성장이 환상적 측면과 실재적 측면 모두를 가진다고 생각하고, 어느 하나를 우선순위에 두지 않는다.

마지막으로, 세계관모델(Janoff-Bulman, 1992)의 연장선에서, 성장의기능적-서술적모델(Tedeschi & Calhoun, 1996, 2004)은 지금까지 보유했던 신념과 외상의 결과로 발생한 신념 사이의 불일치가 능동적인 반추를 불러일으키고, 믿음의 일관성을 달성하기 위해 자아와 세계의 도식을 재구성하려 시도한다고 주장한다. 이것은 진행성 암 환경에서 한 사람이 자기 삶을 지탱하던 신념이 붕괴되는 장면과 상당히 관련이 있다. 테데스키와 칼훈(Tedeschi & Calhoun, 2004)이 제안한 것처럼, 자기감sense of self, 인생철학, 대인관계가 외상 후에 극적으로 변화할 수 있다. CALM은 이러한 상황에서 변화와 성장의 강력한 촉진자가 될 수 있다.

외상 후 성장과 암

성장의기능적-서술적모델(Tedeschi & Calhoun, 1996, 2004)의 5개 요소가 현

재 암 연구에서 가장 널리 사용되고 있다. 그러나 수말라Sumalla와 동료들(2009)은 암에서 외상 후 성장은 분명히 더 생명에 위협적인 사건과는 다른 식으로 작동할 수 있음을 언급하였다. 진행성 암 경험은 복잡하다. 긴 시간에 걸쳐 다수의 스트레스 상황을 겪어야 하고, 암 발생은 한 개인의 내부적 사건으로, 병의 징후가 나타난다면, 무시하거나 잊어버리기란 더욱 힘들다. 외상 사건에 대한 괴로운 생각은 다른 관점에 의해 균형이 이루어지는데, 이렇게 '이중인식'(Rodin & Zimmermann, 2008)을 유지하는 것은 암 환자에게 어려울 수 있으며, 이는 외상 후 성장 가능성을 제한한다.

외상 후 성장의 평가

외상 후 성장을 측정하기 위해 표준화하고 타당도를 확인한 2개의 척도를 사용해 왔다. 외상후성장척도Post-Traumatic Growth Inventoy: PGTI(Tedeschi & Calhoun, 1996)와 스트레스-관련성장척도Stress-Related Growth Scale(Park et al., 1996)이다. 대부분 암 환자의 양적 연구에서 외상후성장척도를 사용하고 있다. Tedeschi와 Calhoun의 성장 모델에 근거하여, 외상후성장척도는 타인과의 관계, 새로운 기회, 개인의 힘, 영적 변화, 삶에 대한 감사의 5개 하위척도로 이루어져 있다. 그러나 이 하위척도들의 타당성에 대해 의문이 제기되어 왔다. 왜냐하면 '외상'과 '성장'의 정의에 대한 합의가 이루어지지 않았고, 후향적 자기보고식 척도이기 때문이다(Bitsch et al., 2011). 이러한 특징은 스트레스-관련성장척도도 마찬가지이다. 게다가 외상후성장척도의 문항은 과정보다는 성장에 초점을 맞추고 있어서 보완이 필요하다(예: "나는 새로운 삶의 길을 찾아가고 있다."라고 표현하기보다는 "나는 새로운 삶의 길을 찾았다."라고 표현되어 있다.)

치료과정

CALM은 진행성 암 환자들이 겪어야만 하는 디스트레스를 경감하고, 새로운 환경에 놓인 이들의 삶과 대인관계를 재구성할 수 있도록 돕기 위해 개발되었다. 삶과 대인관계의 재구성은 외상후성장이론의 핵심인 어려움과 외상성 환경을 마주하고 적응한다는 개념과 같다(Calhoun & Tedeschi, 2006). 삶의 마지막에 대한 두려움을 직면할 수 있는 능력은 지금까지 고려의 대상이 되어 오진 않았지만, 외상 후 성장의 한 측면으로 볼 수 있다. 외상의 여파 속에서 자신의 세계관을 수정할 수 있는 것은 회복 탄력성을 강화하고 이후의 고통스러운 사건을 견딜 수 있게 만든다(Janoff-Bulman, 2006).

외상은 대인관계를 파괴할 수 있지만, 친근감을 느끼게 하거나 친근감을 다시 회복하게 할 수도 있다. 한 환자가 CALM 치료에 등록하면서 다음과 같이 말했다. "저는 지쳐 쓰러져 있었습니다. 이후 저는 눈을 떴고, 문이 열리는 것을 봤습니다. 거기에 저의 아내와 아이들이 있었어요. 그 순간 주체할 수 없는 사랑을 느꼈습니다. 가슴이 벅차오르는 것 같았어요. 이런 느낌을 느낄 수 있다는 게 정말 행운 같습니다." 이 환자는 또한 인간성을 온전한 방식으로, 의료진을 새롭고 의미 있는 방식으로 볼 수 있게 되었다. "주변에 있는 아름다운 사람들, 공감해 주는 사람들, 자애로운 사람들, 타인을 돕는 사람들이 보입니다. 방사선 치료실 사람들, 항암 치료실 사람들 모두 정말 멋진 것 같습니다. 훌륭한 사람들입니다." "저의 개인적 인간관계에서 더 깊은 깊이를 느낄 수 있었고, 온전한 인간애도 느낄 수 있었습니다. 이렇게 말할 수 있을지 모르겠지만, 다른 사람들에 대한 우리의 책임을 더 잘 느낄 수 있었습니다."라고 말했다. 또 다른 CALM 참가는 다음과 같이 말했다. "저는 죽음을 준비해야만 했지만, [CALM 치료자 이름]은 한 사람으로서의 성장이 죽음을 평화롭게 만들 수 있다는 것을 알게 해 주었습니다."

CALM 치료자와의 만남을 통해, 진행성 암으로 인한 변동성에 대해 사유할 수 있다. 두 사람 모두 질병의 불확실성과 불가피성을 마주하면서 치료적 만남이 어떻게 전개될지 의문을 가진다. 처음에는 대화하는 것이 진행성 암의 참상을 극복하게 할 만큼 강하지 못한 무기나 도구처럼 생각될 수 있다. 그러나 연구는 성찰과 성장 간의 연관성을 보여 주었다. 의도적 반추나 성찰은 암 생존자에서 성장과 양의 상관관계를 보였으며, 침습적 반추나 부정적 생각에 빠지는 것은 디스트레스와 관련이 있었다(Morris & Shakespeare-Finch, 2011). 이와 유사하게, 유방암으로 진단받은 여성들의 외상 후 성장에 도구적 반추instrumental rumination나 성찰은 도움이 되었다(Soo & Sherman, 2015). 부정적인 방향의 반추(예: 부정적 생각에 빠지는 것 또는 의도하지 않은 침습적 반추)도 외상 후 성장의 일부 구성 요소일 수 있으며, 이것은 외상을 처리하고 대처하려는 인지적 시도로서 나타날 수 있다(Soo & Sherman, 2015). 인지적 측면과 성장 사이의 연관성을 이해하기 위해 더 많은 연구가 필요하지만, 현재까지의 증거는 성장을 촉진하는 데 인지적 측면의 잠재적 치료적 가치를 보여 주고 있다. CALM은 환자들이 자신의 질병, 질병이 자기 삶에 미치는 영향, 불확실한 미래에 적응하는 방법을 사유할 수 있는 공간과 기회를 제공함으로써 성장 가능성을 열어준다. 질병을 가진 "지금 이 순간"(Stern et al., 1998), 지금까지의 환자 삶의 관점과 치료자의 치료 관점이 한 공간에서 펼쳐지게 된다. 여기서 창조적인 치료과정이 일어나고 이를 바탕으로 외상 후 성장이 일어날 수 있다.

결론

생명을 위협하는 질병을 대처하며 얻은 긍정적 성장 경험은 진행성 암 환자들에게 매력적인 개념이다. 외상 후 성장이 실재하고 관찰 가능한 현상인지, 환상적인 대처과정인지 계속 논쟁의 대상이 되고 있긴 하다. 하지만 지금까지의 증거는 질병의 어려움과 고통스러운 감정을 받아들이고 숙달할 수 있을 때, 외상 후 성장이 진행성 암에서도 일어남을 보여 주고 있다. CALM은 사유를 위한 열린 공간을 제공하고, 환자들이 새로운 현실을 직면할 수 있게 함으로써 삶의 마지막에서 성장 가능성을 열어 준다.

참고문헌

Affleck, G., & Tennen, H. (1996). Construing benefits from adversity: Adaptational significance and dispositional underpinnings. *Journal of Personality, 64*(4), 899-922.

Barskova, T., & Oesterreich, R. (2009). Post-traumatic growth in people living with a serious medical condition and its relations to physical and mental health: A systematic review. *Disability and Rehabilitation, 31*(21), 1709-1733.

Bitsch, L. J., Elklit, A., & Christiansen, D. M. (2011). *Basic problems with the measurement of posttraumatic growth*. (Unpublished working paper). University of Southern Denmark.

Calhoun, L. G., & Tedeschi, R. G. (2006). The foundations of posttraumatic growth: An expanded framework. In L. G. Calhoun & R. G. Tedeschi (Eds.), *Handbook of posttraumatic growth: Research and practice,* (p. 3-23). New York, NY: Routledge.

Coyne, J. C., & Tennen, H. (2010). Positive psychology in cancer care: Bad science, exaggerated claims, and unproven medicine. *Annals of Behavioral Medicine, 39*(1), 16-26.

Janoff-Bulman, R. (1992). *Shattered assumptions: Towards a new psychology of trauma*. Free Press.

Janoff-Bulman, R. (2006). Schema-change perspectives on posttraumatic growth. In L. G. Calhoun & R. G. Tedeschi (Eds.), *Handbook of posttraumatic growth: Research and practice* (pp. 81-99). Routledge.

Joseph, S., & Linley, P. A. (2005). Positive adjustment to threatening events: An organismic valuing theory of growth through adversity. *Review of General Psychology, 9*(3), 262-280.

Joseph, S., Murphy, D., & Regel, S. (2012). An affective-cognitive processing model of post-traumatic growth. *Clinical Psychology & Psychotherapy, 19*(4), 316-325.

Klauer, T., Ferring, D., & Filipp, S. H. (1998). "Still stable after all this... .?": Temporal comparison in coping with severe and chronic disease. *International Journal of Behavioral Development, 22*(2), 339-355.

Maercker, A., & Zoellner, T. (2004). The Janus Face of self-perceived growth: Toward a two-component model of posttraumatic growth. *Psychological Inquiry, 15*(1), 41-48.

Maxfield, M., Pyszczynski, T., & Solomon, S. (2013). Finding meaning in death: Terror management among the terminally ill. In N. Straker (Ed.), *Facing cancer and the fear of death: A psychoanalytic perspective on treatment* (pp. 41-60). Jason Aronson.

Moore, A. M., Gamblin, T. C., Geller, D. A., Youssef, M. N., Hoffman, K. E., Gemmell, L., Likumahuwa, S. M., Bovbjerg, D. H., Marsland, A., & Steel, J. L. (2011). A prospective study of posttraumatic growth as assessed by self-report and family caregiver in the context of advanced cancer. *Psycho-Oncology, 20*(5), 479-487.

Morris, B. A., & Shakespeare-Finch, J. (2011). Rumination, post-traumatic growth, and distress: Structural equation modelling with cancer survivors. *Psycho-Oncology, 20*(11), 1176-1183.

Park, C. L., Cohen, L. H., & Murch, R. L. (1996). Assessment and prediction of stress-related growth. *Journal of Personality, 64*(1), 71-105.

Rodin, G., & Zimmermann, C. (2008). Psychoanalytic reflections on mortality: A reconsideration. *Journal of the American Academy of Psychoanalysis and Dynamic Psychiatry, 36*(1), 181-196.

Ruf, M., Büchi, S., Moergeli, H., Zwahlen, R. A., & Jenewein, J. (2009). Positive personal changes in the aftermath of head and neck cancer diagnosis: A qualitative study in patients and their spouses. *Head & Neck, 31*(4), 513-520.

Schaefer, J. A., & Moos, R. H. (1998). The context for posttraumatic growth: Life crises, individual and social resources, and coping. In R. G. Tedeschi, C. L. Park, & L. G. Calhoun (Eds.), *Posttraumatic growth: Positive changes in the aftermath of crisis* (pp. 99-125). Lawrence Erlbaum.

Shand, L. K., Cowlishaw, S., Brooker, J. E., Burney, S., & Ricciardelli, L. A. (2015). Correlates of post-traumatic stress symptoms and growth in cancer patients: A systematic review and meta-analysis. *Psycho-Oncology, 24*(6), 624-634.

Soo, H., & Sherman, K. A. (2015). Rumination, psychological distress and post-traumatic growth in women diagnosed with breast cancer. *Psycho-Oncology, 24*(1), 70-79.

Stern, D. N., Sander, L. W., Nahum, J. P., Harrison, A. M., Lyons-Ruth, K., Morgan, A. C., Bruschweiler-Stern, N., & Tronick, E. Z. (1998). Non-interpretive mechanisms in psychoanalytic therapy: The 'something more' than interpretation. *International Journal of Psycho-Analysis, 79,* (Pt 5) 903-921.

Sumalla, E. C., Ochoa, C., & Blanco, I. (2009). Posttraumatic growth in cancer: Reality or illusion? *Clinical Psychology Review, 29*(1), 24-33.

Tallman, B. A., Lohnberg, J., Yamada, T. H., Halfdanarson, T. R., & Altmaier, E. M. (2014). Anticipating posttraumatic growth from cancer: Patients' and collaterals' experiences. *Journal of Psychosocial Oncology, 32*(3), 342-358.

Taylor, S. E. (1983). Adjustment to threatening events: A theory of cognitive adaptation. *American Psychologist, 38*(11), 1161-1173.

Tedeschi, R., G. & Calhoun, L. G. (1996). The Posttraumatic Growth Inventory: Measuring the positive legacy of trauma. *Journal of Traumatic Stress, 9*(3), 455-471.

Tedeschi, R., G. & Calhoun, L. G. (2004). Posttraumatic growth: Conceptual foundations and empirical evidence. *Psychological Inquiry, 15*(1), 1-18.

Weiss, T. (2002). Posttraumatic growth in women with breast cancer and their husbands: An intersubjective validation study. *Journal of Psychosocial Oncology, 20*(2), 65-80.

Zoellner, T., & Maercker, A. (2006). Posttraumatic growth in clinical psychology-A critical review and introduction of a two component model. *Clinical Psychology Review, 26*(5), 626-653.

제9장

CALM의 맥락

여기 와서 제일 좋은 점은 누군가와 대화한다는 것…… 불안을 같이 나눌 수 있고, 괴로운 이야기를 하면서도 제가 짐이 되는 듯한 느낌이 없다는 점입니다.

–CALM 참가자

왜 CALM인가

삶의 의지 연구에서 진행성 암 환자에게 우울증과 의기소침이 흔하고, 이에 대한 특별한 개입이 없다면 말기에 이를수록 점점 심해진다는 결과를 얻을 수 있었다(이 책의 제3장 참조). 이를 해결하기 위해 뭔가 필요했다. 우리는 진행성 암 환자와 배우자의 고통을 줄이고 가능한 의미 있게 삶을 살 수 있도록 하는 근거기반 치료를 찾으려 했다. 진행성 암 환자들을 위한 심리적 치료에 관해 획기적인 연구들이 이루어졌지만, 대부분 개인이 아닌 그룹에 초점이 맞춰

져 있었다(예: Spiegel et al., 1981, 1999; Breitbart et al., 2015; Kissane et al., 2007). 암 치료와 완화의료에 통합되어 있고, 환자와 배우자를 위한 적절하고 의미 있는 기존의 치료를 찾을 수 없었다. 그래서 다른 팀의 집단치료에 관한 업적, 우리의 임상 경험, 여러 이론, 연구를 바탕으로 CALM을 개발하였다. 우리는 지난 20년 동안 연구에 참여한 환자들의 관대함에서 얻은 것들을 지켜 내고, 다음 세대의 환자들을 위해 CALM 치료를 개선하려 노력했다. 우리 센터뿐만 아니라 많은 곳에서 조기완화의료에 대한 관심이 늘어나는 상황에서 CALM이 만들어졌다는 것은 우연이 아니다.

조기완화의료와 지연된 완화의료

고대부터 완화의료는 여러 형태로 존재해 왔지만, 현대 완화의료의 역사는 50년이 조금 넘는다. 그 탄생은 영국 런던의 성 크리스토퍼 호스피스St. Christopher's Hospice를 개설한 시점으로 보고 있다. 그곳에서 데임 시슬리 손더스Dame Cicely Saunders는 전인적 말기돌봄End-Of-Life care에 선구자적 역할을 해낸다. 삶의 마지막에서 환자와 가족에게 필요한 것에 관한 관심을 끌어낸 또 다른 중요한 인물은 스위스 정신건강의학과 의사인 엘리자베스 퀴블러 로스Elisabeth Kübler-Ross이다. 그녀는 미국으로 이민 간 후, 죽어가는 환자에 관한 연구를 시작했다. 당시 의학 분야나 광범위한 다른 분야에서 삶의 마지막에 대해 공개적으로 대화하는 것은 금기였지만, 그녀는 이 금기에 도전했다. 죽어가는 환자들이 죽음에 대해 깊이 생각하고 대화를 나눔으로써 도움받을 수 있다는 것을 증명해냈다. 1969년에 발표한 그녀의 책 『죽음과 죽어감』(이 책의 제3장 참조)은 죽어가는 사람들을 둘러싼 침묵의 동조를 종식하는 데 엄청난 영감을 주었다. 영국에서 퀴블러 로스와 함께 공부한 캐나다 외과의사 발포 마운트Balfour Mount는 '호스피스'라는 용어와 관련된 낙인을 피하기 위해 '완화의료'라는 용어를 만들었다. 완화의료는 수십 년이 지나서야 생명에 위협적인 질병의 진단 시점부터 시작하는 환자와 가족을 위한 심리적 · 사회적 · 영적 치료로 정의될 수 있었다(World Health Organization, 1990). 이후 많은 연구기관이 조기완화의료가 진행성 암 환자의 삶의 질과 안녕에 미치는 이점을 입증했다(Temel et al., 2010; Zimmermann et al., 2014).

최근 수십 년 동안 완화의료 연구와 임상 서비스가 눈에 띄게 성장했지만, 심리적 디스트레스보다는 통증과 신체적 증상을 관리하는 데 더 초점이 맞추어져 있다. 심리적 디스트레스가 질병 초기부터 가장 두드러지는 증상이라는 점을 고려할 때, 진행성 암 환자를 위한 체계적인 심리적 치료가 부족하다는 사실은 충격적이다(이 책의 제2장 참조). 정신보다 신체를 우선시하는 것은 현대 의학이 생물학과 기술을 중요시하고, 공감에 관한 치료—모든 치료 중에서 가장 비용이 적게 든다—를 경시하는 데에서 찾아볼 수 있다(Napier et al., 2014; Rodin, Rodin, An, et al., 2020). CALM의 도입은 조기완화의료의 심리적 차원의 공백을 메우려는 시도이다. CALM은 진행성 암 환자의 정신치료과정과 내용적 틀을 제공하기 위해 개발되었다. 이 장에서는 조기 개입, 암 치료 및 완화의료와의 통합이라는 맥락에서 CALM을 보여 줄 것이다.

치명적인 암/진행성 암 발생 시, 디스트레스 치료를 위한 개입

현재 고소득 국가에서 많은 진행성 암 환자가 질병 초기에 완화의료로 의뢰되지만(Watson et al., 2018), 환자 대부분은 전문적이거나 맞춤형의 정신치료를 받지 못한다(Institute of Medicine, 2008; Li et al., 2017). 환자는 질병 궤적 초기부터 압도적인 두려움과 불안을 느끼고, 질병과 그 의미를 이해하는 데 어려움을 가지지만, 전문적인 정신치료는 여전히 부족하다(이 책의 제2장 참조). 전문적인 정신사회적 치료는 암 치료의 일부로 포함되어 있어야만 낙인을 피하고 시기적절하게 일상적인 방식으로 구현될 수 있다.

진행성 암이나 생명을 위협하는 암의 진단, 재발, 악화하는 순간의 심리에 관한 연구에서, 급성스트레스장애나 외상후스트레스장애의 진단 기준을 충족하는 외상성 스트레스 증상이 흔하다는 것을 보여 주었다(이 책의 제2장 참조). 우리의 연구에서, 급성 백혈병으로 진단받았을 때, 환자의 3분의 1이 외상성 스트레스 증상을 경험하는 것으로 나타났다(Rodin et al., 2013; 이 책의 제2장 참조). 이러한 외상성 스트레스 증상은 진단 후 3개월 동안 절반 이상이 지속되거나 재발했으며(Rodin et al., 2018), 이러한 현상은 현저한 신체 증상 부담과 관련이 있었다(Zimmermann et al., 2013). 우리는 이 신체적 · 정신적 디스트레스 증상을 치료하고 예방하기 위해 감정/증상-중심개입Emotion And Symptom-focused Engagement: EASE(Rodin, Malfitano, et al., 2020) 치료를 개발했다. 감정/증상-중심개입과 CALM은 공통적인 몇 가지 특징을 가지고 있지만, 감정/증상-중심개입은 질병 초기에 널리 퍼진 불안과 외상 후 스트레스 증상을 관리하기 위한 특징적 치료 기법을 포함하고 있고, 완화적 증상 조절 개입과 통합되어 작동한다[1]. 최근 2상 무작위대조연구에서 감정/증상-중심개입의 실현 가능성을 입증했고, 외상성 스트레스 증상과 통증 조절에 상당한 개선 효과를 보였다(Rodin, Malfitano, et al., 2020). 현재 우리는 치료 효과를 확인하기 위해 다기관 무작위대조연구를 진행하고 있다.

최근 진행성 암 환자들을 위해 만든 2가지 치료의 파일럿 무작위대조연구에서 고무적인 결과가 나왔다. 하나는 진행성 난소암 환자를 대상으로 1~4세션의 지지-표현적의미만들기개입supportive-expressive meaning-making intervention을 시행했을 때, 일반적인 치료만 받은 군에 비해 의미와 실존적 안녕감이 향상되었다(Henry et al., 2010). 다른 하나는 방사선 치료를 받는 진행성 암 환자를 대상으

1) 감정/증상-중심개입은 정신치료와 신체 증상 조절이 통합되어 있다. 정신치료는 모든 환자에게 정기적으로 제공되지만, 신체 증상 조절은 신체 증상을 평가하여 기준치를 초과할 때 적용한다.

로 6세션의 다학제 개입을 시행했을 때, 일반적인 치료만 받은 군과 비교해 삶의 질에 긍정적인 영향을 미쳤다(Clark et al., 2013). 다학제 개입은 컨디셔닝 운동, 이완 운동, 교육, 암 대처 인지행동치료, 공개 토론, 지지로 이루어져 있다.

전이성/진행성 암과 살아가는 환자를 위한 치료

전이성 암 환자를 위한 다수의 정신치료는 지지-표현적 치료의 구성 요소를 가지고 있다. 이러한 치료들의 특징은 시간을 들여 대화를 나누며 관계를 형성하고, 정서적으로 지지하며, 감정조절을 돕고, 삶의 의미를 함께 찾아가며, 문제를 직면하는 것이다(Rodin, An, et al., 2020). 스탠퍼드 대학교의 데이비드 스피겔David Spiegel과 그의 연구팀은 지지-표현적집단치료가 전이성 유방암을 앓고 있는 여성들이 지지받는다고 느끼고, 질병에 관한 감정을 표현하며, 실존적 불안을 직면할 수 있게 한다는 사실을 발견했다(Classen et al., 2001). 이 집단치료는 정신건강의학과 의사, 사회복지사, 심리학자, 간호사가 8~12개월 동안 개방된 그룹 형태로 매주 시행했고, 이 치료의 무작위대조연구에서 기분(Classen et al., 2001; Goodwin et al., 2001), 감정조절 및 대처(Giese-Davis et al., 2002), 외상 후 스트레스 증상을 개선시킬 수 있음이 입증했다(Classen et al., 2001; Kissane et al., 2007). 그러나 치료 빈도와 치료 시간, 참가자의 지리적 거리는 이 치료를 일상적 치료로 통합하는 데 어려움으로 작용했다. 이러한 이유로 원격 화상통화를 이용한 치료를 개발했고, 예비 연구 결과에서 이 방법이 실현 가능하고 적절한 것으로 나타났다(O'Brien et al., 2008).

진료, 검사, 시술이 많기 때문에 환자들은 이미 상당한 부담을 안고 있다. 그래서 시간이 고정될 수밖에 없는 그룹치료에 참여하기 어려운 경우가 많았다. 또한 이들 중 많은 환자가 겨우 자기 고통을 이겨 내고 있었고, 이 경우 그룹 속에서 다른 환자의 고통을 흡수할 수 없었다. 환자들은 자신과 가족의 걱정을 이야기할 수 있는 개인적인 공간을 원하고 있었다. 그룹치료는 좀 더 만성적인 질환에 적합할 수 있지만, 이와 같은 상황에 놓인 환자에게는 바람직하지 않을 수 있다.

의미 강화가 주 치료 목표인 의미-중심접근법(Vos & Vitali, 2018)은 진행성 암 환자에게 자주 사용되었으며, 그 가치를 뒷받침하는 증거가 늘어나고 있다. 가장 잘 알려진 것은 브레이트바트Breitbart와 동료들(2015)이 개발한 의미-중심정신치료Meaning-Centered Psychotherapy: MCP이다. 의미-중심정신치료는 진행성 암 환자를 위한 매뉴얼화된 단기 치료이다. 빅터 프랭클Viktor Frankl의 로고테라피(Frankl, 1988)에 뿌리를 둔 의미-중심정신치료는 진행성 암 환자가 삶의 의미, 평화로움, 목적의식을 유지하거나 향상시키기 위해 고안되었다(Breitbart et al., 2010). 의미-중심정신치료는 원래 8세션의 집단치료로 설계되었다. 의미, 평화로움, 목적의식 개념에 대한 심리교육을 시행하고, 경험적 연습과 집단 토론을 통해 이 가치를 더 강화한다. 대규모 무작위대조연구에서 의미-중심정신치료는 매뉴얼화한 지지적 집단정신치료(Breitbart et al., 2015)에 비해 영적 안녕감, 삶의 질, 우울증을 유의하게 개선하는 것으로 나타났다. 그러나 고정된 그룹치료 시간에 맞춰 스케줄을 조정하기 어려운 전이성 암 치료의 구조적 환경 때문에 의미-중심정신치료의 개인치료 버전indivudualized meaning-centered psychotherapy: IMCP을 개발하고 테스트했다. 무작위대조연구에서 효과를 평가한 결과, IMCP가 일반적인 치료만 한 경우와 비교해서 삶의 질, 의미, 영적 안녕에 효과가 있었다(Breitbart et al., 2018). 의미와 목적의식과 같은 의미-중심정신치료의 초점은 CALM의 영역 중 하나와 그 의도가 일치한다.

인지행동치료 또한 진행성 암 환자에게 사용되어 왔다. 이러한 치료는 의미와 행동을 조정하고, 정서적 고통과 관련 있는 역기능적 혹은 왜곡된 생각이나 행동을 식별·분석·수정하기 위해 개발되었다(Beck et al., 1985). 병과 관련된 문제나 통증, 장애, 죽음과 관련된 침습적인 사고에 초점을 맞춘 수정된 인지행동치료(Greer et al., 2010; Moorey & Greer, 2002)가 진행성 암에 적용되었다. 일부 선행연구에서 인지행동 접근법이 진행성 암 환자의 불안을 감소시킬 수 있다는 것을 보여 주었다(Greer et al., 2012; Moorey et al., 2009). 그러나 진행성 암의 우울증에 대한 인지행동치료의 효과는 편차가 심했다. 전이성 유방암 환자에서 단기 인지행동치료를 평가한 두 개의 무작위대조연구는 치료 직후, 6개월 후의 추적관찰에서 우울 증상이 현저하게 감소했음을 보여 주었다(Edelman et al., 1999). 그러나 가정완화의료 간호사들이 훈련 후, 진행성 암 환자에게 시행한 인지행동치료는 우울증에 효과가 없었다(Moorey et al., 2009). 최근 인지행동치료에 대한 대규모 무작위대조연구를 시행했다. 이 연구에서 일차 진료, 종양내과, 호스피스에서 모집한 진행성 암 환자를 대상으로 매뉴얼화한 인지행동치료를 시행했다. 하지만 우울과 여러 이차 지표에서 효과가 없었다(Serfaty et al., 2019).

우울증 치료를 위한 협력의료모델collaborative care model(Sharpe et al., 2014), 마음챙김-기반중재mindfulness-based intervention(Chambers et al., 2017; Foley et al., 2010; Schelekens et al., 2017; Zimmermann et al., 2018), 커플-기반중재couple-based Intervention(Kuijer et al., 2004; McLean et al., 2013; Northouse et al., 2013)와 같은 진행성 암에서 적용하기 위한 유망한 여러 치료가 개발되고 그 효과를 평가하고 있다. 폐암 환자에서 암 간호사, 자문-조정정신건강의학과 의사, 일차진료 의사가 참여하는 팀-기반협력치료team-based collaborative care를 받은 군은 일반적인 치료만 받은 군에 비해 우울증에 효과가 있었다(Walker et al., 2014). 가족-기반애도치료family-based grief therapy(Kissane et al., 2006, 2016)와 노인진행성질병환자를위한구조화된정신치료structured psychotherapy for older adults with advanced disease(Mantovani et al., 1996a, 1996b)도 유망하다.

말기 치료

진행성 암 환자의 삶의 마지막을 위해 많은 치료가 개발되어 왔다. 존엄치료dignity Therapy(Chochinov et al., 2005), 단기삶리뷰short-term life review(Ando et al., 2008), 내러티브치료narrative intervention(Lloyd-Williams et al., 2018; Wise et al., 2018)가 있다. 이 치료들은 간략하고 개별화된 인터뷰를 통해 삶을 검토하고 의미와 목적의식을 만들어 내고자 한다. 참가자들은 "당신의 삶에서 가장 중요한 것은 무엇이며, 그 이유는 무엇입니까?"(Ando et al., 2010), "당신의 가장 중요한 업적은 무엇입니까?"(Chochinov et al., 2005), "가족이나 친구, 사랑하는 사람들이 당신에 대해 무엇을 기억하기를 바랍니까?"(Wise et al., 2018) 등의 질문을 받는다. 이후 인터뷰는 생성성/레거시 문서generativity/legacy document(존엄치료), 콜라주 앨범(단기삶리뷰), 인생 이야기(Wise et al., 2018)라는 글로 옮겨지고 편집된 후, 환자가 다시 검토한다. 최종 문서는 환자가 간직하다 원하는 가족이나 가까운 사람에게 전달한다. 이 중에서 존엄치료가 가장 널리 연구되었다.

초치노프Chochinov와 동료들(2005)이 캐나다와 호주에서 실시한 존엄치료의 초기 선행 타당성 연구에서 디스트레스와 우울 증상을 현저하게 개선한다는 것을 확인했다. 비록 후속으로 캐나다, 호주, 미국에서 실시된 다기관 무작위대조연구에서는 디스트레스에 대한 영향을 확인할 수 없었지만(Chochinov et al., 2011), 높은 수용성과 만족도를 보여 주었다(Fitchett et al., 2015). 영국, 포르투갈, 덴마크의 연구에서도 디스트레스 감소 효과는 일관성이 없었다(Hall et al., 2011, 2012; Houmann et al., 2014; Juliao et al., 2014). 그러나 존엄치료는 많은 환자에게 유산과 의미를 창조하고 향상하는 것으로 나타났다(Chochinov et al., 2011).

정신치료 최적화의 장애물

진행성 암에서 모든 정신치료가 그러하듯, CALM 치료에서도 어려움이 있다. 종양의학와 완화의료 환경에서 전문적인 치료를 제공하고, 다른 의료진을 훈련하고, 치료의 온전함을 유지하기 위한 핵심 그룹이 필요하다. 현재, 이를 위한 자원의 폭과 깊이는 센터에 따라 매우 다르다. 따라서 종양의학과 완화의료에서 전문적인 정신사회적 치료의 잠재적 이익과 치료를 시행할 자원 분배의 필요함에 대해 임상가와 정책입안자의 인식을 높이기 위한 지원이 필요하다.

정신치료의 결과를 측정하는 것은 효과를 입증하고 치료의 질을 모니터링하는 데 매우 중요하다. 진행성 암 환자가 아닌 다른 사람을 위해 개발된 심리검사도구는 유효하지 않고 신뢰할 수 없을 수 있다(Kelly et al., 2006). 그래서 진행성 암 환자를 위해 심리검사도구를 수정 · 개발 · 검증을 해 왔고, 이는 완화의료에서 정신치료 연구의 질 향상으로 이어졌다. 이러한 새로운 검사도구로는 정신화척도-II Mentalization scale-II(Robinson et al., 2016), 앞당긴죽음에대한태도척도 Scehdule of Attitudes Toward Hastened Death(Rosenfeld et al., 1999), 죽음과죽어감디스트레스척도 Death and Dying Distress Scale(Krause et al., 2015), 죽어감과 죽음의 질 설문지 Quality of Dying and Death Questionnaire(Mah et al., 2019; Patrick et al., 2001), 친밀관계경험척도 Experiences in Close Relationship Scale(Lo et al., 2009)가 있다. 이 연구에서는 치료 시작 후 3개월과 6개월에 환자가 인식하는 CALM의 이점을 평가하기 위해 임상평가질문지 Clinical Evaluation Questionnaire(Lo et al., 2015; de Vries et al., 2020)를 개발하였다(이 책의 제10장 참조). 이 질문지는 CALM의 과정을 평가하고 치료를 향해 나아가도록 하기 위한 것이다. 치료와 관련된 심리평가도구는 더 엄격하고 정밀하게 정신치료 결과를 평가하고, 치료자를 감독하며, 치료 온전성을 평가하고, 임상치료의 질을 평가할 수 있게 한다.

디스트레스 선별 검사는 암 치료에서 표준검사로 권장되고 있다. 디스트레스가 높은 환자를 식별해서 평가하고, 필요하면 전문적인 정신사회적 치료에 연결될 수 있도록 많은 센터에서 시행하고 있다(Li et al., 2016; Zebrack et al., 2015). 이 검사는 전산화된 지능형 프로그램을 통해 가장 효율적으로 구현될 수 있는데, 특정 항목에 대한 반응이 특정한 검사로 이어지게 할 수 있다(Bagha et al., 2013). 진행성 암 환자와 주 보호자의 디스트레스 검사는 전문적인 정신사회치료가 가장 시급한 사람을 식별할 수 있도록 해 준다. 하지만 이

것이 진정한 가치를 가지려면 적절한 시점에 실제 의뢰가 이루어지고 환자가 치료에 쉽게 접근할 수 있어야 한다. 실제 많은 암 치료 환경에 디스트레스 스크리닝 프로토콜이 포함되어 있긴 하지만, 환자들의 순응성과 반응성이 일관되지 않고(Zebrack et al., 2017), 많은 곳은 정신사회적 치료를 적절하게 제공할 만큼 자원을 가지고 있지 않다.

결론

CALM은 지금까지의 진행성 암 환자를 위한 정신치료 업적에 근거하고 있다. 이들은 진단 당시 불안과 외상 후 스트레스 증상, 질병이 진행하는 동안 삶의 의미, 삶의 마지막에 환자의 유산에 초점을 맞추는 치료들이다. 지난 10년 동안 완화의료에서 적절하고 타당한 도구를 통해 치료결과를 측정할 수 있게 되면서, 이들 치료 효과의 과학적 견고함은 크게 개선되었다. 특정 치료에 잘 반응하는 집단을 이해하고, 결과를 더 일반화하며, 다양한 지역, 문화, 종교 환경에서의 접근성, 적절성, 타당성을 확인하기 위해 추가 연구가 필요하다. 현재 정신사회적 치료들이 전 세계 종양학과 완화의료에 녹아 들어갈 최적의 전략을 알아내기 위해 실행과학방법론implementation science methodology[2)](Practor et al., 2009)을 이용하고 있다.

2) 실행과학implementation science은 연구 결과를 실질적 치료로 이어지게 하기 위한 과학적 연구이다. 연구단계에만 머무르지 않고, 혜택을 볼 수 있는 사람에게 실질적으로 전달되게 하는 것이 목적이다.

참고문헌

Ando, M., Morita, T., Akechi, T., Okamoto, T., & Japanese Task Force for Spiritual Care. (2010). Efficacy of short-term life-review interviews on the spiritual well-being of terminally ill cancer patients. *Journal of Pain and Symptom Management, 39*(6), 993-1002.

Ando, M., Morita, T., Okamoto, T., & Ninosaka, Y. (2008). One-week short-term life review interview can improve spiritual well-being of terminally ill cancer patients. *Psycho-Oncology, 17*(9), 885-890.

Bagha, S. M., Macedo, A., Jacks, L. M., Lo, C., Zimmermann, C., Rodin, G., & Li, M. (2013). The utility of the Edmonton Symptom Assessment System in screening for anxiety and depression. *European Journal of Cancer Care, 22*(1), 60-69.

Beck, A., Emery, G., & Greenberg, R. L. (1985). *Anxiety disorders and phobias. A cognitive perspective*. Basic Books.

Breitbart, W., Pessin, H., Rosenfeld, B., Applebaum, A. J., Lichtenthal, W. G., Li, Y., Saracino, R. M., Marziliano, A. M., Masterson, M., Tobias, K., & Fenn, N. (2018). Individual meaning-centered psychotherapy for the treatment of psychological and existential distress: A randomized controlled trial in patients with advanced cancer. *Cancer, 124*(15), 3231-3239.

Breitbart, W., Rosenfeld, B., Gibson, C., Pessin, H., Poppito, S., Nelson, C., Tomarken, A., Timm, A.K., Berg, A., Jacobson, C., Sorger, B., Abbey, J., & Olden, M. (2010). Meaning-centered group psychotherapy for patients with advanced cancer: A pilot randomized controlled trial. *Psycho-Oncology, 19*(1), 21-28.

Breitbart, W., Rosenfeld, B., Pessin, H., Applebaum, A., Kulikowski, J., & Lichtenthal, W. G. (2015). Meaning-centered group psychotherapy: An effective intervention for improving psychological well-being in patients with advanced cancer. *Journal of Clinical Oncology, 33*(7), 749-754.

Chambers, S. K., Occhipinti, S., Foley, E., Clutton, S., Legg, M., Berry, M., Stockler, M. R., Frydenberg, M., Gardiner, R. A., Lepore, S. J., Davis, I. D., & Smith, D.

P. (2017). Mindfulness-based cognitive therapy in advanced prostate cancer: A randomized controlled trial. *Journal of Clinical Oncology, 35*(3), 291-297.

Chochinov, H. M., Hack, T., Hassard, T., Kristjanson, L. J., McClement, S., & Harlos, M. (2005). Dignity therapy: A novel psychotherapeutic intervention for patients near the end of life. *Journal of Clinical Oncology, 23*(24), 5520-5525.

Chochinov, H. M., Kristjanson, L. J., Breitbart, W., McClement, S., Hack, T. F., Hassard, T., & Harlos, M. (2011). Effect of dignity therapy on distress and end-of-life experience in terminally ill patients: A randomised controlled trial. *The Lancet Oncology, 12*(8), 753-762.

Clark, M. M., Rummans, T. A., Atherton, P. J., Cheville, A. L., Johnson, M. E., Frost, M. H., Miller, J. J., Sloan, J. A., Graszer, K. M., Haas, J. G., Hanson, J. M., Garces, Y. I., Piderman, K. M., Lapid, M. I., Netzel, P. J., Richardson, J. W., & Brown, P. D. (2013). Randomized controlled trial of maintaining quality of life during radiotherapy for advanced cancer. *Cancer, 119*(4), 880-887.

Classen, C., Butler, L. D., Koopman, C., Miller, E., DiMiceli, S., Giese-Davis, J., Fobair, P., Carlson, R.W., Kraemer, H.C., & Spiegel, D. (2001). Supportive-expressive group therapy and distress in patients with metastatic breast cancer: A randomized clinical intervention trial. *Archives of General Psychiatry, 58*(5), 494-501.

de Vries, F. E., Mah, K., Shapiro, G., Rydall, A., Hales, S., & Rodin, G. (2020). Assessing the process of a brief psychotherapy for patients with advanced cancer. (Submitted for publication).

Edelman, S., Bell, D. R., & Kidman, A. D. (1999). A group cognitive behaviour therapy programme with metastatic breast cancer patients. *Psycho-Oncology, 8*(4), 295-305.

Fitchett, G., Emanuel, L., Handzo, G., Boyken, L., & Wilkie, D. J. (2015). Care of the human spirit and the role of dignity therapy: A systematic review of dignity therapy research. *BMC Palliative Care, 14, 8. doi: 10.1186/s12904-015-0007-1*.

Foley, E., Baillie, A., Huxter, M., Price, M., & Sinclair, E. (2010). Mindfulness-based cognitive therapy for individuals whose lives have been affected by cancer:

A randomized controlled trial. *Journal of Consulting and Clinical Psychology, 78*(1), 72-79.

Frankl, V. E. (1988). *The will to meaning: Foundations and applications of logotherapy* (Rev. ed.). Meridian/Plume.

Giese-Davis, J., Koopman, C., Butler, L. D., Classen, C., Cordova, M., Fobair, P., Benson, J., Kraemer, H. C., & Spiegel, D. (2002). Change in emotion-regulation strategy for women with metastatic breast cancer following supportive-expressive group therapy. *Journal of Consulting and Clinical Psychology, 70*(4), 916-925.

Goodwin, P. J., Leszcz, M., Ennis, M., Koopmans, J., Vincent, L., Guther, H., Drysdale, E., Hundleby, M., Chochinov, H. M., Navarro, M., Speca, M., & Hunter, J. (2001). The effect of group psychosocial support on survival in metastatic breast cancer. *The New England Journal of Medicine, 345*(24), 1719-1726.

Greer, J. A., Park, E. R., Prigerson, H. G., & Safren, S. A. (2010). Tailoring cognitive-behavioral therapy to treat anxiety comorbid with advanced cancer. *Journal of Cognitive Psychotherapy, 24*(4), 294-313.

Greer, J. A., Traeger, L., Bemis, H., Solis, J., Hendriksen, E. S., Park, E. R., Pirl, W. F., Temel, J. S., Prigerson, H. G., & Safren, S. A. (2012). A pilot randomized controlled trial of brief cognitive-behavioral therapy for anxiety in patients with terminal cancer. *The Oncologist, 17*(10), 1337-1345.

Hall, S., Goddard, C., Opio, D., Speck, P., & Higginson, I. J. (2012). Feasibility, acceptability and potential effectiveness of Dignity Therapy for older people in care homes: A phase II randomized controlled trial of a brief palliative care psychotherapy. *Palliative Medicine, 26*(5), 703-712.

Hall, S., Goddard, C., Opio, D., Speck, P. W., Martin, P., & Higginson, I. J. (2011). A novel approach to enhancing hope in patients with advanced cancer: A randomised phase II trial of dignity therapy. *BMJ Supportive & Palliative Care, 1*(3), 315-321.

Henry, M., Cohen, S. R., Lee, V., Sauthier, P., Provencher, D., Drouin, P., Gauthier,

P., Gotlieb, W., Lau, S., Drummond, N., Gilbert, L., Stanimir, G., Sturgeon, J., Chasen, M., Mitchell, J., Huang, L. N., Ferland, M. K., & Mayo, N. (2010). The Meaning-Making intervention (MMi) appears to increase meaning in life in advanced ovarian cancer: A randomized controlled pilot study. *Psycho-Oncology, 19*(12), 1340-1347.

Houmann, L. J., Chochinov, H. M., Kristjanson, L. J., Petersen, M. A., & Groenvold, M. (2014). A prospective evaluation of Dignity Therapy in advanced cancer patients admitted to palliative care. *Palliative Medicine, 28*(5), 448-458.

Institute of Medicine (US) Committee on Psychosocial Services to Cancer Patients/ Families in a Community Setting. (2008). Cancer care for the whole patient: Meeting psychosocial health needs. Adler, N. E., Page, A. E .K., editors. National Academies Press (US). https://doi.org/10.17226/11993.

Julião, M., Oliveira, F., Nunes, B., Vaz Carneiro, A., & Barbosa, A. (2014). Efficacy of dignity therapy on depression and anxiety in Portuguese terminally ill patients: A phase II randomized controlled trial. *Journal of Palliative Medicine, 17*(6), 688-695.

Kelly, B., McClement, S., & Chochinov, H. M. (2006). Measurement of psychological distress in palliative care. *Palliative Medicine, 20*(8), 779-789.

Kissane, D. W., Grabsch, B., Clarke, D. M., Smith, G. C., Love, A. W., Bloch, S., Snyder, R.D., & Li, Y. (2007). Supportive-expressive group therapy for women with metastatic breast cancer: Survival and psychosocial outcome from a randomized controlled trial. *Psycho-Oncology, 16*(4), 277-286.

Kissane, D. W., McKenzie, M., Bloch, S., Moskowitz, C., McKenzie, D. P., & O'Neill, I. (2006). Family focused grief therapy: A randomized, controlled trial in palliative care and bereavement. *American Journal of Psychiatry, 163*(7), 1208-1218.

Kissane, D. W., Zaider, T. I., Li, Y., Hichenberg, S., Schuler, T., Lederberg, M., Lavelle, L., Loeb, R., & Del Gaudio, F. (2016). Randomized controlled trial of family therapy in advanced cancer continued into bereavement. *Journal of Clinical Oncology, 34*(16), 1921-1927.

Krause, S., Rydall, A., Hales, S., Rodin, G., & Lo, C. (2015). Initial validation of the Death and Dying Distress Scale for the assessment of death anxiety in patients with advanced cancer. *Journal of Pain and Symptom Management, 49*(1), 126-134.

Kübler-Ross, E. (1969). *On death and dying*. Tavistock Publications.

Kuijer, R. G., Buunk, B. P., De Jong, G. M., Ybema, J. F., & Sanderman, R. (2004). Effects of a brief intervention program for patients with cancer and their partners on feelings of inequity, relationship quality and psychological distress. *Psycho-Oncology, 13*(5), 321-334.

Lloyd-Williams, M., Shiels, C., Ellis, J., Abba, K., Gaynor, E., Wilson, K., & Dowrick, C. (2018). Pilot randomised controlled trial of focused narrative intervention for moderate to severe depression in palliative care patients: DISCERN trial. *Palliative Medicine, 32*(1), 206-215.

Li, M., Macedo, A., Crawford, S., Bagha, S., Leung, Y. W., Zimmermann, C., Fitzgerald, B., Wyatt, M., Stuart-McEwan, T., & Rodin, G. (2016). Easier said than done: Keys to successful implementation of the Distress Assessment and Response Tool (DART) program. *Journal of Oncology Practice, 12*(5), e513-e526. doi: 10.1200/JOP.2015.010066.

Li, M., Watt, S., Escaf, M., Gardam, M., Heesters, A., O'Leary, G., & Rodin, G. (2017). Medical assistance in dying-Implementing a hospital-based program in Canada. *The New England Journal of Medicine, 376*(21), 2082-2088.

Lo, C., Hales, S., Rydall, A., Panday, T., Chiu, A., Malfitano, C., Jung, J., Li, M., Nissim, R., Zimmermann. C., & Rodin, G. (2015). Managing Cancer And Living Meaningfully: Study protocol for a randomized controlled trial. *Trials*, 16, 391. doi: 10.1186/s13063-015-0811-1

Lo, C., Walsh, A., Mikulincer, M., Gagliese, L., Zimmermann, C., & Rodin, G. (2009). Measuring attachment security in patients with advanced cancer: Psychometric properties of a modified and brief Experiences in Close Relationships scale. *Psycho-Oncology, 18*(5), 490-499.

Mah, K., Hales, S., Weerakkody, I., Liu, L., Fernandes, S., Rydall, A., Vehling, S.,

Zimmermann, C., & Rodin, G. (2019). Measuring the quality of dying and death in advanced cancer: Item characteristics and factor structure of the Quality of Dying and Death Questionnaire. *Palliative Medicine, 33*(3), 369-380.

Mantovani, G., Astara, G., Lampis, B., Bianchi, A., Curreli, L., Orrù, W., Carta, M. G., Carpiniello, B., Contu, P., & Rudas, N. (1996a). Evaluation by multidimensional instruments of health-related quality of life of elderly cancer patients undergoing three different "psychosocial" treatment approaches. A randomized clinical trial. *Supportive Care in Cancer, 4*(2), 129-140.

Mantovani, G., Astara, G., Lampis, B., Bianchi, A., Curreli, L., Orrù, W., Carpiniello, B., Carta, M. G., Sorentino, M., & Rudas, N. (1996b). Impact of psychosocial intervention on the quality of life of elderly cancer patients. *Psycho-Oncology, 5*(2), 127-135.

McLean, L. M., Walton, T., Rodin, G., Esplen, M. J., & Jones, J. M. (2013). A couple-based intervention for patients and caregivers facing end-stage cancer: Outcomes of a randomized controlled trial. *Psycho-Oncology, 22*(1), 28-38.

Moorey, S., Cort, E., Kapari, M., Monroe, B., Hansford, P., Mannix, K., Henderson, M., Fisher, L., & Hotopf, M. (2009). A cluster randomized controlled trial of cognitive behaviour therapy for common mental disorders in patients with advanced cancer. *Psychological Medicine, 39*(5), 713-723.

Moorey, S., & Greer, S. (2002). *Cognitive behaviour therapy for people with cancer*. Oxford University Press.

Napier, A. D., Ancarno, C., Butler, B., Calabrese, J., Chater, A., Chatterjee, H., Guesnet, F., Horne, R., Jacyna, S., Jadhav, S., Macdonald, A., Neuendorf, U., Parkhurst, A., Reynolds, R., Scambler, G., Shamdasani, S., Smith, S. Z., Stougaard-Nielsen, J., Thomson, L., Tyler, N., Volkmann, A. M., Walker, T., Watson, J., Williams, A. C., Willott, C., Wilson, J., & Woolf, K. (2014). Culture and health. *The Lancet, 384*(9954), 1607-1639.

Northouse, L. L., Mood, D. W., Schafenacker, A., Kalemkerian, G., Zalupski, M., LoRusso, P., Hayes, D. F., Hussain, M., Ruckdeschel, J., Fendrick, A. M., Trask, P. C., Ronis, D. L., & Kershaw, T. (2013). Randomized clinical trial of a brief and extensive dyadic intervention for advanced cancer patients and their family caregivers. *Psycho-Oncology, 22*(3), 555-563.

O'Brien, M., Harris, J., King, R., & O'Brien, T. (2008). Supportive-expressive group therapy for women with metastatic breast cancer: Improving access for Australian women through use of teleconference. *Counselling and Psychotherapy Research, 8*(1), 28-35.

Patrick, D. L., Engelberg, R. A., & Curtis, J. R. (2001). Evaluating the quality of dying and death. *Journal of Pain and Symptom Management, 22*(3), 717-726.

Proctor, E. K., Landsverk, J., Aarons, G., Chambers, D., Glisson, C., & Mittman, B. (2009). Implementation research in mental health services: An emerging science with conceptual, methodological, and training challenges. *Administration and Policy in Mental Health and Mental Health Services Research, 36*(1), 24-34.

Robinson, S., Kissane, D. W., Brooker, J., Hempton, C., Michael, N., Fischer, J., Franco, M., Sulistio, M., Clarke, D. M., Ozmen, M., & Burney, S. (2016). Refinement and revalidation of the demoralization scale: The DS-II-External validity. *Cancer, 122*(14), 2260-2267.

Rodin, G., An, E., Shnall, J., & Malfitano, C. (2020). Psychological interventions for patients with advanced disease: Implications for oncology and palliative care. *Journal of Clinical Oncology, 38*(9), 885-904.

Rodin, G., Deckert, A., Tong, E., Le, L. W., Rydall, A., Schimmer, A., Marmar, C. R., Lo, C., & Zimmermann, C. (2018). Traumatic stress in patients with acute leukemia: A prospective cohort study. *Psycho-Oncology, 27*(2), 515-523.

Rodin, G., Malfitano, C., Rydall, A., Schimmer, A., Marmar, C. R., Mah, K., Lo, C., Nissim, R., & Zimmermann, C. (2020). Emotion And Symptom-focused Engagement (EASE): A randomized phase II trial of an integrated psychological and palliative care intervention for patients with acute leukemia. *Supportive Care in Cancer, 28*(1), 163-176.

Rodin, G., Yuen, D., Mischitelle, A., Minden, M. D., Brandwein, J., Schimmer, A., Marmar, C., Gagliese, L., Lo, C., Rydall, A., & Zimmermann, C. (2013). Traumatic stress in acute leukemia. *Psycho-Oncology, 22*(2), 299-307.

Rosenfeld, B., Breitbart, W., Stein, K., Funesti-Esch, J., Kaim, M., Krivo, S., & Galietta, M. (1999). Measuring desire for death among patients with HIV/AIDS: The Schedule of Attitudes Toward Hastened Death. *American Journal of Psychiatry, 156*(1), 94-100.

Savard, J., Simard, S., Giguère, I., Ivers, H., Morin, C. M., Maunsell, E., Gagnon, P., Robert, J., & Marceau, D. (2006). Randomized clinical trial on cognitive therapy for depression in women with metastatic breast cancer: Psychological and immunological effects. *Palliative & Supportive Care, 4*(3), 219-237.

Schellekens, M. P. J., van den Hurk, D. G. M., Prins, J. B., Donders, A. R.T., Molema, J., Dekhuijzen, R., van der Drift, M. A., & Speckens, A. E. M. (2017). Mindfulness-based stress reduction added to care as usual for lung cancer patients and/or their partners: A multicentre randomized controlled trial. *Psycho-Oncology, 26*(12), 2118-2126.

Serfaty, M., King, M., Nazareth, I., Moorey, S., Aspden, T., Tookman, A., Mannix, K., Gola, A., Davis, S., Wood, J., Jones, L. (2019). Manualised cognitive behavioural therapy in treating depression in advanced cancer: The CanTalk RCT. *Health Technology Assessment, 23*(19), 1-106.

Sharpe, M., Walker, J., Hansen, C. H., Martin, P., Symeonides, S., Gourley, C., Wall, L., Weller, D., Murray, G., & SMaRT (Symptom Management Research Trials) Oncology-2 Team. (2014). Integrated collaborative care for comorbid major depression in patients with cancer (SMaRT Oncology-2): A multicentre randomised controlled effectiveness trial. *The Lancet, 384*(9948), 1099-1108.

Spiegel, D., Bloom, J. R., & Yalom, I. (1981). Group support for patients with metastatic cancer: A randomized outcome study. *Archives of General Psychiatry, 38*(5), 527-533.

Spiegel, D., Morrow, G. R., Classen, C., Raubertas, R., Stott, P. B., Mudaliar, N., Pierce, H. I., Flynn, P. J., Heard, L., & Riggs, G. (1999). Group psychotherapy for recently diagnosed breast cancer patients: A multicenter feasibility study. *Psycho-Oncology, 8*(6), 482-493.

Temel, J. S., Greer, J. A., Muzikansky, A., Gallagher, E. R., Admane, S., Jackson, V.

A., Dahlin, C. M., Blinderman, C. D., Jacobsen, J., Pirl, W. F., Billings, J. A., & Lynch, T. J. (2010). Early palliative care for patients with metastatic non-small-cell lung cancer. *The New England Journal of Medicine, 363*(8), 733-742.

Vos, J., & Vitali, D. (2018). The effects of psychological meaning-centered therapies on quality of life and psychological stress: A metaanalysis. *Palliative & Supportive Care, 16*(5), 608-632.

Walker, J., Hansen, C. H., Martin, P., Symeonides, S., Gourley, C., Wall, L., Weller, D., Murray, G., Sharpe, M. , & SMaRT (Symptom Management Research Trials) Oncology-3 Team. (2014). Integrated collaborative care for major depression comorbid with a poor prognosis cancer (SMaRT Oncology-3): A multicentre randomised controlled trial in patients with lung cancer. *The Lancet Oncology, 15*(10), 1168-1176.

Watson, G. A., Saunders, J., & Coate, L. (2018). Evaluating the time to palliative care referrals in patients with small-cell lung cancer: A single-centre retrospective review. *American Journal of Hospice and Palliative Medicine, 35*(11), 1426-1432.

Wise, M., Marchand, L. R., Roberts, L. J., & Chih, M. Y. (2018). Suffering in advanced cancer: A randomized control trial of a narrative intervention. *Journal of Palliative Medicine, 21*(2), 200-207.

World Health Orgaization(WHO) Expert Committee on Cancer Pain Relief and Active Supportive Care & World Health Organization. (1990). Cancer pain relief and palliative care : Report of a WHO expert committee [meeting held in Geneva from 3 to 10 July 1989]. World Health Organization. https://apps.who.int/iris/handle/10665/39524

Zebrack, B., Kayser, K., Bybee, D., Padgett, L., Sundstrom, L., Jobin, C., & Oktay, J. (2017). A practice-based evaluation of distress screening protocol adherence and medical service utilization. *Journal of the National Comprehensive Cancer Network, 15*(7), 903-912.

Zebrack, B., Kayser, K., Sundstrom, L., Savas, S. A., Henrickson, C., Acquati, C., & Tamas, R. L. (2015). Psychosocial distress screening implementation in cancer care: An analysis of adherence, responsiveness, and acceptability. *Journal of Clinical Oncology, 33*(10), 1165-1170.

Zimmermann, C., Swami, N., Krzyzanowska, M., Hannon, B., Leighl, N., Oza, A., Moore, M., Rydall, A., Rodin, G., Tannock, I., Donner, A., & Lo, C. (2014). Early palliative care for patients with advanced cancer: A cluster-randomised controlled trial. *The Lancet, 383*(9930), 1721-1730.

Zimmermann, C., Yuen, D., Mischitelle, A., Minden, M. D., Brandwein, J. M., Schimmer, A., Gagliese, L., Lo, C., Rydall, A., & Rodin, G. (2013). Symptom burden and supportive care in patients with acute leukemia. *Leukemia Research, 37*(7), 731-736.

Zimmermann, F. F., Burrell, B., & Jordan, J. (2018). The acceptability and potential benefits of mindfulness-based interventions in improving psychological well-being for adults with advanced cancer: A systematic review. *Complementary Therapies in Clinical Practice, 30*, 68-78.

제10장

CALM의 평가 과정과 결과

서론

CALM은 기획하는 단계부터 분명하게 과학적인 근거에 기반해야 한다고 생각했다. 효과를 엄격한 잣대를 통해 보여 주는 것은 CALM이 의학 분야에서 인정받고 암 치료의 하나이자 일반적 치료로 받아들여지는 데 필요하다. 그래서 CALM의 개념에 임상과 연구 프로그램을 통합했다. 우리는 CALM이 진행성 암 환자와 가족에게 주는 영향을 먼저 확인하기 위해 1상, 2상 연구를 설계했고, 진행성 암 환자에게 적절하고 CALM 치료에 적용할 수 있는 평가도구를 만들고 수정하며 확인하는 데 많은 노력을 기울였다. 이 장에서 우리는 CALM의 과학적 근거기반을 확립하고 CALM 임상 실제에서 사용하는 도구의 역할을 설명할 것이다.

CALM의 영향 평가

진행성 암 환자에 미치는 CALM의 영향에 관한 초기 질적 연구는 CALM 효과의 강력한 증거를 제공했다. CALM 팀의 심리학자이자 질적 연구자인 리나트 니심Rinat Nissim이 시행한 이 연구를 통해 환자들은 생명을 위협하는 질병을 마주보고 말할 수 있었고, CALM의 이득과 4가지 영역에 대한 강력한 내러티브[1)]를 만들어 냈다(이 책의 제15장 참조). 환자들은 우리 CALM 팀과 함께 자유롭게 내러티브free narratives를 만들고 반구조화된 인터뷰를 하는 동안, 자신의 암 경험 중에서, 긍정적이고 색다른 면을 경험할 수 있었다고 말했다(Nissim et al., 2012). 특히 환자들은 CALM이 자신에게 사유할 시간과 공간을 제공하고, 죽음과 죽어감과 같은 민감한 문제를 이야기할 수 있는 안전한 공간을 제공했다고 보고했다. CALM은 또한 환자들이 복잡한 의료 시스템을 탐색하고, 다른 사람들과의 관계를 더 잘 이해하고 관리하며, 암으로 인해 사람들과의 관계에서 발생한 부담을 줄이는 데 도움을 주었다(Nissim et al., 2012). CALM 치료에서, 환자들은 의료 시스템 내에서 '온전한 인간whole person'으로 받아들여지고 있다고 느낄 수 있었다, 이것은 암 치료 환경에서 유일하고 매우 중요한 경험으로 환자들에게 도움이 되었다. 환자들은 이 경험에, 암 시스템을 잘 아는 내부자인 치료자가 공감적으로 존재해 주는 것이 중요하다고 강조한다. 이러한 초기 질적 연구 결과를 통해, CALM이 환자들에게 우리가 의도했던 경험을 줄 수 있다고 확신하게 되었다. 그러나 우리는 의학에서 '표준gold standard'이 되는 양적 증거가 과학계에서 CALM의 효과를 판단하는 근거가 될 것이라는 점을 알고 있었다.

정신치료적 개입의 효과를 입증하기 위해 양적 증거를 만들어 내는 것은 어

1) 내러티브narrative는 일련의 사건이 가지는 서사성을 말한다. 내러티브는 언어로 기술할 수 있는 것뿐만 아니라 불가능한 감정, 느낌, 한 인간의 자기개념 등 모든 종류의 것들을 포함하는 개념이다.

떤 조건에서도 엄청난 도전일 수밖에 없지만, 진행성 암에서 특히 더 어렵다. 이 질병군의 사람들은 신체적 증상과 기능 장애로 인해 부담이 점점 증가하고 질병의 악화를 겪어야 한다. 이와 관련된 다양한 어려움을 가진 사람들의 심리적 안녕감에 도움이 된다는 것을 임상시험에서 입증하는 것은 쉽지 않다. 이에 더해, 가장 엄격한 시험인 무작위대조시험조차도 치료군과 대조군의 모든 관련 변수의 동질성을 담보하기 힘들다. 또한 연구 시작점에서 심리적인 어려움이 없는 사람들이 포함될 경우, 유의한 결과를 보여 주는 것은 훨씬 더 어려워진다. 그럼에도 불구하고, 우리는 CALM이 디스트레스를 완화하는 것뿐만 아니라, 예방도 가능한지 확인하기 위해 이러한 사람들을 포함하는 것이 중요하다고 생각했다. 비록 시작점에서 디스트레스가 없는 환자를 포함함으로써 CALM의 디스트레스 감소 효과를 입증하기 더 어려워졌지만, 넓은 포함 기준은 CALM 개입으로부터 누가 가장 혜택을 받을 수 있는지 이해하는 데 도움 되었다.

CALM 임상시험을 개발하는 데 있어 가장 큰 어려움은 CALM과 관련된 개념구조를 측정하는 데 적절한 심리도구가 부족한 것이었다. 또한 이 심리도구는 진행성 암 환자군에서 사용하는 데 타당성을 가지고 있어야 했다. 죽음불안death anxiety, 애착 안정성, 삶의 질과 같은 개념을 측정하기 위한 척도가 개발되어 있었지만, 대부분은 건강하거나 비임상군, 진행성 암과 관련 없는 환자를 대상으로 검증된 것이었다. 따라서 진행성, 생명을 위협하는 질병 환경에서 적절한지 명확하지 않았다. 그래서 초기 연구의 대부분은 CALM 결과를 적절히 평가할 수 있는 척도를 개발하는 것이었다. 예를 들어, CALM의 중요한 목표인 죽음불안에 대한 척도들은 주로 비임상군에서 검증되었다. 이 도구들은 검사하는 데 시간이 너무 오래 걸리거나(Lester, 1994; Wittkowski, 2001), 진행성 암 환자와 관련 없는 항목을 포함하고 있거나(Triplett et al., 1995; Wong et al., 1994), 치료결과를 탐지하는 능력이 부족했다(예: Conte et al., 1982). 그래서 크리스 로Chris Lo를 주도로, 죽음과 관련된 고통을 15가지 항목으로 측정하는 죽음과죽어감디스트레스척도Death and Dying Distress Scale: DADDS를 개발했다(부록 A 참조). 이 도구는 진행성 암 환자(Lo, Hales, et al., 2011; Shapiro et al., 2020)로부터 얻은 데이터로 검증되었으며, CALM 임상과 연구 프로그램의 중요한 구성 요소가 되었다.

애착 안정성 측정은 CALM 치료에서 중요한 역할을 한다. 하지만 기존의 도구들은(이 책의 제4장 참조) 나이가 많거나, 장기적으로 안정된 애착 관계를 유지해 왔거나, 진행성 혹은 생명을 위협하는 질병으로 고통받는 환자에게 적합하지 않았다. 이를 위해 우리 팀은 기존의 성인 애착 척도인 친밀관계경험척도Experience in Close Relationship Scale: ECR(Brennan et al., 1998)를 애착 대상이 많을 수 있고, 의료진도 애착 대상이 될 수도 있는 나이 많은 환자들에게 적합하도록 수정했고 더 간략하게 만들었다. 이렇게 16개 항목의 친밀관계경험척도-M16Experience in Close Relationship Scale-Modified 16: ECR-M16을 만들어 진행성 암 환자에게서 검증했고, 임상과 연구에서 매우 가치 있는 도구임을 입증했다(Lo et al., 2009; 부록 B 참조). 우리는 비교적 변화하지 않는 성격특성이라고 알려진 애착 경향이 CALM에 의해 변화하는 의외의 결과를 관찰했다. 우리는 임상 경험에서, 친밀관계경험척도-M16을 통해 환자가 타인에게 의지하고, 애착 관계를 통해 디스트레스를 줄이는 방법을 찾고, 진행성 암으로 인해 피할 수 없는 의존성을 받아들이며 겪는 어려움을 측정하고 이해할 수 있었다. 우리의 연구에서 안정된 애착 경향이 환자를 우울증과 여러 디스트레스 증상으로부터 보호한다는 결과를 친밀관계경험척도-M16을 통해 입증할 수 있었다(Rodin et al., 2007).

마지막으로, 진행성 암 환자의 삶의 질을 신뢰성 있고 적절하게 측정하기 위해, 좋은 죽음에 관한 인식 연구를 바탕으로 개발된 말기삶의질척도Quality of Life at the End of Life Scale: QUAL-E(Steinhauser et al., 2002)의 정신측정학적psychometric 특성을 조사하였다. 우리는 말기삶의질척도를 진행성 암 환자에게 맞도록 간략하게 줄인 말기삶의질-암척도Quality of Life at the End of Life-Cancer Scale: QUAL-EC를 개발했다(Lo, Burman, et al., 2011; 부록 C 참조). 말기삶의질-암척도는 조기완화의료 연구 분야에서 처음으로 검증된 도구이다. 이렇게 진행성 암 환자를 위해 간략하게 만들고 검증한 삶의 질 척도는 우리가 죽음과 관련된 CALM 치료결과, 즉 치료진과의 관계, 삶의 마지막 준비, 삶의 종결과 같은 것을 평가할 수 있게 했다.

적절한 치료 평가도구 선택

무작위대조연구를 위한 측정도구를 선택하는 것은 필수적이지만, 이렇게 하는 것은 진행성 암 환자의 정신치료적 중재를 잘 평가하지 못할 위험이 있다. 환자에 맞추어 다른 측정도구를 적용하는 것이 적합할 수 있지만, 전통적인 무작위대조연구에서는 환자에 맞추어 개별적으로 선택하는 것을 허락하지 않는다. 이러한 한계 안에서, 우리는 CALM 무작위대조연구에서 우울증선별도구Patient Health Questionnaire-9: PHQ-9(Kroenke et al., 2001; 부록 D 참조)를 통해 평가한 우울증을 1차 결과 지표로 삼았다. 그 이유는 진행성 암 환자들에게서 우울증의 높은 유병률(Lo et al., 2010; Mitchell et al., 2011), 다양한 어려움과의 관련성(Fitzgerald et al., 2015; Lo et al., 2010), 치료적 개입 효과(Li et al., 2012)에 관한 증거가 가장 많았기 때문이다. 그리고 우리의 초기 연구에서 진행성 암 환자의 여러 고통의 최종 종착지는 우울증임을 확인했고(Rodin et al., 2009), CALM이 우울증이라는 종착지 이전의 여러 디스트레스 경로에 영향을 주면서 효과를 발휘할 것이라고 가정했기 때문이다. 외상 후 성장, 의기소침, 영적 안녕 등 여러 가지를 2차 결과로 설정했지만, 우리는 CALM의 특성과 CALM이 다루는 영역으로 인해, 죽음불안(죽음과죽어감디스트레스 척도로 측정)과 삶의 질(말기삶의질-암척도로 측정)이 가장 많은 영향을 받을 것이라 예상했다(이 책의 제15장 참조).

CALM 무작위대조연구를 통해, CALM 치료군은 일반적인 치료군보다 3개월 시점에 더 큰 우울증 증상 개선을 보였으며, 6개월 시점에 그 효과는 더 커졌다(Rodin et al., 2018). 연구 시작점에서 우울하지 않았던 환자 중 CALM 치료를 받은 환자는 일반적인 치료를 받은 환자보다 3개월 시점에 우울할 가능성이 작았다. 이는 CALM이 우울 증상에 예방 효과를 가질 수 있음을 나타내고, 암 진행과정에서 회복 탄력성과 적응력을 향상시킬 수 있음을 시사한다. CALM은 죽음을 더 잘 준비하게 했고, 죽음에 대한 불안을 줄여 주었는데, 이는 CALM이 사전관리계획advanced care planning 능력을 향상시킬 수 있음을 뜻한다. 특히 치료 시작 시 중등도의 죽음불안을 가진 환자에서 그 이득이 뚜렷했다.

결과 측정 이상의 것

CALM이 1차, 2차 결과 지표에 미치는 영향을 입증함으로써 CALM 무작위 대조연구는 강력한 치료 효과의 증거를 제공했다. 그러나 다른 많은 정신치료와 마찬가지로 효과를 설명할 수 있는 CALM의 '마법 재료'를 입증하기는 어렵다. 치료과정과 온전성을 평가하는 방법, 즉 치료가 의도한 대로 전달되었는지 알 수 있는 '블랙박스'를 열기 위한 평가방법이 개발돼 왔다. 데이비드 슈피겔과 제임스 스피라(Spiegel & Spira, 1991)의 연구를 바탕으로, CALM이 추구하는 바에 따라 전달되는지 평가하기 위해 CALM치료온전성평가도구CALM Treatment Integrity Measurement: CTIM(Rodin et al., 2018)를 개발했다(부록 E 참조). 치료자의 사례발표와 사례녹화/녹음 검토를 근거로, CALM치료온전성평가도구는 치료과정의 여러 요소를 평가한다. 이 평가에는 치료자의 공감적 이해하고 반응하는지, 환자의 사유적 인식을 도울 수 있는지, 전문가적 경계 유지하며 환자에게 다가갈 수 있는지, 환자의 감정조절을 돕고 부정적 사건이나 감정에 대해 생각하게 하고 다룰 수 있게 하는지, 지지-탐색적 접근과 문제-해결적 접근방식 사이를 조정할 수 있는지, 필요에 따라 세션 내용이나 시기를 조절할 수 있는지를 포함하고 있다. 이렇게 치료과정에 중점을 두고 있는 CALM치료온전성평가도구는 또한 CALM의 네 개의 영역을 얼마나 다루는지도 평가한다.

CALM치료온전성평가도구는 치료 온전성을 객관적으로 관찰하는 척도이므로, 환자의 경험을 반영하지 않는다. 그래서 우리 팀은 CALM 치료과정과 내용에서 환자들이 어느 정도 도움을 받았는지 평가하는 방법을 개발했다. 임상평가질문지Clinical Evaluation Questionnaire: CEQ는 5점 척도로 환자가 평가하는 7개 항목의 질문지이다(Lo et al., 2015; de Vries et al., 2020; 부록 F 참조). CALM 무작위대조연구에서 모든 참가자는 3개월, 6개월 시점에 CALM이 사유의 공간을 잘 제공했는지, 감정을 더 잘 표현하고 조절할 수 있게 되었는지, CALM의 4개 영역에 초점을 잘 맞추었는지 평가했다. 예비 요인분석에서, 임상평가질문지는 내적 일관성internal consistency이 높았고, 설문지의 구조가 하나로 잘 모아졌다(de Vries et al., 2020).

임상평가질문지는 CALM의 치료과정 및 결과 모두를 측정한다. 의료에서 과정이란 의료가 제공되는 방식이라 정의되어 왔다(Donabedian, 1980). 이는 치료가 제공되는 환경인 치료구조와 치료결과물인 치료결과와는 구별되는 개념이다. 임상평가질문지 결과는 CALM의 특정 영역에서 환자가 경험한 도움의 정도를 반영한다는 점에서, 치료과정 및 결과 모두를 평가한다고 볼 수 있다. 보통 과정보다 결과 측정에 더 많은 관심이 집중되는데, 특히 무작위대조연구에서 이러한 경향이 더 강하다. 하지만 정신치료 영역에서의 치료과정에 대한 이해는 양적 결과만큼 환자에게 중요하다. 치료과정 평가는 환자가 인식한 중재의 이점을 더 잘 포착하게 한다. 그리고 치료결과는 많은 요인으로부터 영향을 받지만, 치료과정은 이 요인들로부터 자유로울 수 있다(Lilford et al., 2007). 실제로 CALM 치료를 받은 진행성 암 환자의 우울증은 질병의 악화, 재발, 신체 증상 부담, 검사결과와 같은 요인에 영향을 받는다.

우리의 무작위대조연구에서 CALM 치료를 받은 환자들은 일반적인 치료를 받은 환자보다 더 높은 임상평가질문지 점수를 보고했다(de Vries et al., 2020). CALM 치료를 받은 환자들은 임상평가질문지의 7개의 개별 항목 중 6개를 일반적인 치료를 받는 사람들보다 더 낫다고 평가했다. 이 중 차이가 없었던 항목 하나는 암과 치료 선택에 대한 걱정을 자유롭게 이야기하는 항목이었다. 암 클리닉에서 상호작용하는 주된 목적이 암과 암 치료에 관한 것들이기 때문에, 이 항목에서 차이가 없다는 점이 당연할 수 있다. 어떻게 보면 이러한 임상평가질문지 결과는 환자들이 CALM으로부터 도움을 받는다고 느끼고, CALM이 의도했던 것을 제공하고 있다는 것을 보여 준다. 그리고 CALM의 세션 수가 많을수록 임상평가질문지 점수가 높았다는 점은 CALM의 치료 횟수의 추가적인 효과에 대해 생각해 보게 한다(de Vries et al., 2020).

아주 흥미로운 점은 3개월과 6개월 시점의 임상평가질문지 점수는 우울증, 죽음불안척도를 포함해 다른 많은 측정변수와 상관관계가 없었다(de Vries et al., 2020). 임상평가질문지 점수는 말기삶의질-암척도의 두 하위척도(치료진과의 관계, 삶의 종결)와 상관관계가 있었으며, CALM 치료군의 영적 행복과 상관관계가 있었다. 이러한 연구 결과는 CALM 치료가 삶의 마지막 가까이에 있는 환자에게 의미 있고 실질적 도움이 될 수 있음을 뜻한다. 그러나 임상평가질문지가 디스트레스 관련 1차, 2차 변수와의 관련성이 없다는 점에 대해서는 고찰이 필요하다.

임상평가질문지 점수와 우울증, 죽음불안 점수 사이에 관계가 없는 것은 CALM이 우울과 죽음불안에 대해선 다른 방식으로 영향을 미치기 때문일 수 있다. 우울증과 죽음불안 척도는 디스트레스 증상을 반영하는 반면, 임상평가질문지는 치료 경험과 자기 이해와 같은 독특하고 개인적인 것들을 포착한다. 무작위대조연구의 한 참가자는 "암을 극복한다는 것은 우여곡절과 새로운 문제를 처리하는 과정입니다. CALM 치료는 이러한 모습을 이해하고 새로운 생각의 틀을 만드는 데 도움을 주었습니다."라고 말했다. 임상평가질문지는 CALM의 긍정적인 영향을 더 일관되게 반영하는 반면, 우울증과 죽음불안 점수는 질병 진행이나 통증과 같이 CALM과 무관한 요인에 영향을 받는다고 볼 수 있다. 따라서, 임상평가질문지와 같은 중간 과정을 반영하는 결과는, 낮은 신호가 잡음에 의해 가려지듯이, 진행성 암의 환경에서 양적 결과로 이어지지 않을 수 있다.

연구도구와 임상 치료의 통합

우리는 CALM의 시작과 그 이후의 시점에 정량적인 검사도구를 적용하는 것이 환자의 상태를 평가하는 것뿐만 아니라 치료의 온전성과 질을 향상하는 데 유용하다는 것을 알게 되었다. 검사 점수는 치료자가 이미 해결한 것과 아직 적절히 해결하지 못한 것을 알도록 도와준다. 적어도 치료자가 예상하는 점수와 실제 측정 점수의 차이를 알 수 있게 해 준다. 일부 환자들은 치료자에게 직접 문제를 제기하는 것보다 자기보고식 설문지를 통해 보고하는 것을 더 편안하게 느낀다. 심리검사 점수의 상승은, 치료에서 환자가 자신의 고통을 보여 주기 시작하는 것을 의미한다. 또 다른 경우로, 예기치 않게 높게 나타난 점수는 치료자가 민감하고 어려운 주제를 피하거나 다루기를 꺼리고 있을 수 있음을 반영하므로, 환자에게 중요한 것을 치료자에게 알려주는 역할을 한다. 또한, 검사 결과는 치료자에게 환자의 어려움을 개념화하고 공식화하는 것을 돕고 득성한 치료로 환자를 인도할 수 있게 한다. 우리는 친밀관계경험척도-M16, 죽음과죽어감디스트레스척도, 임상평가질문지를 CALM 치료과정을 개선하기 위해 정기적으로 사용하고 있다.

우리는 애착 안정성이 CALM에 의해 수정될 것이라고 기대하지는 않았다[2]. 친밀관계경험척도-M16은 매우 귀중한 도구였다. 애착 안정성을 임상적으로 추측할 수 있게 했고, 애착 관련 치료적 개입을 유도했으며, 애착 영역의 변화를 평가할 수 있게 해 주었다. 친밀관계경험척도-M16은 회피 애착, 불안 애

2) 지금까지 애착 스타일은 고정된 것으로 생각하는 경향이 있었다. CALM 연구를 통해 애착이 변화하는 수많은 장면을 포착했고, 친밀관계경험척도-M16을 통해서도 입증했다.

착 스타일을 측정하는데(Lo et al., 2009), 가까운 사람들 또는 의료 제공자들 사이에서 문제가 되는 관계와 상호작용을 설명하는 데 도움이 되고, 치료자와의 관계에서 환자의 두려움과 소망을 밝힐 수 있다(Tan et al., 2005). 회피 애착 점수가 높은 사람은 고통을 과소 보고하고 치료자를 포함해 다른 사람에게 의존할 필요성을 무시하는 경향이 있다. 이러한 환자는 디스트레스를 조절하는 데 도움이 되는 치료자와의 의미 있는 관계를 발전시키는 데 더 많은 시간이 걸릴 수 있다. 이러한 환자에게는 개인의 자율성을 지지해 주고, 본인의 강점과 능력을 확인해 주는 접근법이 도움이 될 수 있다. 불안 애착을 가진 사람은 충분한 지지를 받지 못해서 자신의 디스트레스가 조절되지 않을 것이라 두려워하는 경향이 있다(이 책의 제4장 참조). 이러한 환자는 치료 관계의 예측 가능성과 신뢰성이 가장 많은 도움을 줄 수 있다.

전이성 암 환자의 거의 절반이 높은 수준의 죽음불안을 보고하고(Eggen et al., 2020), 개방형 질문을 통해 첫 번째 치료 시간에 죽음에 대한 불안이 드러나기도 하지만(Shaw et al., 2017), 종종 환자와 치료자 모두 죽음과 관련된 불안을 피할 가능성이 있다. 높은 죽음과죽어감디스트레스척도 점수는 환자를 죽음에 대한 깊은 사유로 유도하기보다, 먼저 환자의 고통 완화를 위한 치료가 필요함을 보여 주는 것이다. 죽음불안 정도가 중등도 정도이면서 환자가 이를 어느 정도 견뎌 낼 능력을 가질 때, 죽음과 관련된 걱정에 대해 더 잘 사유할 수 있었다(Tong et al., 2016). 우리는 이러한 환자들이 CALM에 참여했을 때, 죽음불안이 현저히 감소한다는 것을 발견했다(Rodin et al., 2018). 점수가 매우 낮은 환자들은 죽어감과 죽음에 대한 고통을 거의 표현하지 않았다. 그들은 삶의 마지막을 받아들이거나, 이러한 걱정을 사유하고 바라보지 못하기 때문일 수 있다. 그리고 신체 증상이나 질병의 가시적인 증상이 없거나, 회피 애착 스타일일 때 죽음을 사유하지 못할 수 있다.

임상평가질문지는 CALM 치료과정을 직접적으로 평가할 수 있다. 3개월 후 임상평가질문지 항목 중 어느 항목의 점수가 낮다면, 여기에 맞추어 치료 개입을 조정할 필요가 있음을 뜻할 수 있다. 이 피드백은 치료 효과를 향상하는 데 매우 큰 도움이 된다. 또한 3개월 시점과 치료 종료 후 임상평가질문지 점수를 통해 자신의 사례를 연구하고, 치료 능력을 개선하고 정교화할 수 있다.

결론

질적 · 양적 요소를 함께 연구하는 방법mixed-methods research은 치료 영향을 이해하는 데 가장 유용한 접근법일 수 있다. 질적 연구는 특히 진행성 암과 CALM의 경험을 이해하는 데 가치가 있었다. 진행성 암 환자를 대상으로 수정하고 타당화한 정량적 검사도구는 CALM 치료의 온전성을 보장하고 우울증, 죽음불안을 호전시키며, 삶의 마지막을 준비하게 만드는 데 필수적이었다. CALM의 4개의 영역과 관련된 임상평가질문지는 환자 관점에서의 CALM의 이점을 치료과정의 맥락에서 증명했다. 그러나 임상평가질문지 점수와 디스트레스의 양적 점수 간의 관계성이 부족하게 나타난 것을 이해하기 위해 더 많은 연구가 필요하다. 우울, 죽음불안, 애착, 삶의 질, 환자 관점에서의 CALM 치료과정을 정량적으로 검사할 수 있는 도구는 CALM 치료에 굉장히 중요했다. 이 점수는 환자의 감정조절 능력, 필요한 지지의 성격, 관심을 기울여야 하는 내용을 치료자가 이해하는 데 도움이 된다. 따라서 우울증선별도구PHQ-9, 죽음과죽어감디스트레스척도, 친밀관계경험척도-M16, 임상평가질문지는 현재 CALM 치료에 통합되어 있다.

참고문헌

Brennan, K. A., Clark, C. L., & Shaver, P. R. (1998). Self-report measurement of adult attachment: An integrative overview. In J. A. Simpson & W. S. Rholes (Eds.), *Attachment theory and close relationships* (pp. 46-76). Guilford Press.

Conte, H. R., Weiner, M. B., & Plutchik, R. (1982). Measuring death anxiety: Conceptual, psychometric, and factor-analytic aspects. *Journal of Personality and Social Psychology, 43*(4), 775-785.

de Vries, F. E., Mah, K., Shapiro, G. K., Rydall, A., Hales, S., & Rodin, G. (2020). *Assessing the process of a brief psychotherapy for patients with advanced cancer.* (Submitted for publication).

Donabedian, A. (1980). *Explorations in quality assessment and monitoring: The definition of quality and approaches to its assessment* (Vol. 1). Health Administration Press.

Eggen, A. C., Reyners, A. K. L., Shen, G., Bosma, I., Jalving, M., Leighl, N. B., Liu, G., Richard, N. M., Mah, K., Schultz, D. B., Edelstein, K., & Rodin, G. (2020). Death anxiety in patients with metastatic non-small cell lung cancer with and without brain metastases. *Journal of Pain and Symptom Management, 60*(2), 422-429.

Fitzgerald, P., Lo, C., Li, M., Gagliese, L., Zimmermann, C., & Rodin, G. (2015). The relationship between depression and physical symptom burden in advanced cancer. *BMJ Supportive & Palliative Care, 5*(4), 381-388.

Kroenke, K., Spitzer, R. L., & Williams, J. B. (2001). The PHQ-9: Validity of a brief depression severity measure. *Journal of General Internal Medicine, 16*(9), 606-613.

Lester, D. (1994). The Collett-Lester Fear of Death Scale. In R. A. Neimeyer (Ed.), *Series in death education, aging, and health care. Death anxiety handbook: Research, instrumentation, and application* (pp. 45-60). Taylor & Francis.

Li, M., Fitzgerald, P., & Rodin, G. (2012). Evidence-based treatment of depression in patients with cancer. *Journal of Clinical Oncology, 30*(*11*), 1187-1196.

Lilford, R. J., Brown, C. A., & Nicholl, J. (2007). Use of process measures to monitor the quality of clinical practice. *BMJ, 335*(7621), 648-650.

Lo, C., Burman, D., Swami, N., Gagliese, L., Rodin, G., & Zimmermann, C. (2011). Validation of the QUAL-EC for assessing quality of life in patients with advanced cancer. *European Journal of Cancer, 47*(4), 554-560.

Lo, C., Hales, S., Rydall, A., Panday, T., Chiu, A., Malfitano, C., Jung, J., Li, M., Nissim, R., Zimmermann, C., & Rodin, G. (2015). Managing Cancer And Living Meaningfully: Study protocol for a randomized controlled trial. *Trials*, 16, 391. doi: 10.1186/s13063-015-0811-1.

Lo, C., Hales, S., Zimmermann, C., Gagliese, L., Rydall, A., & Rodin, G. (2011). Measuring death-related anxiety in advanced cancer: Preliminary psychometrics of the Death and Dying Distress Scale. *Journal of Pediatric Hematology/ Oncology*, *33*(Suppl 2), S140-S145.

Lo, C., Walsh, A., Mikulincer, M., Gagliese, L., Zimmermann, C., & Rodin, G. (2009). Measuring attachment security in patients with advanced cancer: Psychometric properties of a modified and brief Experiences in Close Relationships scale. *Psycho-Oncology, 18*(5), 490-499.

Lo, C., Zimmermann, C., Rydall, A., Walsh, A., Jones, J. M., Moore, M. J., Shepherd, F. A., Gagliese, L., & Rodin, G. (2010). Longitudinal study of depressive symptoms in patients with metastatic gastrointestinal and lung cancer. *Journal of Clinical Oncology, 28*(18), 3084-3089.

Mitchell, A. J., Chan, M., Bhatti, H., Halton, M., Grassi, L., Johansen, C., & Meader, N. (2011). Prevalence of depression, anxiety, and adjustment disorder in oncological, haematological, and palliative-care settings: A meta-analysis of 94 interview-based studies. *The Lancet Oncology, 12*(2), 160-174.

Nissim, R., Freeman, E., Lo, C., Zimmermann, C., Gagliese, L., Rydall, A., Hales, S., & Rodin, G. (2012). Managing Cancer and Living Meaningfully(CALM): A qualitative study of a brief individual psychotherapy for individuals with advanced cancer. *Palliative Medicine, 26*(5), 713-721.

Rodin, G., Lo, C., Mikulincer, M., Donner, A., Gagliese, L., & Zimmermann,

C. (2009). Pathways to distress: The multiple determinants of depression, hopelessness, and the desire for hastened death in metastatic cancer patients. *Social Science & Medicine, 68*(3), 562-569.

Rodin, G., Lo, C., Rydall, A., Shnall, J. Malfinato, C., Chiu, A., Panday, T., Watt, S., An, E., Nissim, R., Li, M., Zimmermann, C., & Hales, S. (2018). Managing Cancer and Living Meaningfully(CALM): A randomized controlled trial of a psychological intervention for patients with advanced cancer. *Journal of Clinical Oncology, 36*(23), 2422-2432.

Rodin, G., Walsh, A., Zimmermann, C., Gagliese, L., Jones, J., Shepherd, F. A., Moore, M., Braun, M., Donner, A., & Mikulincer, M. (2007). The contribution of attachment security and social support to depressive symptoms in patients with metastatic cancer. *Psycho-Oncology, 16*(12), 1080-1091.

Shapiro, G. K., Mah, K., Li, M., Zimmermann, C., Hales, S., & Rodin, G. (2020). Validation of the Death and Dying Distress Scale in patients with advanced cancer. *Psycho-Oncology.* 2020 Dec 26. doi: 10.1002/pon.5620. Epub ahead of print.

Shaw, C., Chrysikou, V., Davis, S., Gessler, S., Rodin, G., & Lanceley, A. (2017). Inviting end-of-life talk in initial CALM therapy sessions: A conversation analytic study. *Patient Education and Counseling, 100*(2), 259-266.

Spiegel, D., & Spira, J. (1991). *Supportive-expressive group therapy: A treatment manual of psychosocial intervention for women with metastatic breast cancer.* Stanford University School of Medicine.

Steinhauser, K. E., Bosworth, H. B., Clipp, E. C., McNeilly, M., Christakis, N. A., Parker, J., & Tulsky, J. A. (2002). Initial assessment of a new instrument to measure quality of life at the end of life. *Journal of Palliative Medicine, 5*(6), 829-841.

Steinhauser, K. E., Christakis, N. A., Clipp, E. C., McNeilly, M., McIntyre, L., & Tulsky, J. A. (2000). Factors considered important at the end of life by patients, family, physicians, and other care providers. *JAMA, 284*(19), 2476-2482.

Tan, A., Zimmermann, C., & Rodin, G. (2005). Interpersonal processes in palliative care: An attachment perspective on the patient-clinician relationship. *Palliative Medicine, 19*(2), 143-150.

Tong, E., Deckert, A., Gani, N., Nissim, R., Rydall, A., Hales, S., Rodin, G., & Lo, C. (2016). The meaning of self-reported death anxiety in advanced cancer. *Palliative Medicine, 30*(8), 772-779.

Triplett, G., Cohen, D., Reimer, W., Rinaldi, S., Hill, C., Roshdieh, S., Stanczak, E. M., Siscoe, K., & Templer, D. I. (1995). Death discomfort differential. *OMEGA-Journal of Death and Dying, 31*(4), 295-304.

Wittkowski, J. (2001). The construction of the Multidimensional Orientation Toward Dying and Death Inventory (MODDI-F). *Death Studies, 25*(6), 479-495.

Wong, P. T. P., Reker, G. T., & Gesser, G. R. A. (1994). Death Attitude Profile-Revised: A multidimensional measure of attitudes toward death. In R. A. Neimeyer (Ed.), *Series in death education, aging, and health care. Death handbook: Research, instrumentation, and application* (pp. 121-148). Taylor & Francis.

제11장

CALM 교육 경험

CALM을 경험하고 이 그룹에 참여하면서 굉장한 도움을 받았습니다. 저는 이 CALM 공동체에 소속감을 느낍니다.

—CALM 워크숍 참가자

서론

CALM의 개발 과정 초기부터, 우리는 캐나다뿐만 아니라 여러 많은 국가의 지도감독 활동에 참여했다. 이를 통해 우리의 생각을 더욱 발전시키고, CALM을 개발하고 개선하는 데 도움이 되는 귀중한 피드백, 비판, 경험, 아이디어를 동료들로부터 받을 수 있었다. 그리고 이러한 활동을 통해 CALM에 관여하는 전 세계의 임상의와 연구자들이 서로 협력하는 공동체를 만들어 냈다. 여러 나라의 동료들은 진행성 암 환자의 심리적 요구를 충족시키기 위한 자신들의 투

쟁을 우리와 공유하면서, 자신들이 제공하고 있는 것들에 근거기반이 부족함을 토로했다. 정신치료를 해 왔던 사람들이므로 자연스럽게 CALM의 요소가 포함된 정신치료를 제공해 왔지만, 그들은 교육과 연구를 위한 보다 분명한 틀을 찾고 있었다. CALM은 이러한 요구에 응답했다.

많은 임상의는 CALM이 암 센터에서 자신이 하는 일에 대한 지지와 근거를 제공했다고 말했다. 대부분 암 센터에서는 병의 영향 아래에 있는 한 인간보다 암과 항암치료에 초점을 두고 있었고, 그곳의 수련생과 직원들은 진행성 암 환자와 가족을 지지할 수 있도록 잘 준비되어 있지 않다고 느끼고 있었다. CALM 워크숍, 사례 감독, 상급 교육은 우리의 동료들이 CALM 치료를 배우며 서로 지지해 줄 수 있는 귀중한 공동체를 만들어 냈다. 이를 통해 우리의 동료들은 자신이 속한 곳에서 CALM이 표준 치료로 정착할 수 있도록 도움받았다. 이 책의 에필로그에 수록된 동료들과 협력자들의 글은 CALM이 세계 각지에서 어떤 의미가 있는지 보여 준다.

임상가가 CALM과 CALM 교육으로부터 받는 도움

CALM 교육은 치료자가 진행성 암 환자와 그 가족의 디스트레스에 대응할 수 있는 프레임워크를 제공한다. 또한 임상의가 죽음에 직면한 삶에 대한 자신의 감정을 돌아볼 수 있는 사유의 공간을 제공하여 임상의를 지원할 수 있다. CALM 교육 프로그램의 하나로, 치료의 온전성과 질을 확보하기 위해, 그리고 임상의가 환자를 더 잘 지지할 수 있도록 교육 프로그램에 투자해 왔다. 정신치료 교육 관련 저서에는 정신건강 전문가를 가장 효율적으로 교육하는 방법으로 강의식 교육didactic teaching, 사례 감독, 지속적인 상급 교육, 치료결과 평가를 제시하고 있다(Fairburn & Cooper, 2011; Herschell et al., 2010). 우리는 교육 프로그램을 설계할 때, 다음과 같은 요소들이 연속선상에 놓일 수 있도록 세심한 주의를 기울였다. (a) 강의식 교육, 사례를 통한 CALM 프레임워크 적용, 경험 학습을 통한 입문 워크숍, (b) 그룹 지도감독 회의를 통한 임상 사례 감독, (c) 실제 치료를 시행 중인 임상의를 위해 높은 단계의 주제에 초점을 맞춘 상급 워크숍 등이다.

정신치료의 복잡한 특성, 비언어적 측면의 중요성, 구조화하기 어려운 요소로 인해 정신치료 훈련은 항상 어렵다. 치료의 복잡성과 유연성을 유지하면서, 교육이 가능할 정도로 이 구성 요소들을 나누는 것은 매우 어렵다. 더욱이, 다양한 의료 환경과 문화에서 CALM 치료를 적용해야 하고, 수련생들의 광범위한 학문과 이론적 배경으로 인해 어려움은 더 컸다. 그럼에도 불구하고 우리는 종양학자, 완화의료 의사, 정신건강의학과 의사, 심리학자, 간호사, 사회복지사, 영적 치료 제공자, 직업 치료사를 포함하여 다양한 치료 제공자를 성공적으로 훈련했다. 이 성공은 모든 전문가가 다양한 진행성 질병을 가진 환자나 가족과 이미 의미 있는 대화를 나누어 본 경험이 있었기 때문이다.

CALM 교육을 받은 모든 임상가는 기본 이론을 교육받은 후, 각자 자신 고유의 지식과 자기 배경이 되는 전문 지식을 CALM 치료에 더한다. CALM 교육을 이전에 받고 실제 진료하고 있는 임상가를 위한 더 높은 수준의 교육도 개발되어 있다. 우리는 입문, 상급 워크숍에서 실제 사례를 사용하여 치료의 특정 순간이나 과정에 CALM을 어떻게 적용하는지 설명한다. 사례 요약, 배우를 통한 임상 사례, 실제 CALM 치료 비디오를 교육 중에 보여 준다. 임상가들은 실제 치료 비디오에 가장 깊은 인상을 받는 것 같다. 실제 CALM 치료자가 진행성 암 환자를 인터뷰한 것을 본 후, 훈련된 배우와 CALM 기술을 연습하고, 이 경험을 사유하는 일련의 교육과정을 교육생들이 가장 가치 있다고 생각했다. 실제 치료자–환자 상호작용을 보여 주면서 우리는 CALM 치료자들이 실제 하는 것, 특히 언어로 쉽게 전달할 수 없는 것들을 보여 줄 수 있었다.

입문 워크숍은 CALM 접근법에 대한 방향과 기본적인 교육을 제공하고 이후의 상급 교육을 위한 토대를 만든다. 많은 임상가는 이 워크숍을 통해 임상에서 다양한 상황에 적용할 수 있는 도구를 얻었다고 말한다. 이 중 일부는 지속적인 사례 지도감독을 통해 CALM 교육을 더 깊이 받고 CALM 치료자로 인증받는다. 일부는 CALM 지도감독자가 되기 위해 더 깊이 공부하기도 한다. CALM 지도감독은 보통 그룹 형식으로 직접 만나거나 온라인을 통해 이루어진다. 집단 형식은 효율적일 뿐만 아니라 임상의들에게 매우 가치 있는 공유경험을 제공한다. 그리고 치료과정 중에 치료자에게 나타날 수 있는 복잡한 문제와 강렬한 감정을 해결할 수 있도록 집단적 지지를 제공할 수 있다.

워크숍과 지도감독 교육 프로그램의 일부분으로, 프로그램에 대해 양적 · 질적 평가를 시행했다. 교육생들은 CALM 워크숍에 대한 높은 만족도를 보고하며, 거의 모든 사람이 CALM의 기본 원리가 그들의 임상 실제에 적용될 수 있다고 말했다. 그리고 대부분 임상가는 추가 교육을 받을 의사가 있다고 보고했다. 워크숍 참가 후 시행한 표준화된 설문지를 통해, 참석자들은 공감 능력이 크게 향상되었다고 보고했고, 이러한 효과는 이전 정신치료 경험이 없었던 사람들에게 가장 컸다. 워크숍 후 질적 면담에서 이러한 영향을 다시 확인할 수 있었다. 진행성 질병의 정신사회적 돌봄이나 일반적인 정신치료에 생소한 임상가에게 이 워크숍과 교육 기회는 가장 유용했던 것으로 나타났다. 경험이 많은 임상가들은 CALM의 분명한 프레임워크와 근거기반이 자신이 속한 기관에 자금이나 지원을 요구할 수 있는 근거가 되었다고 했다. 또한 이들은 자신의 기관이나 학문 분야에서 CALM의 잠재적 가치에 대해 자주 강조했다.

참석자들은 종종 자기 분야나 기관이 평가절하되고 지원을 받지 못한다고 느끼고 있었다. 하지만 워크숍을 통해 자신의 업무에 대해 영감받고 지지받을 수 있었다고 일관되게 이야기했다. CALM 공동체 참가를 통해 소속감을 느끼고, 자기 일에 자신감을 느끼며, 사유할 기회를 얻을 수 있었다. 한 참가자는 다음과 말했다. "워크숍은 제가 하고 있는 것에 대한 제 사고방식에 큰 영향을 미쳤습니다. …… 워크숍 이후 …… 이것을 실제 어떻게 풀어내야 할지 한참을 생각했습니다." 또 다른 작은 센터에서 일하고 있는 한 참가자는 자신이 '외로운 순찰대'처럼 느꼈지만, CALM 교육을 통해 다른 치료자와 연결감을 느끼면서 응원과 격려받을 수 있다고 했다. 우리는 동료 CALM 지도감독그룹 경험을 이해하기 위한 질적 연구를 시행했다. 여기서 그룹, 지지, 사유의 기회라는 테마에서 도움을 받고 있다는 사실을 알 수 있었다.

CALM 교육 워크숍과 지도감독의 지속적인 개발은 CALM 국제 공동체를 설립하는 데 도움이 되었다. 다양한 분야에서 활동하는 사람들이 모인 이 공동체는 기술과 관계 구축을 통해 지식 창출과 전문적 정체성 형성을 지원하는 집단 학습모델이 될 수 있다(Wenger, 1998; Li et al., 2009). 이것은 치료의 온전성을 보장할 뿐만 아니라 동료의 지원을 촉진하고 참여자들에게 사유의 기회를 제공해 온 CALM 교육의 단면 중 하나이다. 많은 사람들이 자신이 속한 환경에서 CALM 교육과 프로그램 개발하고 있다. 중국, 일본, 유럽, 북미, 남미에 이르는 다양한 곳에서 진행되고 있다. 이곳의 리더들은 CALM 치료 전문가가 되었고, 현재 우리 글로벌 CALM 프로그램(이 책의 제12장 참조)과 협력하여 자국에서 CALM 실행의 강력한 네트워크를 구축하고 있다.

결론

워크숍과 사례 지도감독을 통한 교육은 다양한 배경의 임상가가 시행하는 CALM 치료의 온전성과 일관성을 위해 필수이다. 또한 교육은 치료를 한층 발전시켰고, 치료자의 능력을 개발했으며, 동료간의 지지를 끌어내고, 사유할 기회를 제공하였다. 그리고 치료자가 임박한 죽음을 직면했을 때 현실적이면서도 의미 있는 기대를 만들 수 있도록 도움을 주었다. CALM 워크숍과 교육은 참석자들에게 귀중한 배움의 경로였으며, 이들 중 많은 사람이 치료자 인증을 받고 자기가 속한 곳에서 CALM 실행을 주도하고 있다.

참고문헌

Fairburn, C. G., & Cooper, Z. (2011). Therapist competence, therapy quality, and therapist training. *Behaviour Research and Therapy, 49*(6-7), 373-378.

Herschell, A. D., Kolko, D. J., Baumann, B. L., & Davis, A. C. (2010). The role of therapist training in the implementation of psychosocial treatments: A review and critique with recommendations. *Clinical Psychology Review, 30*(4), 448-466.

Li, L. C., Grimshaw, J. M., Nielsen, C., Judd, M., Coyte, P. C., & Graham, I. D. (2009). Evolution of Wenger's concept of community of practice. *Implementation Science, 4*, 11. doi: 10.1186/1748-5908-4-11.

Wenger, E. (1998). Communities of practice: Learning as a social system. *Systems Thinker, 9*(5), 2-3.

제12장

클리닉에서 글로벌로: CALM 교육, 연구, 애드보커시[1)]

환자들은 고통 속에 있습니다. 환자들은 도움이 필요합니다. 우리는 마침내 CALM에서 필요한 것들을 찾았습니다.

—Ashlee Loughlan, 사이트 리드(버지니아주, 미국)

노자가 『도덕경』에서 말했습니다. "도(道)는 결코 애쓰지 않지만, 안 된 것은 없다." 이것이 CALM 치료입니다.

—Yeong-Yuh Juang, 사이트 리드(대만)

1) 애드보커시advocacy는생각과 행동 또는 신념에 공적인 지지를 보내는 것을 뜻한다. 정책 제언이라는 의미로 쓰이기도 한다.

서론

CALM은 세계에서 가장 다문화적인 도시 중 하나인 캐나다 토론토에 있는 프린세스 마거릿 암센터에서, 우리의 임상과 연구를 기반으로 만들어졌다. 토론토 인구 절반 이상이 눈에 띄는 소수민족visible minority group[2)]에 속하며, 250개 이상의 인종과 문화를 대표하고 있다. 인구의 거의 절반이 이민자로 세계에서 그 비율이 가장 높다(Statistics Canada, 2019a, 2019b). 이들은 이러한 환경에서 일하며 살고 있어서 문화, 언어, 정체성 문제를 계속 생각할 수밖에 없다. CALM 또한 우리 클리닉, 우리 도시, 세계의 다양한 문화와 언어를 넘어 적용될 수 있기를 희망한다.

지난 10년 동안 전 세계 동료들의 CALM에 대한 반응은 압도적으로 긍정적이었다. 임상의들은 CALM이 그들의 문화, 환경, 기관에 매우 잘 정착할 수 있다고 일관되게 이야기했다. 많은 사람이 CALM을 전파하는 파트너가 되어, 자신의 실정에서의 연구 결과를 발표 및 출판하고, 국제 교육 워크숍에 참여하며, CALM을 더 구체화하고 견고히 하는 피드백을 제공했다. 우리는 현재 전 세계의 수많은 임상의를 교육했는데, 많은 사람이 매년 국제 상급 워크숍에 참석하기 위해 토론토에 온다. 이들은 CALM이 전 세계 진행성 암 환자를 위한 정신사회적 돌봄에서 필수적이고 표준적인 치료가 되어야 한다는 우리의 견해를 지지하고, 이것이 실현되기를 옹호하고 있다.

2) 눈에 띄는 소수민족visible minority group은 캐나다 정부가 인구통계를 위해 사용하는 용어이다. 백인과 캐나다 원주민을 제외한 사람을 뜻한다.

CALM의 보편성과 유연성

모든 정신치료적 접근은 문화적으로 편견과 가정이 내재화되어 있어 일반화가 어렵고, 자민족중심주의ethnocentricity에 빠질 위험이 있다(Tseng, 2001). 그러나 다양한 환경과 집단에서 CALM의 성공은 이러한 위험이 다른 치료보다 문제가 되지 않는다는 것을 보여 준다. CALM이 문화를 뛰어넘는 일반성을 가질 수 있는 것은 몇 가지 중요한 요소 때문이라 생각한다. 가장 중요한 것은, 진행성 암 환자가 겪는 문제와 두려움은 보편적이라는 것이다. 이 두려움에 초점을 맞추고 있는 CALM의 영역은 모든 문화와 환경에서 적절할 수 있다. 그리고 CALM은 정해진 대로 진행되는 치료가 아니라 반구조화되어 있으므로, 치료자의 생각, 언어, 문화를 담아 전달할 수 있다. 다양한 문화적 배경에 맞게 CALM을 적용하는 것은 관계이론을 통해서 이루어질 수 있다. 관계이론에서 의미란 치료자에 의해 부과되거나 발견되는 것이 아니라, 관계를 통해서 만들어져 가는 것이다(Aron & Lechich, 2012). 이러한 관점에서, 치료자는 환자의 내적 세계 안에서 비전문가로 존재하며, 치료 과제는 환자와 함께 탐색하고 함께 발견하는 것이 된다. CALM은 치료자가 자기 세계관과 방향성을 생각해 보고, 치료자 자신이 환자와 가족과 어떻게 상호작용하고 있는지 사유해 보도록 요구한다.

환자 개개인뿐만 아니라 가족이라는 맥락에 관심을 가지는 것은 많은 커뮤니티가 환영하는 CALM의 또 다른 측면이다. 완화의료의 철학과 마찬가지로, CALM은 진행성 암을 가족 문제로 간주하고 주 치료 목표를 가족으로부터 지지를 끌어내고, 가족을 위한 지지를 강화하는 것으로 삼는다. 이러한 이유로, 환자의 보호자는 항상 한 세션 이상 참여하도록 초대받는다. 하지만 많은 보호자가 전체 치료 세션에 참여한다.

CALM의 발전과 확산에 이바지한 가장 중요한 요인은 탐구 정신이다. 교육

할 때도, 우리는 교육생들과 참가자들로부터 배우고, 그들과 협력하기 위해 노력했다. 상황에 따라, 감정적 의사소통을 받아들이는 것에 차이가 있을 수 있고, 배우자, 부모, 가족 구성원의 역할에 차이가 있을 수 있다. 또한 의존이나 가족 부담에 관한 관점이나 삶의 마지막에 대한 태도에서 차이가 있을 수 있다. 우리는 이러한 다양한 상황에 CALM을 어떻게 적용할지 지속적으로 검증하고 있다. 우리가 방문하고 CALM을 소개했던 모든 곳의 임상가와 환자, 병원, 지역사회에 대해 호기심과 관심을 가지려고 노력했다.

글로벌 CALM: 교육 및 연구 프로그램

2018년, 국제정신사회완화말기돌봄연구소Global Institute of Psychosocail, Palliative, and End-of-Life Care: GIPPEC(www.gippec.org)는 글로벌 CALM 교육 프로그램을 시작했다. 글로벌 연구 및 임상 협업을 전담하는 토론토 대학 연구소 중 하나인 국제정신사회완화말기돌봄연구소는 진행성 질환과 관련된 학제 간 연구, 교육, 애드보커시를 지원하기 위해 설립되었다. 프린세스 마거릿 암 센터에 본부를 둔 국제정신사회완화말기돌봄연구소는 호주 멜버른에 본부를 둔 국제기관인 모벰버Movember와 함께 글로벌 CALM 프로그램을 지원한다. 모벰버는 전립선 및 기타 암 환자의 복지를 향상하기 위한 임상 치료와 연구를 지원하는 기관이다. 글로벌 CALM 교육 프로그램은 CALM 역량을 국제적으로 구축하고, 워크숍과 임상 지도감독을 통해 CALM 치료자를 교육하며, 연구협력과 국제교류를 통해 글로벌 지식을 발전시키기 위해 만들어졌다. 이 프로그램은 구조화된 교육, 임상 실행, 연구를 위한 수단이며, 정신사회적 개입의 일상적 실행을 위한 것이다. 다양한 지역과 문화권에 맞게 CALM을 조정하는 것은 CALM 실행의 장벽을 극복하는 데 필요하다. 북미, 남미, 유럽, 중동, 아시아, 호주의 임상의, 교육자, 연구진은 CALM 실행과 연구 경험, 전문성을 공유하는 글로벌 커뮤니티인 CALM 실행 프로젝트CALM implementation project에 적극적으로 참여하고 있다. 커뮤니티 동료들이 수행한 연구는 국제 학회와 동료검토저널에 발표되고 있다(예: Caruso et al., 2020; Engelmann et al., 2016; Scheffold, Wollbruck, et al., 2015; Scheffold et al., 2017; Mehnert et al., 2020; Troncoso et al., 2019).

글로벌 CALM 프로그램에 가입한 세계 여러 곳의 강력하고 헌신적인 리더십이 있었다. 2018년부터 글로벌 CALM 프로그램에 18개 글로벌 사이트와 7개 캐나다 사이트가 적극적으로 참여했으며, 그중 일부는 캐나다 토론토의 글로벌 CALM 팀과 공동으로 자체 CALM 관련 연구 연구를 시작했다(CALM 실행 수준은 [그림 12-1] 참조).

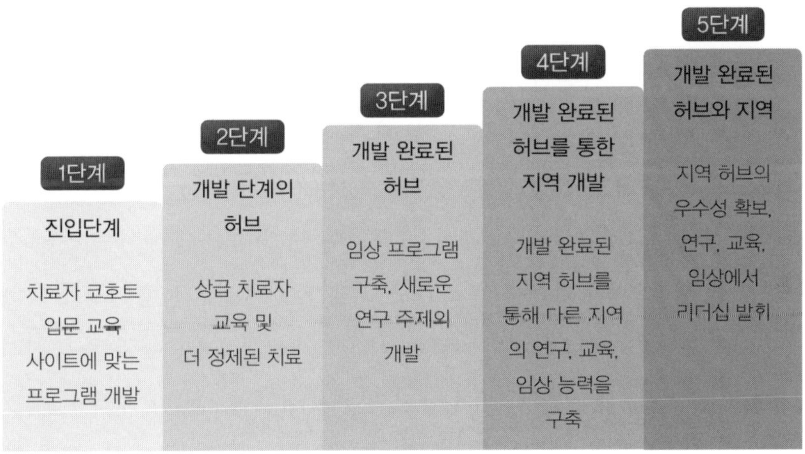

[그림 12-1] CALM 실행의 단계

글로벌 CALM 교육 프로그램은 지도자 양성 모델train the trainer model을 채용했다. 워크숍에 참석한 후 임상의는 자기 센터에서 CALM 환자를 보고, 이 사례에 대해 온라인으로 지도감독을 받는다. 여기서 사례 검토, 개념화, 전 세계 임상가와 토론이 이루어진다. CALM 치료자로 인증되면 임상가는 CALM 지도감독자가 되기 위한 교육으로 넘어갈 수 있다. 이 교육의 목표는 CALM 지도감독자나 리드들이 자신의 지역에서 CALM 연구와 임상을 지속하고 확대할 수 있게 하는 것이다.

글로벌 CALM 연구

CALM 프로젝트가 시작된 이래로 탐구 정신은 프로젝트의 본질이 되었고, 연구와 지식 확산은 모든 행위에 포함되었다. 새로운 치료의 기본과 실제를 문서화한 최초의 CALM 안내서는 초기 선행연구를 위해 작성되었다(Rodin et al., Copyright 2015). 선행연구 결과는 매우 긍정적으로 나왔다. 이 연구에 참여한 환자들은 CALM의 5가지 특별한 장점을 설명해 주었다. 그것은 진행성 암 경험을 처리할 수 있는 안전한 장소, 죽음과 죽어감을 이야기할 수 있는 것, 질병 관리와 의료 시스템 탐색에 대한 지원, 관계적 부담 해결, 의료 시스템 내에서 "한 사람으로 존재할 수 있는 기회"였다(Nissim et al., 2012, p. 716). 참가자들은 CALM의 이러한 효과를 특별하고 암 치료와 관련된 다른 곳에서는 만날 수 없는 경험으로 생각했다. 이러한 질적연구 결과는 비무작위 선행연구에 의해 뒷받침되었다. 이 연구에서 CALM 치료 개시 후 3개월과 6개월에 우울 증상과 죽음불안이 감소했고, 영적 안녕감이 향상되었다(Lo et al., 2014). 이후 실행 가능성을 확인하는 무작위 선행연구에서 CALM의 가능성을 입증했고, 우울 증상, 애착 불안과 애착 회피에 대한 잠재적인 치료 효과를 추가적으로 입증했다(Lo et al., 2019).

다음 단계는 3상 무작위대조연구였다. 우리 센터의 종양학 클리닉에서 전이 암 환자 300명 이상을 모집하고, CALM과 일반적인 치료를 비교했다(Rodin et al., 2018). 이 연구의 일차변수는 우울 증상의 심각도였고, 이차변수는 죽음과 죽어감의 고통, 애착 안정성, 영적 안녕감, 삶의 질, 외상 후 성장, 치료 만족도였다. 이 연구에서 CALM 치료군에서 우울 증상과 삶의 마지막 준비의 개선이 일반적인 치료에 비해 훨씬 더 컸다. 또한 치료 시작 시 우울하지 않던 환자들을 3개월, 6개월 시점에 추적관찰했을 때, CALM 치료군에서 덜 우울해지는 경향을 보였다. 이는 CALM의 예방 효과를 시사한다. 죽어감과 죽음에 대한 고통의 정도가 중등도였던 사람들은 디스트레스 감소, 범불안, 의기소침, 영적 안녕감, 애착 안정성의 개선에서 가장 큰 CALM 치료 혜택을 받았다. 또한 임상평가질문지에 대한 평점을 기준으로, CALM 치료를 받은 참가자들은 일반적인 치료를 받는 사람들보다 CALM의 모든 영역에서 더 큰 안녕감을 가지는 것으로 나타났다(de Vries et al., 2020; 이 책의 제10장 참조).

우리의 초기 연구에 이어, 글로벌 CALM 프로그램의 지원으로 국제 연구 프로그램이 등장했다. 이 프로그램은 다양한 환경, 문화, 언어에서의 CALM 연구를 촉진했다. 독일(Koranyi et al., 2020; Mehnert et al., 2020; Scheffold, Philipp, et al., 2015; Scheffold, Wollbruck, et al., 2015)과 이탈리아(Caruso, Nanni, et al., 2020; Caruso, Sabato, et al., 2020)의 연구는 유망한 결과를 보여 주며 완료되었다. 현재 다양한 환경에서 CALM의 적절성과 실행 가능성을 확인하기 위해 북미, 유럽, 아시아의 여러 지역에서 선행연구가 진행 중이며, 직접 치료에 접근할 수 없는 사람들을 위해 누구나 CALM에 접근할 수 있도록 iCALM이라는 인터넷 기반 정신교육 개입이 현재 독일 울름Ulm의 동료들과 공동 개발 중이다.

결론

문화, 언어, 종교, 가족 구조, 국가 체계, 자원, 의료 체계가 달라도, 전 세계의 진행성 암 환자와 가족들의 두려움과 희망은 너무나도 비슷하다. CALM은 개인적 · 문화적 차이를 수용할 수 있는 유연성과 융통성을 가지고 진행성 암 환자의 희망과 공포, 그리고 환자의 공통적인 문제를 다룬다. 글로벌 CALM 프로젝트는 여러 분야의 임상가를 교육하고, CALM이 암 치료의 세계적 표준이 될 수 있도록 자원을 유치하고 지원하기 위해 설립되었다. 우리는 프로젝트 성공에 기뻐했지만, 이제 막 프로젝트를 시작했을 뿐이다.

참고문헌

Aron, L., & Lechich, M. L. (2012). Relational psychoanalysis. In G. O. Gabbard, B. E. Litowitz, & P. Williams (Eds.), *Textbook of psychoanalysis* (2nd ed., pp. 211-224). American Psychiatric Publishing.

Caruso, R., Nanni, M. G., Rodin, G., Hales, S., Malfitano, C., De Padova, S., Bertelli, T., Belvederi Murri, M., Bovero, A., Miniotti, M., Leombruni, P., Zerbinati, L., Sabato, S., & Grassi, L. (2020). Effectiveness of a brief manualized intervention, Managing Cancer and Living Meaningfully(CALM), adapted to the Italian cancer care setting: Study protocol for a single-blinded randomized controlled trial. *Contemporary Clinical Trials Communications*. 2020 Oct 10; 20:100661. doi: 10.1016/j.conctc.2020.100661. eCollection 2020 Dec.

Caruso, R., Sabato, S., Nanni, M. G., Hales, S., Rodin, G., Malfitano, C., Tiberto, E., De Padova, S., Bertelli, T., Belvederi Murri, M., Zerbinati, L., & Grassi, L. (2020). Application of Managing Cancer and Living Meaningfully(CALM) in advanced cancer patients: An Italian pilot study. *Psychotherapy and Psychosomatics*, *89*(6), 402-404.

de Vries, F. E., Mah, K., Shapiro, G. K., Rydall, A., Hales, S., & Rodin, G. (2020). Assessing the process of a brief psychotherapy for patients with advanced cancer. (Submitted for publication).

Engelmann, D., Scheffold, K., Friedrich, M., Hartung, T. J., Schulz-Kindermann, F., Lordick, F., Schilling, G., Lo, C., Rodin, G., & Mehnert, A. (2016). Death-related anxiety in patients with advanced cancer: Validation of the German version of the Death and Dying Distress Scale. *Journal of Pain and Symptom Management*, *52*(4), 582-587.

Koranyi, S., Philipp, R., Quintero Garzón, L., Scheffold. K., Schulz-Kindermann, F., Härter, M., Rodin, G., Mehnert-Theuerkauf, A. (2020). Testing the treatment integrity of the Managing Cancer and Living Meaningfully psychotherapeutic intervention for patients with advanced cancer. *Frontiers in Psychology.* 2020 Dec 3;11:561997. doi: 10.3389/fpsyg.2020.561997. eCollection 2020.

Lo, C., Hales, S., Jung, J., Chiu, A., Panday, T., Rydall, A., Nissim, R., Malfitano, C., Petricone-Westwood, D., Zimmermann, C., & Rodin, G. (2014). Managing Cancer And Living Meaningfully(CALM): Phase 2 trial of a brief individual psychotherapy for patients with advanced cancer. *Palliative Medicine, 28*(3), 234-242.

Lo, C., Hales, S., Chiu, A., Panday, T., Malfitano, C., Jung, J., Rydall, A., Li, M., Nissim, R., Zimmermann, C., & Rodin, G. (2019). Managing Cancer And Living Meaningfully(CALM): Randomised feasibility trial in patients with advanced cancer. *BMJ Supportive & Palliative Care,* 9(2), 209-218. doi: 10.1136/bmjspcare-2015-000866. [Epub 2016 Jan 19].

Mehnert, A., Koranyi, S., Philipp, R., Scheffold, F., Kriston, L., Lehmann-Laue, A., Engelmann, D., Vehling, S., Eisenecker, C., Oechsle, K., Schulz-Kindermann, F., Rodin, G., & Härter, M. (2020). Efficacy of the Managing Cancer and Living Meaningfully(CALM) individual psychotherapy for patients with advanced cancer: A single-blind randomized controlled trial. *Psycho-Oncology, 29*(11), 1895-1904.

Nissim, R., Freeman, E., Lo, C., Zimmermann, C., Gagliese, L., Rydall, A., Hales, S., Rodin, G. (2012). Managing Cancer and Living Meaningfully(CALM): A qualitative study of a brief individual psychotherapy for individuals with advanced cancer. *Palliative Medicine, 26*(5), 713-721.

Rodin, G., Hales, S., & Lo, C. (Copyright 2015). *Managing Cancer And Living Meaningfully(CALM) Treatment Manual: An individual psychotherapy for patients with advanced disease.* Canadian Intellectual Property Office. Date of issue: 2015-09-04. Filing date: 2015-09-04; Copyright#: 1124205.

Rodin, G., Lo, C., Rydall, A., Shnall, J., Malfitano, C., Chiu, A., Panday, T., Watt,

S., An, E., Nissim, R., Li, M., Zimmermann, C., & Hales, S. (2018). Managing Cancer and Living Meaningfully(CALM): A randomized controlled trial of a psychological intervention for patients with advanced cancer. *Journal of Clinical Oncology, 36*(23), 2422-2432.

Scheffold, K., Philipp, R., Engelmann, D., Schulz-Kindermann, F., Rosenberger, C., Oechsle, K., Härter, M., Wegscheider, K., Lordick, F., Lo, C., Hales, S., Rodin, G., & Mehnert, A. (2015). Efficacy of a brief manualized intervention Managing Cancer and Living Meaningfully(CALM) adapted to German cancer care settings: Study protocol for a randomized controlled trial. *BMC Cancer, 15*(1), 592. doi: 10.1186/s12885-015-1589-y.

Scheffold, K., Engelmann, D., Schulz-Kindermann, F., Rosenberger, C., Krüger, A., Rodin, G., Härter, M., & Mehnert, A. (2017). Managing cancer and living meaningfully: Qualitative pilot results of a sense-based short-term therapy for advanced cancer patients(CALM). *Psychotherapeut, 62*, 243-248.

Scheffold, K., Wollbrück, D., Schulz-Kindermann, F., Rosenberger, C., Krüger, A., Lo, C., Hales, S., Rodin, G., Härter, M., & Mehnert, A. (2015). Pilot results of the German Managing Cancer and Living Meaningfully(CALM) RCT: A brief individual psychotherapy for advanced cancer patients. *BMC Cancer, 15*, 592.

Statistics Canada. (2019a, August 9). *Census profile, 2016 census.* https://www12.statcan.gc.ca/census-recensement/2016/dp-pd/prof/ details/page.cfm?Lang=E & Geo1=CSD&Code1=3520005&Geo2=CD&Code2=3520&SearchText=Toronto &SearchType=Begins&SearchPR=01&B1=All&TABID=1&type=0

Statistics Canada. (2019b, June 19). *Focus on geography series, 2016 Census.* https://www12.statcan.gc.ca/census-recensement/2016/as-sa/fogs-spg/Facts-CSD-eng.cfm?TOPIC=7&LANG=eng&GK=CSD&GC=3520005

Troncoso, P., Rydall, A., Hales, S., & Rodin, G. (2019). A review of psychosocial interventions in patients with advanced cancer in Latin America and the value of CALM therapy in this setting. *American Journal of Psychiatry and Neuroscience*, 7(4), 108-118.

Tseng, W. S. (2001). *Handbook of cultural psychiatry*. Academic Press.

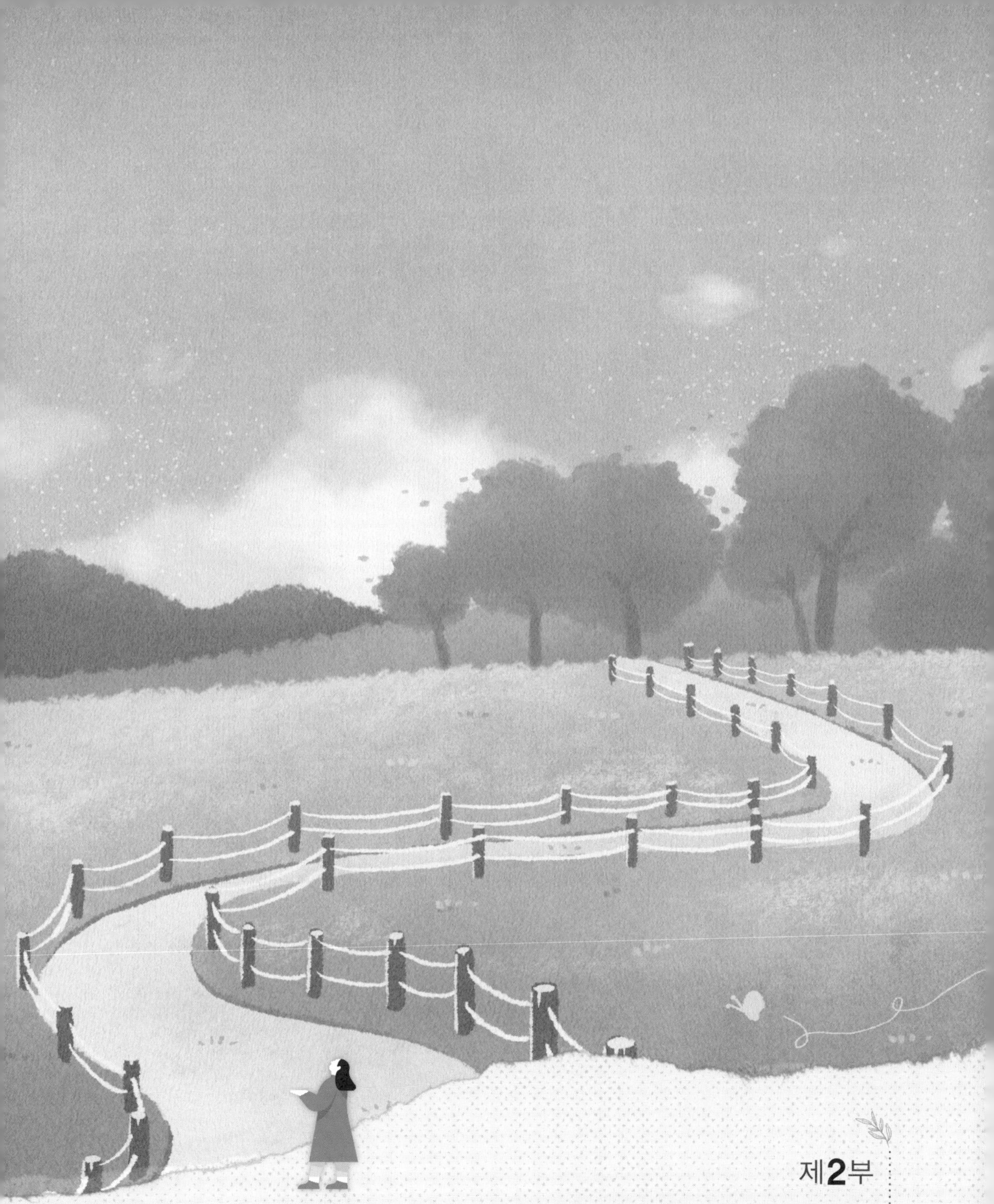

제2부

CALM 치료 매뉴얼

매뉴얼 소개

치료의 핵심 요소를 언어화하면 명확성을 높일 수 있지만, 치료과정의 인간적이고 창조적인 측면을 제거하거나 무시할 위험이 있다. 많은 핵심 치료 요소(우리가 환자에게 느끼는 것, 주의 깊은 관심과 배려, 환자를 이해하는 능력)를 매뉴얼에 담기는 힘들다. 그럼에도 불구하고, 치료의 본질적 차원을 정의하고 설명하는 매뉴얼은 정신치료 연구의 엄격성을 강화하고, 치료 전달의 신뢰성을 보장하는 데 도움이 된다. 다음 장에서 CALM의 본질적인 요소를 설명할 것이다. 하지만 환자와 치료자가 인간성과 상상력을 발휘할 수 있고, CALM이 여러 환경, 집단, 문화, 언어에 적응할 수 있는 여지를 남겨 두려 노력했다.

다음 장에서 설명하는 CALM의 몇몇 특징은 많은 치료자에게 익숙한 것이거나, 몇몇은 다른 치료의 특징이기도 하다. 이 매뉴얼은 이와 같은 일반적인 치료 요소를 담아내면서도 CALM의 독특하고 특징적인 측면에 초점을 맞출 것이다. 어떤 면에서 CALM을 여러 치료 기법과 접근법의 집합체로 여길 수도 있는데, CALM의 특징성과 고유성은 주로 CALM의 내용과 치료과정이 형성되면서 나타나기 때문이다. 최근 종양학에 완화의료를 통합하는 것을 논의하는 위원회가 설명한 바와 같이, CALM은 암 치료 및 완화의료와 통합되어 진행성 암 환자와 보호자가 자기 경험을 이야기하고, 진행성 암에서 중요한 결정, 부담, 적응적 어려움에 관해 소통할 수 있는 사유의 공간을 제공하는 치료이다.

제1부에서 CALM의 이론적 · 경험적 토대를 설명했다면, 제2부는 다양한 환경에서 임상가나 연구자들이 CALM을 온전하고 충실히 전달할 수 있도록 가이드를 제공한다. 이것은 CALM이 세계 여러 나라에서 원래 의도대로 시행되고, 다양한 환경에서의 연구 결과를 서로 잘 비교하기 위해 꼭 필요하다.

이 매뉴얼은 교육 중인 치료자를 위한 도구이자 훈련된 치료자를 위한 참고

자료로 제작되었다. 이 책의 제2부부터 읽기 시작하는 사람들을 위해 매뉴얼은 먼저 CALM의 배경과 구조에 대해 간략하게 리뷰하고, CALM 치료의 필수 요소를 설명하고 보여 줄 것이다. 그러나 이 가이드는 치료자가 이 치료에 충분한 능력을 갖추는 데 필요한 강의식 교육과 임상 훈련을 대체할 수 없다.

이 책과 매뉴얼은 10년이 넘는 시간 동안 만들어졌다고 할 수 있다. 첫 번째 CALM 매뉴얼은 초기 CALM 파일럿 연구 프로토콜의 일부로 개발되었고, 그 후 우리가 준비했던 수많은 연구비 신청서, 출판물, 프레젠테이션, 워크숍을 통해 우리의 생각을 심화시켰다. 또한 우리 환자들과 캐나다 및 전 세계의 동료들과의 경험을 통해 CALM에 관한 생각을 정교하게 다듬고 개선할 수 있었다. 결과적으로, 우리는 이 모든 것을 한곳으로 모아야 한다고 느꼈다. 아직 우리는 보고 이해해야 할 것들이 훨씬 더 많다는 것을 알고 있지만, 이 매뉴얼이 이 목적을 달성하고 CALM을 전체적으로 조망할 수 있게 하는 안내서나 지도 역할을 하기를 바란다.

참고문헌

Kaasa, S., Loge, J. H., Aapro, M., Albreht, T., Anderson, R., Bruera, E., Brunelli, C., Caraceni, A., Cervantes, A., Currow, D. C., Deliens, L., Fallon, M., Gómez-Batiste, X., Grotmol, K. S., Hannon, B., Haugen, D. F., Higginson, I. J., Hjermstad, M. J., Hui, D., Jordan, K., Kurita, G. P., Larkin, P. J., Miccinesi, G., Nauck, F., Pribakovic, R., Rodin, G., Sjøgren, P., Stone, P., Zimmermann, C., & Lundeby, T. (2018). Integration of oncology and palliative care: A Lancet Oncology Commission. *The Lancet Oncology*, *19*(11), e588-e653. doi: 10.1016/S1470-2045(18)30415-7.

제**13**장

CALM의 근거, 토대, 목표

서론

이 장에서는 매뉴얼이 처음인 사람들에게 '암을 다루며 의미있게 살아가기 CALM'의 근거와 토대에 대한 간략한 개요와 CALM 치료의 가장 중요한 목표를 소개한다.

CALM의 근거

심각하거나 진행성 질병의 발병, 악화, 재발은 충격, 불신, 정서적 무감각, 질병의 객관적 현실의 부정 등 급성애도반응을 유발할 수 있다. 그러나 진행성 질병 진단과 경과에서 보이는 초기 및 이후의 반응들은 개인의 심리적 조직 원칙 psychological organizing principles, 질병의 특성과 개인적 의미, 질병이나 기타 외상적 사건 이전의 경험에 따라 달라진다. 슬픔, 상실감, 결함감sense of defectiveness, 고립감, 무력감이 흔히 나타나며, 정체성과 자기 가치 손상 또한 흔하다. 이전에 잘 적응하고 정신건강의학과적 또는 심리적 취약성이 없던 사람이라도 심각한 질병과 그 영향으로 심각한 정서적 고통을 경험할 수 있다. 불안은 진행성 질병 진단 후 겪는 초기 심리적 디스트레스 중 가장 흔하다(Gurevich et al., 2002; 이 책의 제2장 참조). 우울증은 질병이 진행되고 죽음에 가까워질수록 더 자주 발생하며(Lo et al., 2010), 진행성 질병의 다양한 스트레스 요인과 개인의 강점과 취약성이 상호작용하며 발생하는 디스트레스의 최종 공통 경로final common pathway일 수 있다(Rodin et al., 2009).

정신치료는 진행성 질병 환자의 디스트레스를 완화하고 안녕을 증진하기 위한 근본적인 치료 방식이다. 진행성 질병 상황과 임박한 죽음의 위협은 여러 가지 이유로 정신치료과정을 촉진하고 심화시킬 수 있다. 전이성 암의 시작으로 야기되는 고통과 불안정성은 심리적 지원에 대한 동기와 필요성을 높일 수 있고, 시간이 부족하다는 인식shortness of time은 또한 중요한 문제를 해결해야 한다는 절박감을 조성할 수 있다. 마지막으로, 치료 관계를 촉진하고 심화시킬 수 있는 진정성에 대한 강렬한 욕구가 흔히 존재하기 때문이다.

CALM의 토대

CALM은 자기심리학self psychology, 관계이론relational theory, 애착이론attachement theory, 실존이론existential theory을 포함한 몇 가지 광범위한 이론적 전통에 뿌리를 두고 있다. 자기심리학은 주관적 경험의 연속성으로 정의되는 자아가 마음의 중심 구조이며 주관적 경험의 조직과 통합이 핵심적인 정신치료 과제라고 가정한다. 관계이론은 환자와 치료자가 환자의 경험에 대한 의미와 이해를 함께 만드는 치료 상황의 양방향성을 강조한다(Mitchell, 1988). 애착이론은 보호자와의 초기 경험이 타인과의 관계 속 자아의 인지 스키마 혹은 작동 모델을 강화한다고 가정한다. 이 작동 모델은 타인과의 연결감과 타인의 도움을 찾고 받아들이며 활용하는 능력을 만들어 낸다(Bowlby, 1969, 1973, 1980). 애착 안정성attachment security은 자신이 보살핌을 받을 가치가 있고 다른 사람이 그것을 제공할 수 있다고 믿는 경향을 말한다. 질병 발생은 애착 시스템을 활성화해 애착 안정성의 중요성을 더욱 두드러지게 만들고, 동시에 이를 활용할 수 없을지도 모른다는 두려움을 높인다(이 책의 제4장 참조). 정신치료적 관계는 애착 안정성을 강화하고, 진행성 질병 환자에게 발생하는 애착 욕구의 급격한 변화를 조정할 수 있게 한다.

실존적 심리치료(Yalom, 1980)는 실존철학의 영향을 받은 분석적, 인본주의적 전통에 뿌리를 둔 접근법이다. 인간이 피할 수 없는 죽음, 관계성, 자율성, 삶의 의미가 도전받을 때 발생하는 갈등에 관한 것이다. CALM의 정신치료과정은 개인이 이러한 내적 갈등에서 발생하는 정서적 고통을 관리하고 받아들이는 데 도움을 줄 수 있으며, 인생의 후반기에 심리적 성장과 발달을 지원할 수 있다.

CALM은 또한 생명을 위협하는 질병을 가진 사람들의 디스트레스를 완화하고 의미를 부여하기 위해 개발된 여러 매뉴얼화된 정신치료를 이용한다(이 책의 제9장 참조). 여기에는 지지-표현적집단치료(Classen et al., 2001; Goodwin et al., 2001; Spiegel et al., 1981), 인지실존적집단치료(Kissane et al., 2003, 2004), 의미-중심개인(집단)정신치료(Breitbart et al., 2004)가 포함된다. 이 치료법들은 환자의 실존적, 영적, 의미-중심 문제에 초점을 맞추어 개발되었다. 존엄치료(Chochinov et al., 2005)는 말기에 가까운 환자에게 긍정적인 유산legacy과 의미을 증진시키기 위해 고안된 개인 치료이다. CALM은 본질적으로 이러한 치료들보다 더 넓은 범위의 것을 목표로 한다. 환자가 자기 삶을 계속해 나갈 수 있게 하면서, 진행성 질병으로 인한 실제적 · 관계적 · 실존적 어려움을 다룬다. CALM의 목표는 삶과 임종 과정 모두를 지원하는 것이다. 우리는 이러한 삶과 죽음의 이중성을 유지하는 능력을 '이중인식'이라고 부른다(Rodin & Zimmermann, 2008).

CALM이 추구하는 가장 중요한 목표

심리적 디스트레스의 감소와 예방, '이중인식'을 가질 수 있도록 돕는 것이 CALM의 주요 목표이다. 이는 관계적 지지를 제공하고, 감정조절을 돕고, 환자가 자신의 상황과 관련된 경험의 영역을 성찰할 수 있는 기회를 제공함으로써 달성된다. CALM에서 다루는 구체적인 영역은 다음과 같이 개념화되어 있다.

1. 암 관리, 증상 조절을 최적화하기 위해 의료진과의 협력과 협의
2. 질병의 새로운 맥락에서 정체성을 조정하고, 배우자, 가족, 중요한 사람과의 애착 관계를 재조정
3. 삶의 의미의 원천과 목적을 검토하고 우선순위를 조정
4. 미래와 죽음의 두려움, 희망, 걱정을 다룸

디스트레스 증상 완화가 CALM의 중요한 목표이기는 하지만, 또한 심리적인 성장과 발달을 지원한다. 이는 삶의 마지막 단계에서 지혜를 얻으며 심리적 성장이 일어날 수 있다는 에릭슨(Erikson, 1982)의 견해와 일치한다. 그의 지혜에 대한 정의는 '죽음에 직면하게 될 때, 삶 자체에 관심을 가지면서도 초연한 것'으로 우리의 이중인식 개념과 많이 닮아 있다(Rodin & Zimmermann, 2008). 콜라루소(Colarusso, 1992)는 살아왔던 삶과 앞으로 살아가야 할 삶을 성찰하려는 동기에 시간의 한계성 인식이 미치는 강력한 영향력을 스피츠(Spitz, 1965)의 '정신적 조직자psychic organizer' 개념을 사용하여 설명했다[1]. 이것은 암과 여러 생명을 위협하는 질병에서 외상 후 성장 가능성을 조사한 여러 연구와 일치한다(이 책의 제8장 참조). 종합하면, 이러한 견해들은 생명을 위협하는 질병이 발달적 위기를 촉발할 수 있지만, 이는 또한 창조적인 변화와 성장으로 이어질 수 있다는 것을 시사한다.

결론

CALM은 관계이론, 애착이론, 실존이론의 이론적 기반과 이전의 여러 정신치료 접근법에 기초하여 개발되었다. 암 치료와 완화의료와의 통합을 목적으로 한 CALM은 진행성 암 환자가 질병과 치료의 어려움에 직면하면서도 그들의 삶을 잘 살아나가게 돕는 것이 목표이다. 관계적 지지를 제공하고, 감정조절을 돕고, CALM의 4개 영역을 사유할 수 있는 기회를 제공함으로써 이 목표를 달성한다.

참고문헌

Bowlby, J. (1969). *Attachment and loss.* Vol. 1: *Attachment*. Hogarth Press and the Institute of Psycho-Analysis.

Bowlby, J. (1973). *Attachment and loss.* Vol. 2: *Separation, anxiety and anger.* Hogarth Press and the Institute of Psycho-Analysis.

Bowlby, J. (1980). *Attachment and loss.* Vol. 3: *Loss: Sadness and depression.* Hogarth Press and Institute of Psycho-Analysis.

Breitbart, W., Gibson, C., Poppito, S. R., & Berg, A. (2004). Psychotherapeutic interventions at the end of life: A focus on meaning and spirituality. *Canadian Journal of Psychiatry, 49*(6), 366-372.

Chochinov, H. M., Hack, T., Hassard, T., Kristjanson, L. J., McClement, S., &

1) 정신적 조직자psychic organizer는 발달에 따라 내면적 능력이 형성되고, 이것이 외현적으로 나타나는 지표이다. 인간 발달이란 평생에 걸쳐 지속되는 과정으로, 콜라루소는 시간의 유한성을 인식하고 삶을 성찰하는 것 또한 하나의 성장 지표로 보았다. 이 정신적 조직자의 발현은 외상 후 성장으로 이어질 수 있음을 뜻한다.

Harlos, M. (2005). Dignity therapy: A novel psychotherapeutic intervention for patients near the end of life. *Journal of Clinical Oncology, 23*(24), 5520-5525.

Classen, C., Butler, L. D., Koopman, C., Miller, E., DiMiceli, S., Giese-Davis, J., Fobair, P., Carlson, R. W., Kraemer, H. C, & Spiegel, D. (2001). Supportive-expressive group therapy and distress in patients with metastatic breast cancer: A randomized clinical intervention trial. *Archives of General Psychiatry, 58*(5), 494-501.

Colarusso, C. A. (1992). *Child and adult development: A psychoanalytic introduction for clinicians*. Springer Science+Business Media New York.

Erikson, E. H. (1982). *The life cycle completed*. W. W. Norton & Company.

Goodwin, P. J., Leszcz, M., Ennis, M., Koopmans, J., Vincent, L., Guther, H., Drysdale, E., Hundleby, M., Chochinov, H. M., Navarro, M., Speca, M., Masterson, J., Dohan, L., Sela, R., Warren, B., Paterson, A., Pritchard, K. I., Arnold, A., Doll, R., O'Reilly, S. E., Quirt, G., Hood, N., & Hunter, J. (2001). The effect of group psychosocial support on survival in metastatic breast cancer. *The New England Journal of Medicine, 345*(24), 1719-1726.

Gurevich, M., Devins, G. M., & Rodin, G. M. (2002). Stress response syndromes and cancer: Conceptual and assessment issues. *Psychosomatics, 43*(4), 259-281.

Kissane, D. W., Bloch, S., Smith, G. C., Miach, P., Clarke, D. M., Ikin, J., Love, A., Ranieri, N., & McKenzie, D. (2003). Cognitive-existential group psychotherapy for women with primary breast cancer: A randomised controlled trial. *Psycho-Oncology, 12*(6), 532-546.

Kissane, D. W., Love, A., Hatton, A., Bloch, S., Smith, G., Clarke, D. M., Miach, P., Ikin, J., Ranieri, N., & Snyder, R. D. (2004). Effect of cognitive-existential group therapy on survival in early-stage breast cancer. *Journal of Clinical Oncology, 22*(21), 4255-4260.

Kohut, H. (1977). *The restoration of the self*. International Universities Press.

Lo, C., Zimmermann, C., Rydall, A., Walsh, A., Jones, J. M., Moore, M. J., Shepherd, F.A., Gagliese, L., & Rodin, G. (2010). Longitudinal study of depressive symptoms in patients with metastatic gastrointestinal and lung cancer. *Journal of Clinical Oncology, 28*(18), 3084-3089.

Mitchell, S. A. (1988). *Relational concepts in psychoanalysis: An integration.* Harvard University Press.

Rodin, G., Lo, C., Mikulincer, M., Donner, A., Gagliese, L., & Zimmermann, C. (2009). Pathways to distress: The multiple determinants of depression, hopelessness and the desire for hastened death in metastatic cancer patients. *Social Science & Medicine*, *68*(3), 562-569.

Rodin, G., & Zimmermann, C. (2008). Psychoanalytic reflections on mortality: A reconsideration. *Journal of the American Academy of Psychoanalysis and Dynamic Psychiatry, 36*(1), 181-196.

Spiegel, D., Bloom, J. R., & Yalom, I. D. (1981). Group support for patients with metastatic cancer: A randomized outcome study. *Archives of General Psychiatry, 38*(5), 527-533.

Spitz, R. A. (1965). *The first year of life: A psychoanalytic study of normal and deviant development of object relations*. International Universities Press.

Yalom, I. D. (1980). *Existential psychotherapy*. Basic Books.

제**14**장

CALM의 구조와 과정

서론

이 장에서는 CALM 치료 성공과 관련된 환자와 치료자의 특성을 기술하고, CALM 치료 형식, 세션의 과업, 과정을 간략히 설명한다.

치료에 적합한 환자

CALM은 진행성 혹은 생명을 위협하는 암 환자 중, 심리적 도움을 받고자 하는 동기가 있고 자기를 들여다보고 표현하는 치료과정에 참여할 수 있는 환자를 위해 고안되었다. 보통 환자들은 약 45분의 치료에 참여할 수 있는 신체적·인지적 능력을 갖추고 있어야 한다. CALM은 단기치료로 3~6개월 동안 3~6회를 시행한다. 환자의 질병의 경과가 이 정도의 치료 세션을 완수할 수 있는 컨디션을 유지할 때 가장 도움이 된다. CALM 치료 시작의 이상적인 시점은 다양하다. 새로 진단받은 환자는 질병의 의미를 이해하지 못하기도 하고, 당장 치료에 초점을 맞추어야 해서 시작이 어려울 수 있다. 환자가 CALM 치료를 받기 원하는 시점은 보통 자신이 '임계점tipping point'에 있다는 것을 알았을 때이다. 흔히 이 시점은 암 진행을 멈추는 데 실패했거나 환자를 쇠약하게 만드는 새로운 증상이 생겼을 때이다. 이 시기의 환자는 고통스럽고, 죽음을 두려워하며, 큰 변화에 적응해야만 한다. 진행성 암의 후반기나 치료에 참여하기에 컨디션이 너무 좋지 않거나 자기 삶에 집중할 수 있는 기회가 줄어든 경우, CALM의 치료 효과는 작다.

CALM은 환자가 자신의 암 경험을 이해하도록 돕는다. 장기적인 관점에서 자기를 바라보고, 현재 상황을 이해하는 것은, 자신만의 내러티브를 만들고 공유할 수 있게 하여 삶의 어려운 상황을 극복하는 데 도움을 주는데, CALM의 이러한 측면은 자서전적 추론autobiographical reasoning(Habermas, 2011; Weststrate & Glück, 2017)과 같다. CALM 참가자 개개인의 치료 동기나 심리적 이해 능력은 상당한 차이를 보일 수 있지만, 심리적인 것을 이해하는 능력, 즉 정신화 능력(이 책의 제5장)이 어느 정도 필요하다. 정신화는 사유의 기능으로 작용하며, 사건과 경험에 다양한 관점이 있을 수 있음을 받아들이고 자기와 타인의 주관적 상태를 사유할 수 있는 개인의 관심이나 능력을 의미한다(Jurist, 2010). 정신화는 흔히 개인적 능력으로만 간주되어 왔지만, 정신화는 치료자와의 관계를 포함해, 여러 관계 속에서 나타나는 변화이기도 하다(Shaw et al., 2020).

진행성 질환 속에서의 커플 혹은 가족 기능을 탐색하기 위해 환자가 선택한 보호자를 적어도 1회 이상 CALM 치료에 초대한다. 이 시간 동안 서로에 대해 다른 관점에서 접근할 수 있게 한다. 치료자는 서로 간의 이해와 대화방식, 질병과 질병으로 인한 어려움을 관리하는 능력을 관찰하고 개선할 수 있도록 돕는다. 보호자가 초대를 거절하거나, 보호자가 없거나 건설적으로 참여할 수 없을 때, 그리고 보호자가 고통에 관해 이야기하거나 성찰의 과정을 견디지 못할 때는 어쩔 수 없이 환자 혼자 치료받아야 할 수 있다.

CALM 치료자

진행성 암 환자와의 치료적 만남은 모든 치료 관계 중 가장 친밀하고 심오한 관계 중 하나이다. 진행성 암 환자가 보편적으로 직면해야만 하는 딜레마는 치료자와의 상호작용 속에서 마음의 동요를 가져다주기도 하고, 친밀한 유대감을 만들어 주기도 한다. 실제로, 치료자들이 인간의 죽음 경험을 받아들이는 것은 진행성 암 환자의 감정 세계에 몰입하기 위한 전제조건일 수 있다. 치료 관계의 질은 대부분의 정신치료에서 핵심적 요소이지만, 환자의 고통 수준과 이들에게 치료자의 공감적 공명attunement, 진정성, 정서적 존재함emotional presence이 필요함을 고려할 때, 치료 관계는 진행성 암이나 생명을 위협하는 질병을 가진 환자에게 특히 중요하다.

CALM 치료자와의 관계에서 환자는 체험의 형태로 이해받음을 느낄 수 있다. 이 체험은 환자, 치료자 모두에게 깊고 긍정적인 영향을 준다. 폴린 올리베로스Pauline Oliveros가 묘사한 딥 리스닝deep listening, 즉 "들리는 것 표면 아래로 파고 들어…… 층층의 상상, 의미, 기억을 여는 것"(Pavlicevic & Impey, 2013, p. 238)과 매우 유사하다. 이런 방식으로 듣는 것은 치료자에게도 애도, 죄책감, 슬픔, 분리감, 죽음과 삶의 의미와 목적에 대한 성찰과 같은 광범위한 경험을 유발할 수 있다. 이러한 방식으로 환자 고유의 내적인 삶에 들어가는 것은 치료자가 환자의 경험을 이해하고 환자와 공유할 수 있는 새로운 경험을 창조해 낼 수 있는 유일한 길일 수 있다. 소위 분석적 제삼자the analytic third[1)](Ogden, 2004)는

1) 분석적 제삼자는 상호작용과 의사소통 과정에서 생기는 무의식적인 과정과 의미를 이해하기 위해 도입되었다. 치료자–환자 사이에서 새로이 만들어져 공유하는 고유의 상호 주관적 생각, 감정, 환상 등

환자, 치료자 각자의 주관성을 변화시킬 수 있다. 이러한 능력을 향상하고 이와 같은 과정을 잘 다루기 위해 규칙적인 CALM 지도감독이 중요하다. 그래서 CALM 치료자에게 지도감독을 권고하고 있다.

CALM 치료는 통증과 증상 조절, 정신약물치료, 보호자 부담, 사전돌봄계획 모두에 충분히 관심을 가지는 전인적 암 돌봄의 맥락에서 가장 잘 전달될 수 있다. CALM 교육은 완화의료 의사, 종양전문의, 심리학자, 정신건강의학과 의사, 간호사, 사회복지사, 영적 서비스 제공자와 같은 광범위한 건강 관련 종사자부터 전문가에게까지 성공적으로 이루어져 왔다. 환자들은 암 치료 세계의 '내부자'인 치료자와 함께하는 것에서 많은 도움을 받는다고 보고한다. '내부자'인 치료자는 치료 프로토콜과 용어를 이해하고 있고 암의 경과와 실질적 어려움에 대해 잘 알고 있기 때문이다.

형식

CALM은 약 45분의 개인 치료 혹은 커플 치료로 총 3~6회를 3~6개월 동안 진행한다. 각 세션의 시점과 기간은 환자의 요구, 암의 임상적 경과나 치료에 따라 다양해질 수 있다. CALM의 4개 영역은 치료를 시행하는 동안 환자들이 사유할 기회를 얻어야 하는 일반적인 내용을 담고 있다(이 책의 제15장 참조). 이 4개 영역에 꼭 비슷한 시간과 관심을 쏟을 필요는 없고, 서로의 영역을 배타적으로 간주하지 않는다. 이 영역들은 치료자가 진행성 암 환자와 가족이 가지고 있을 걱정이나 문제를 놓치지 않도록 프레임워크를 제공하는 데 의미가 있다.

이 존재한다. 이것은 하나의 체험으로 치료자-환자 모두에게 영향을 주기도 한다. 이를 잘 이해함으로써 두 사람 사이의 관계나 자기에 대해 더 깊이 이해할 수 있다.

일반적인 치료과업과 지침

첫 세션의 과업은 ① 치료의 전반적인 목표, 영역에 관한 내용, 치료과정에 대한 소개, ② 환자의 개인력, 질병 경과, 현재 증상, 걱정에 관한 배경정보 수집, ③ 자기 감정을 표현하고 사유할 수 있게 하는 치료 관계와 분위기를 만드는 것이다(부록 G의 CALM 치료 세션 1 노트 참조). 첫 번째 치료 세션의 대략적인 방향은 다음과 같다.

- 배경정보 모으기(나이, 성별, 성 정체성, 결혼 및 생활방식, 문화적 배경 및 정체성, 직계 가족 구성원과 가까운 관계, 현재 및 과거 직업, 재정적 및 실질적 지원의 배경)
- 현재 심리적 디스트레스, 안녕상태, 건강상태, 실질적인 지원, 대처 전략에 대한 평가
- 증상 시작부터 암 진단, 치료, 진행과정, 향후 진행과정에 대한 이해를 말할 수 있도록 격려
- 간략한 병력과 과거 정신건강의학과 진단, 정신치료나 상담치료를 포함한 정신건강의학과 치료 경험, 입원, 자해/자살, 공격성, 물질남용과 같은 정신건강의학과적 병력에 대한 조사
- 어린 시절 가족생활, 유년기, 정체성, 관계 기능과 같은 개인 및 발달력 조사
- CALM의 목표와 구성에 대한 소개와 CALM의 4개 영역에 대한 간략한 탐색
- 환자 중심의 이해를 바탕으로 치료에 대한 합의와 향후 치료 목표 제공
- 총 세션 수와 다음 세션 시간 약속과 같은 대략의 치료 계획 논의
- 주 가족 보호자가 첫 세션에 참석하지 않았다면, 적어도 암 생활에서 관계적 측면을 다루기 위해서 주 가족 보호자를 초대한다. 몇몇 경우, 배우자나 다른 가족 구성원이 모든 CALM 세션에 참석한다. 환자와 보호자가 암

발생 전에 친근하고 협력적인 관계였거나, 관계 문제가 환자의 주요 걱정이거나, 환자와 보호자 모두가 고통스러운 느낌을 이야기하는 것을 견딜 수 있다면, 가족과 함께하는 세션은 가장 바람직하고 생산적일 수 있다.

중간 세션은 지지적인 분위기를 제공해서 환자가 자신의 느낌을 자유롭게 이야기하고, CALM의 4개 영역에 대해 더 깊이 탐색하며, 이중인식을 촉진하는 정신화를 활성화한다(부록 H의 CALM 회기 노트 2~8 참조). 중간 세션의 대략적인 지침은 다음과 같다.

- 현재 심리적 디스트레스, 안녕상태, 건강상태, 암 치료 경험을 평가하고 정서적 고통에 관해 소통
- 4개 영역과 관련된 환자의 경험을 탐색
- 치료진과의 관계와 치료결정에 관한 토론
- 애착 관계를 평가하고 재조정
- 현재 만족감과 의미를 주는 원천 평가
- 사전돌봄계획을 논의하고 죽어감과 죽음의 디스트레스를 탐색

마지막 세션의 과업은 CALM 치료 자체, 실제 일어난 변화, 미래에 놓인 어려움과 과업에 대해 사유한다. 이 세션의 대략적인 지침은 다음과 같다.

- 심리적 디스트레스, 안녕상태, 건강상태를 평가
- 드러난 중요한 문제와 환자가 접근하는 방식에 대해 요약
- 치료 종결에 대한 느낌을 평가
- 추후 필요하다면 추가적인 세션을 위해 치료자에게 연락할 수 있음을 알림

많은 CALM 치료가 공식적인 형태로 마무리되지 않았다. 암 경과가 안정

된 경과를 보일 때는, 질병이 악화되거나 또 다른 '임계점tipping point'에 직면할 때 CALM 치료를 재개할 수 있음을 이해시키고 중단할 수 있다. 환자는 상태가 악화되어 마지막 세션에 참여하지 못할 수 있다. 마무리를 짓지 못하는 것은 환자와 치료자 모두에게 상실이자 기회의 박탈일 수 있다.

치료과정

CALM은 환자가 4개 영역을 사유(思惟)할 수 있는 공간을 만들어 내기 위해 고안되었다. 하지만 그 과정은 환자, 가족, 치료 상태에 따라 개인화된다. 전반적인 치료 방향은 느낌을 이해하고, 실제적 사실과 느낌을 구별하며, 사건에 다양한 관점이 존재할 수 있음을 받아들일 수 있도록 정신화를 촉진하는 것이다. 죽음을 앞둔 상황에서 삶을 적극적으로 유지해 가면서도, 질병 진행을 응시하고 대비할 수 있는 이중인식double awareness(Rodin & Zimmermann, 2008)을 유지하기 위해 정신화는 특히 중요하다. 이러한 능력은 치료 관계를 통해 환자와 가족에게 안전기지secure base를 만들어 주었을 때 촉진된다.

치료 효과에 영향을 줄 수 있는 많은 CALM 요소들이 존재하는데, 이들 중 일부는 여러 정신치료의 치료 요소이기도 하다. CALM은 4개 영역에 집중하면서 이와 같은 치료 요소들이 합해져 만들어진 집합체이다. 치료 요소는 다음과 같다.

1. **지지적인 관계.** 환자의 경험을 공감적으로 깊이 이해하는 것은 CALM의 토대이다. 이를 통해 치료자는 환자의 여정에서 목격자witness가 되고, 환자의 고립감을 줄이며, 환자의 강점을 찾아내어 적응적인 대처 방법으로 활용할 수 있도록 돕는다.
2. **진정성.** CALM의 치료적 자세는 정직성과 진실성이며, 환자에게도 이와

비슷한 자세가 생겨나도록 하고자 한다. 상호 참여의 자세를 유지하며 전문가로서의 경계를 유지하려면 경험과 판단이 필요하다. 치료자는 "당신은 신을 믿습니까?" 혹은 "직계 가족의 죽음을 본 적 있습니까?"와 같은 개인적 질문을 받았을 때, 균형을 찾아야 한다.

3. **감정조절.** 환자의 감정상태에 주의를 기울이고, 정서적 디스트레스에 대응해 편안함을 제공함으로써, 치료자는 환자가 자신감을 키우고 감정을 조절할 수 있는, 더 큰 능력을 갖추도록 도울 수 있다. 그 목적은 정서적 의사소통을 돕고, 정서적 과각성 혹은 정서적 분리, 무감각으로부터 환자를 보호하는 것이다. 난소암과 외상 후 스트레스 증상을 가진 한 여성 환자는 강렬하고 압도된 감정상태로 CALM 세션 안팎에서 사유하는 능력이 저해되었다. 치료자의 참여는 고통스러운 고립 상태를 감소시키는 진정 효과를 가져왔고, 적절한 범위 내에서 감정을 유지할 수 있게 했다. 또 다른 사례에서, 치료자는 환자와 배우자가 감정 경험을 공유할 수 있게 만들어 상대의 정서적 고통을 흡수할 수 있게 했고, 부부를 더 효과적인 상호 보완 체계로 만들었다(Lo et al., 2013).
4. **애착 안정성의 재조정.** 질병으로 인한 관계 변화와 디스트레스를 탐색한다. 부부 관계가 더 가까워지는 경우가 흔하지만, 의존의 필요성이 많아지고 환자의 자율성이 감소함에 따라 이 관계에서 불균형이 발생할 수 있다. 자립적인 경향이 있거나 돌봄을 주는 것이 더 편안한 사람, 소위 회피 애착 스타일을 가진 사람은 질병이 진행함에 따라 의존의 필요성이 증가하나 이를 받아들이지 못해서 위기에 빠질 수 있다. 불안 애착 스타일은 지지받지 못할까 봐 점점 더 불안을 느끼는 반면에, 회피 애착 스타일은 자율성을 잃어버리고 타인에게 의지해야 하는 것을 매우 힘들어할 수 있다. 이러한 문제들은 중요한 관계의 불균형을 유발할 수 있고, 이 관계에서 안정된 애착을 다시 회복하기 위해 긴급한 재조정이 필요하다.

   흉선암을 가진 중년 남성의 예를 들어보면, 그는 신체 능력과 자립성이 줄어 의존해야만 하는 것을 매우 괴로워했다. 점점 약해지고 타인에게 의존해야 하는 것의 처음 반응은 아내를 마음대로 조정하려 하는 것이었다. 하지만 아내는 받아 주지 않았다. CALM 치료과정에서 그는 자기 능력 상실에 대해 애도할 수 있었고, 자신이 필요로 하는 것을 아내에 솔직하게 표현할 수 있었다. 자신이 필요하다고 생각하는 것을 솔직하게 표현했고 아내는 긍정적으로 반응했다. 이전까지 긴 시간 동안 다져왔던 서로에 대한 긍정적인 느낌은 현재 필요한 애착 형태로 옮겨갈 수 있게 하는 힘이 되었다.

5. 의미의 공동 창조. CALM 치료 동안 환자가 살아온 삶, 성취와 실패, 질병의 맥락에서 어려움에 관한 의미를 탐색한다. 치료자는 가족, 직장, 지역사회에서 성취한 것에 대한 자부심을 평가하고 실망과 후회를 확인할 수 있다. 또한 지금까지 성취할 수 없었던 목표와 계획이나, 바로잡을 수 없었던 과거나 현재의 관계 문제에 대해 초점을 맞출 수 있다. 환자의 삶의 궤적, 목표, 질병의 고통, 삶의 마지막에 관한 대화에서 새로운 의미나 관점이 나타날 수 있다. 치료자는 환자와 함께 협력하여 과거, 현재, 미래의 삶을 받아들이고 평정심에 더 다가갈 수 있게 하는 새로운 의미를 창조해 낼 수 있다. 이러한 질문을 탐색할 수 있는 능력이나 의지는 감정조절 능력이 향상됨에 따라 더 커질 수 있다. CALM은 이를 가능하게 돕는다.

6. 프레임 변경과 유연성. 의학적 상태가 변화하거나, 증상 조절이 되지 않거나, 예후에 관해 통보를 받게 되면, 사유할 수 있는 능력이나 동기가 매우 심하게 변할 수 있다. 이것은 CALM 치료 목표를 변경하고 환자의 신체 상태와 현재 의학적 치료에 따라 치료 내용이나 시간을 조정해야 함을 의미할 수 있다. 환자가 심각한 통증이나 불안을 가지고 있거나 의학적 위기 한가운데에 있을 때, 감정을 탐색하는 것은 가능하지 않거나 심지어 금기일 수 있다. 이럴 때, 치료는 적응적인 대처 방법을 강화해 주거나 심리적 평형을 유지하는 데 초점을 맞추어야 한다. 한 여자 환자의 예를 들면, 그

녀는 뇌 전이를 진단받으면서 강렬한 감정적 상태에 빠졌다. 그것은 자신의 죽음과 자신이 죽은 후 어린 자녀들을 남겨 둬야 하는 것에 대한 두려움이었다. 치료자는 견디기 힘든 감정을 다루고 애착 안정성에 초점을 맞추며, 더 지지적인 방향으로 옮겨 갔고 이것은 환자에게 도움이 되었다.

7. **치료적 한계와 경계를 마주하기.** 치료자가 죽음과 죽음의 고통이라는 심란한 주제를 기꺼이 마주한다면 환자도 똑같이 이 주제를 마주할 수 있게 된다. 이것이 가능하게 하려면, 치료자는 자신의 죽음과 고통을 마주할 수 있어야 하고, 치료자 자신의 치료가 병 경과에 미치는 영향력의 한계를 받아들여야 한다. 이러한 환경에서 치료 목표는 질병의 진행과 죽음을 직면하는 것에 대한 슬픔과 불안을 표현하게 하는 것이고, 또한 환자가 희망과 용기를 유지하며 지금-여기에 존재할 수 있게 하는 것이다. 때로는, 매우 중요해 보이는 인생 목표의 완성이 불가능하다는 것을 받아들이게끔 하는 데 관여하기도 한다. 한 부부가 있었다. 이들은 은퇴 후의 자유와 여행을 꿈꾸며 자신들을 희생시키며 살아왔다. 전이성 전립선암 진단과 악화는 이 목표의 포기를 의미했고, 피할 수 없는 낙담과 후회 속에서 살아가야 함을 의미했다. 이러한 느낌은 매우 강렬했고, 다른 어떤 계획도 세울 수 없게 만들었다. CALM 치료자는 미래에 여러 가능성이 존재할 수 있음을 생각하게 돕고, 현재 상태에도 불구하고 실현 가능한 목표로 재조정할 수 있게 만들었으며, 이중인식에 대해 사유할 수 있게 했다. 전이성 위암을 가진 여성이 있었다. 그녀의 남편은 다른 여성과 친밀한 관계를 맺고 있었다. 그녀는 남편과 정서적으로 결별한 상태였고, 남편과의 불행한 결혼 생활에서 벗어나지 못했다. CALM은 이 바꿀 수 없는 상황을 견딜 수 있게 돕고, 그녀 인생의 가장 고통스러운 이 시기에 자신을 지탱해 줄 다른 것들을 찾을 수 있도록 도왔다.

8. **해석.** 역동정신치료에서 해석은 전통적으로 환자의 증상과 행동의 의미에 대해 치료자가 설명을 제공하는 것으로 간주했다. 최근, 해석 과정

은 '마음의 만남meeting of the minds'을 통해 함께 의미를 만들어 내는 것joint creation of meaning으로 이해되고 있다(Aron, 1996). 이것은 환자의 경험에 몰입하고 환자와 치료자 사이의 깊은 대화에서 비롯된다. 이러한 해석은 잠정적인 것이며 협력 정신 안에서 만들어지는 것이다. 이러한 과정은 환자가 자신을 더 깊이 이해할 수 있게 하며, 자기와 상황을 다른 관점에서 생각하고 느낄 수 있게 한다. 전이성 유방암을 가진 여교수에 관한 예를 들고자 한다. 그녀는 어린 시절부터 항상 타인의 기대를 충족시키는 '착한 소녀'가 되어야 한다는 느낌으로 살아왔다. 그녀는 자신의 병이 그녀 주위 사람들을 실망시킬 것 같았고, 수치심과 당혹감을 느꼈다. 그녀는 자기 사고방식이 다른 사람들이 실제 생각하거나 기대하는 것이 아님을 이해함으로써 자유로워질 수 있었다. 이런 식의 해석은 그녀의 의식을 확장하고 다른 관점으로 나아갈 수 있게 하며, 정신화 과정으로 이끌었다.

9. **정신화와 '이중인식'.** 사유하고 정신화하는 능력은 개인에 따라 상당한 차이를 보인다. 이 능력은 느낌을 깊이 사유하고, 느낌과 문자 그대로의 사실literal fact을 구분하며, 다양한 관점에서 여러 가능성을 받아들일 수 있는 능력을 말한다. 정신화를 유지하는 것은 진행성 질병 상황에서 특히 어렵다. 절망hopelessness과 의기소침demoralization은 단지 심리적인 것으로, 여러 가능한 관점 중 하나일 뿐이다. 하지만 질병의 현실과 실제 다가오고 있는 죽음은 이러한 정신화를 방해한다. 진행성 암에서 느끼는 감정들을 정신화하는 것은 환자에게 결국 다가올 죽음의 가능성뿐만 아니라 삶의 가능성 또한 존재함을 알아차리는 '이중인식'을 유지하게끔 한다. CALM 치료자는 환자가 피할 수 없는 공포스러운 미래의 여러 심리적 반응에 대해 생각하게 하고, 환자의 경험을 이해하며 인정함으로써 '이중인식'을 촉진한다. 역설적이게도 자기 질병의 고유하고 개인적 의미를 확인하는 과정에서, 생각과 느낌에 다른 관점이 존재할 수 있음이 드러난다.

10. **마무리.** CALM 참여자들은 대부분 3~6회 치료를 시행한다. 위기가 지

속되면 CALM 치료 기간을 늘리거나, 상태가 안정화되어 만성화 단계에 들어가면 치료를 잠시 중단했다가 다시 시작할 수 있지만, CALM에 참여한 사람들은 보통 더 긴 시간의 치료를 원하지 않는다. 많은 경우, CALM 치료 종결은 환자와 치료자가 함께 결정한다. 마지막 CALM 시간에, 필요하면 다시 치료를 재개할 수 있다는 것을 환자에게 알린다. 몇몇 사례에서 치료 구성에 작별 시간을 포함하는 것은 매우 중요하다. 치료 종결은 환자의 바람으로부터 시작되어야 하고 작별이 '포기'나 추가로 CALM 치료를 받을 수 없음을 의미하는 것이 아니어야 한다. 갑작스러운 죽음이나 예상치 못한 빠른 악화가 발생할 수 있으므로, 공식적으로 치료를 종결하는 경우는 많지 않다. 한 전이성 전립선암 환자는 갑작스러운 죽음을 두려워했다. 그는 이러한 상황을 오래된 서부영화에 비유했다. "마차로 둥근 원 모양으로 방어진지를 구축했지만, 포위망이 점점 조여 오고 있는 것과 같아요." 이러한 걱정을 논의하는 것 자체가 치료적일 수 있다. 매우 생산적이고 적극적인 세션은 죽음 직전에야 비로소 이루어지기도 한다.

결론

이 장은 CALM의 구조, 구성, 치료과정의 필수 요소에 관해 기술했다. 이와 같은 CALM의 구성 요소와 치료 요소를 통합하고, 지속해서 변화하는 환자와 배우자의 필요에 맞춰 치료를 조정하는 것은 CALM 교육과 지도감독에서 배우게 된다.

참고문헌

Aron, L. (1996). *A meeting of minds: Mutuality in psychoanalysis*. Relational Perspectives Book Series 4. The Analytic Press.

Habermas, T. (2011). Autobiographical reasoning: Arguing and narrating from a biographical perspective. *New Directions for Child and Adolescent Development, 2011*(131), 1-17.

Jurist, E. L. (2010). Mentalizing minds. *Psychoanalytic Inquiry, 30*(4), 289-300.

Lo, C., Hales, S., Braun, M., Rydall, A. C., Zimmermann, C., & Rodin, G. (2013). Couples facing advanced cancer: Examination of an interdependent relational system. *Psycho-Oncology, 22*(10), 2283-2290.

Ogden, T. H. (2004). The analytic third: Implications for psychoanalytic theory and technique. *The Psychoanalytic Quarterly, 73*(1), 167-195.

Pavlicevic, M., & Impey, A. (2013). *Deep listening:* Towards an imaginative reframing of health and well-being practices in international development. *Arts & Health, 5*(3), 238-252.

Rodin, G., & Zimmermann, C. (2008). Psychoanalytic reflections on mortality: A reconsideration. *Journal of the American Academy of Psychoanalysis and Dynamic Psychiatry, 36*(1), 181-196.

Shaw, C., Lo, C., Lanceley, A., Hales, S., & Rodin, G. (2020). The assessment of mentalization: Measures for the patient, the therapist, and the interaction. *Journal of Contemporary Psychotherapy, 50*(1), 57-65. https://doi.org/10.1007/s10879-019-09420-z.

Weststrate, N. M., & Glück, J. (2017). Hard-earned wisdom: Exploratory processing of difficult life experience is positively associated with wisdom. *Developmental Psychology, 53*(4), 800-814.

제15장

CALM의 영역

서론

이 장에서 기술할 4개의 영역은 CALM 치료 동안 모든 환자가 이야기할 기회를 얻어야 하는 일반적인 주제이다. 초기 면담에서 각 영역을 간략히 탐색하고 가장 시급한 문제가 되는 영역을 확인한다. 각 영역에 같은 시간과 관심을 고수할 필요는 없고, 각 영역은 서로 배타적이지 않으며 서로 연결되어 있다. 세션 동안이나 세션 사이에 각 영역을 자연스럽게 넘나들 수 있다. 3~6회의 치료가 끝나도, 필요하면 추가 세션을 가질 수 있고, 현시점에 가장 필요한 영역부터 초점을 맞춘다.

이 장에서는 각 영역을 탐색하는 목적을 설명하고, 이를 탐색할 수 있게 하는 대사를 제시하며, 각 영역의 내용$_{\text{domain contents}}$과 치료과정의 요소를 함께 보여 줄 수 있는 사례를 제시한다.

영역 1: 증상 관리와 치료진과의 대화

영역 1의 전반적인 목표는 다음과 같다.

1. 환자의 증상, 전반적인 기능, 치료진과의 관계를 공감적으로 탐색한다.
2. 환자의 적극적인 참여를 격려하고 돕는다. 자신의 질병을 잘 이해하고 증상 조절과 의사결정을 도울 치료진과의 협력 관계를 만들도록 돕는다.

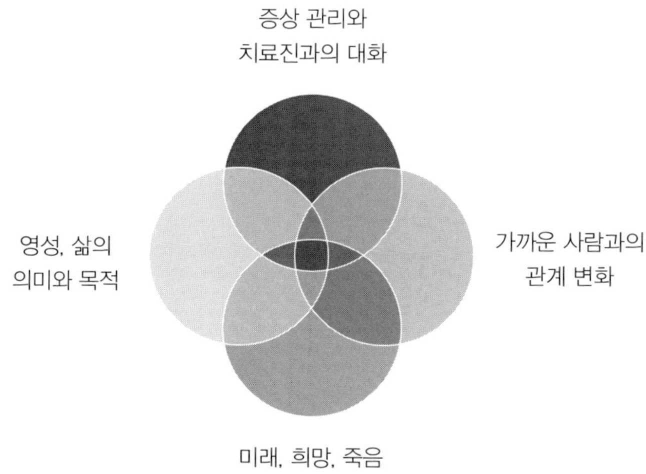

[그림 15-1] CALM의 영역

출처: Hales et al. (2015).

대화 시작을 위한 탐색 언어

- "지금까지의 암 진단과 치료에 관해 이야기해 주세요."
- "지금까지 받았던 치료나 의료 서비스는 어땠습니까?"
- "의료진이나 주치의와의 관계는 어떻습니까? 만족스러운 점과 불만스러운 부분에 관해 이야기해 주실 수 있습니까?"

- "의료진에게 어느 정도까지 질문하거나 걱정을 이야기할 수 있습니까?" "의료진이 어디까지 들어주는 것 같습니까?"
- "요즘 신체상태는 어떻습니까?"
- "현재 암 치료 계획이 무엇인지 알고 계십니까?"

질병을 이해하고 증상을 조절하기. 질병을 이해하고 효과적으로 관리하는 방법을 배우는 데 시간이 필요하다. 이를 위해 CALM 치료자는 의사나 다양한 치료진이 제공한 정보나 가족, 친구, 인터넷과 같은 출처에서 얻은 정보를 환자가 종합적으로 상의할 수 있는 통로가 되기도 한다. 심각하지 않은 혹은 암과 관련이 없는 신체 증상이나 검사가 심한 불안과 걱정을 유발할 수 있기 때문에, 암이나 심각한 의학적 상태를 진단받은 후, 오해나 인지 왜곡을 다루는 것은 매우 중요하다. 암 증상이나 암 악화 증상과, 암과 관련 없는 의학적 상태나 치료 부작용을 구별하는 것은 디스트레스를 낮출 수 있으므로, CALM 치료자는 이를 돕는다. 또한 CALM 치료자는 환자가 치료진으로부터 얻고자 하는 정보, 특히 환자의 질병 상태나 치료결정과 관련해 어떤 정보를 얻어야 하는지 함께 상의하기도 한다.

사례 1

유방암이 뼈로 전이된 여성 환자는 심한 불안과 뼈의 통증을 반복적으로 겪고 있었다.

환자: "제가 왜 이러는지 모르겠어요. 잘 지내고 있었는데, 초조하고 눈물이 나요. 최근에 왼쪽 다리가 너무 아파요. 왜 그런지, 어떻게 해야 할지 모르겠어요."

CALM-치료적 반응: "이 통증에 대해 검사하거나 통증 조절을 위해 의료진 중 누구에게 연락할 수 있습니까?" "왜 의료진에게 말을 하지 못하고 있습니까?"

"예전에 통증이 불안을 일으킨다고 하셨습니다. 통증이 어떤 생각을 불러일으킵니까?"

치료전략은 이 환자가 신체 증상을 조절할 방법에 대해 생각하게 하고, 증상을 줄이기 위해 적절한 도움을 구하게 하는 것이다. 추가적으로 통증의 근원적인 의미를 탐색한다. 통증은 암의 악화와 죽어감, 통증으로 인한 기능 상실로 보호자에게 더 의존해야하는 두려움을 의미할 수 있다. 이러한 중재는 환자가 이해받고 있다고 느끼고 신체적 · 심리적 디스트레스를 관리할 수 있는 다른 관점을 가질 수 있게 돕는다.

CALM-치료적이지 않은 반응: "방사선 종양 전문의에게 전화하십시오. 저번에도 방사선 치료로 증상을 조절할 수 있었습니다. 너무 걱정하지 마십시오."

치료자는 환자의 불안을 줄이기 위해 안심시키려 하고 있지만, 이러한 반응은 환자의 감정을 침묵시키고, 환자가 무시당한다고 느낄 수 있다. 더 이상 탐색하지 못하고, 정서적 반응의 원인을 이해할 수 없게 만든다. 게다가, 이와 같은 치료자에 의한 문제해결은 환자가 자기 증상 조절에 능동적 참여자가 되는데 방해된다. 마지막으로, 치료자가 증상이 쉽게 조절될 것으로 가정하고 있지만, 그렇게 될 수도 있고 안 될 수도 있다.

의학적 의사결정 돕기: 많은 환자에게 치료의 시작 · 유지 · 중단 결정은 매우 부담되고 힘이 든다. 특히 질병이 악화하거나 일차치료가 실패했을 때 더욱 힘들다. 환자는 치료결정에 관한 느낌을 탐색하는 것으로부터 도움을 받을 수 있다. 암 클리닉에서는 느낌을 탐색할 만한 시간과 공간이 없기 때문이다. 이러한 대화를 할 때, 치료를 계속해 나가거나 중단하는 결정이 스스로 결정한 것인지, 위험과 이득에 대해 잘못 이해한 것이지, 가족, 사랑하는 사람, 의료진으로부터 압박감에 의한 것이지, 그 정도를 탐색해야 한다. 가족, 사랑하는 사람, 의료진의 반응이나 걱정으로부터 자유롭게 자기 치료에 대한 생각과 느낌을 알아보는 기회를 가질 수 있는 정신치료적 상황은 특히 가치가 있다. 의사결정에 관한 치료자의 중립성은—진행성 암 환자의 치료나 삶의 여러 측면에 관해 결정할 때는 이를 유지하기 쉽지 않겠지만—오래 지속되어 온 정신치료적 입장이다. 드러나게 이렇다고 말하지 않더라도 환자는 이러한 중립적인 태도나 견해를 알아차릴 수 있다. 때로는 치료자가 중립성이라는 환상을 유지하려고 하기보다는, 치료결정에 관한 수많은 견해 중의 하나로서 자신의 입장을 가질 수 있다. 때로는 치료자가 아무 의견을 갖지 않는 것보다 이것이 더 현실적일 수 있다.

사례 2

치료 선택지에 대해 함께 이야기하는 것이 도움이 된 67세 여성 진행성 암 환자는 치료를 지속하는 것이 효과적이지 않고, 치료가 남아 있는 시간 동안 의미 있는 일들을 할 수 없을 정도로 신체기능을 악화시키리라는 것을 알고 있었다. 그러나 그녀의 아들은 계속 치료를 받아야 한다고 주장했다. 그녀는 치료를 계속해야 할지 오랫동안 고민했다. 의사가 추가적인 치료를 이야기했을 때, 그녀는 자기 결정에 대해 확신을 가질 수 없었다. 지금까지 치료가 어떠한 이득도 주지 못했다는 것을 알고 있었지만, 말을 잘 듣는 '좋은 환자'이고 싶었다. 그리고 그녀의 삶을 연장할 가능성을 보내 버리고 싶지 않았다. 하지만 삶을 의미 있게 살아가게 할 수 없을 정도로 신체기능이 저하될까 봐 두려웠다. 그녀와 아들이 이 문제에 관해 대화하게 되면서, 아들이 추가 항암치료를 주장하는 것은 어머니가 체계적인 치료를 받았으면 하는 바람이라기보단, 아들 자신의 고통 때문인 것이 드러났다. 이렇게 그 의미가 명확해지자, 아들은 치료를 원하지 않는 어머니의 결정을 따를 수 있었고, 어머니가 자신에게 얼마나 소중한 존재인지에 관해 어머니와 이야기할 수 있었다.

사례 3

어린 자녀 셋이 있는 한 아버지는 최근 전이성 신장암을 진단받았으나, 예후가 확실치 않은 상황guarded prognosis[1]에서 항암치료를 의료진으로부터 권유받았다. 외과 의사인 환자의 아버지는 항암치료를 독려했고, 대체의학 분야에서 일하고 있는 아내는 항암치료 대신에 멕시코로 가서 비타민 주사 치료를 받자고 주장했다.

환자: "마음이 찢어지는 것 같아요. 제 상황이라면 어떻게 하시겠습니까?"

CALM-치료적 반응: 치료자는 자신도 어떻게 해야 할지 모른다고 말하거나 자신의 성향을 솔직히 나타내며 반응할 수 있다. 그러나 가장 중요한 것은 다음과 같이 결정에 대한 환자 자신의 느낌을 탐색하도록 하는 것이다. 다음과 같은 말로 시작할 수 있다. "주치의, 아버지, 아내가 각각 의견을 말했습니다. 지금은 제 생각을 묻고 있습니다. 가장 중요한 것은 각각의 선택이 당신에게 어떤 의미가 있는지 함께 알아보는 것입니다. 각각의 이득과 위험은 무엇입니까? 그리고 각 선택에 어떤 느낌이 듭니까?"

치료전략은 환자가 질병에 대해 이해하고 선택의 잠재적 위험과 이득에 대해 숙고하게 하는 것이다. 이것은 치료결정과 관련된 그의 느낌에 대해 사유하게 만들고, 자신만의 균형 잡힌 견해에 기초해 최종 결정에 도달할 수 있도록 돕는다. 각 선택에 대한 자신만의 의미를 스스로 인식할 수도 못 할 수도 있지만, 이 의미는 치료 선택에서 위험과 이득에 대한 여러 관점 중 하나로 설명되고 이해된다(예: "화학요법을 수락하는 것은 또다시 아버지에게 굴복하는 것입니다." 혹은 "대체요법을 거부하는 것은 아내에게 자기 활동 분야를 거부하는 것처럼 느껴지

---

1) 예후가 확실치 않은 상황Guarded prognosis은 좋은 예후와 불량한 예후 사이의 불확실한 경계에 있는 상태를 뜻한다. 예측을 위해 더 많은 정보가 필요하다는 것을 의미하지만, 비교적 나쁘지 않을 수 있음을 의미한다.

게 할 것입니다.")

CALM-치료적이지 않은 반응: "의사들이 항암치료가 도움이 되지 않는다고 생각했다면, 항암치료를 권유하지 않았을 것입니다. 당신과 아이들을 위해서, 증거가 더 확고한 치료를 고려해야 할 것 같습니다."

치료자가 확립된 암 치료에 더 큰 확신이 있을 수 있고, 자기 병원의 의사들이 시행하는 접근방법이 자기 생각과 더 일치할 수 있다. 하지만 가족 각자의 입장이 첨예하고 환자 자신이 원하는 것이 명확하지 않기 때문에, 아버지이자 남편이자 아들인 이 젊은 환자가 자신만의 위치를 찾는다는 것은 어려울 수 있다. 치료자의 접근방식이 암 치료진과 너무 빨리 일치되는 것은 문제를 더욱 복잡하게 만들 수 있다. 치료결정의 관계적인 영역을 탐색하는 것은 자신과 타인 사이의 견해차로 일어나는 복잡성과 갈등을 풀어 내고, 모두의 관점을 통합하면서도 자신의 가치와 우선순위에 근거해 치료결정을 내릴 수 있게 한다.

사례 4

전이성 난소암을 앓고 있는 한 여성 환자는 흉막삼출과 관련된 증상이 나타나기 시작했다. 이것은 병이 악화되었다는 것, 통증 및 증상 관리에 더 많은 관심이 필요함을 뜻했다. 종양팀은 완화의료를 소개하였지만, 그녀는 완강히 거부했다.

환자: "완화의료는 필요 없습니다. 완화의료 받는다는 것은 포기하는 것입니다."

CALM-치료적 반응: "완화의료 제안은 당신에게 어떤 의미입니까?" "완화의료팀이 무엇을 할 것인지 어떻게 이해하고 있습니까?"

치료전략은 완화의료로 의뢰되는 것의 의미를 사유하게 하는 것이다. 이 의뢰의 의미를 탐색 혹은 정신화하고, 불안을 표현하게 하고, 불안이 당연할 수 있음을 알게 하는 것은 그녀를 평온하게 만들었다. 이 평온한 상태는 완화의료를 포기하는 것과 동일시하는 그녀의 생각을 다시 바라보게 했다. CALM 치료자는 환자에게 질병의 다양한 단계에서 통증과 증상 관리를 위해 완화의료로 의뢰되며, 통증과 증상을 적극적으로 관리하는 것을 '포기'로 생각할 필요가 없다고 설명했다. 앞으로의 치료 계획이 그녀의 바람과 다르지 않고 현재 삶의 질을 최적화하기 위한 적극적인 치료와 함께할 수 있다는 것을 확인하며, 인생의 마지막에 관한 계획을 수정할 수 있었다. 결국 환자는 완화의료를 동의했고, 압도적 불안 없이 증상 치료와 사전돌봄계획advanced care planning을 받아들였다.

CALM–치료적이지 않은 반응: "결정은 당신이 하는 것입니다. 완화의료를 원할 때 다시 알려주십시오." 혹은 "의료진의 조언을 받아들이지 않으면, 그들이 도울 수 없습니다."

치료자는 의사결정에서 환자의 자율성autonomy을 독려하려 했거나, 이성적인 의학적 조언을 받아들이길 바랐을 수 있다. 하지만 이러한 접근은 감정 탐색을 차단하고, 완화의료에 의뢰되는 두려움을 처리하지 못할 수 있다.

의료진과 협력적 관계 만들기: 주치의 혹은 의료진은 환자가 정보, 치료 가이드, 지지를 얻을 수 있는 원천이므로 이들과의 관계는 매우 중요하다. 의료 제공자의 결함, 치료과정에서 일어날 수 있는 실수, 의료 자원의 제한됨을 알게 되었을 때, 환자와 가족은 두려움을 느낄 수 있다. 이러한 혼란을 인식하게 되면 의존성, 부담, 거절, 버림받음과 같이 애착과 관련된 두려움이 일어날 수 있고, 환자는 도움을 완전히 거부하거나 지나치게 도움을 요청할 수 있다. 때로는 거부도 요청도 아닌 애매한 형태로 반응할 수 있다. 이러한 반응은 의료진과의 관계를 더욱 악화시킬 수 있다. 환자의 경험을 공감적으로 이해하는 것은 의료진과의 협력관계를 형성하거나 손상된 관계를 회복시킬 수 있다. 이 상황에서 치료자는 균형 잡힌 시각을 유지하고, 환자와 보호자 사이에서 옹호자 또는 중재자 역할을 해야 한다.

사례 5

최근 전이성 인두암 진단을 받은 남자는 시골에서 살고 있었다. 그는 자기가 매우 독립적이고 병원에 거의 가 본 적이 없을 정도로 매우 건강했다고 했다. 공격적인 항암치료와 방사선치료를 시작했고, 몇 주 동안 매일 치료받기 위해 가족농장을 떠나 도시에 있어야 했다.

환자: "병원은 마치 거대한 컨베이어 벨트같이 움직입니다. 저는 그냥 입을 닫고 다시는 돌아올 수 없는 벨트 위에 앉아 있어야 합니다."

CALM-치료적 반응: "이곳이 감정이 없는 기계처럼 느껴진다고 말씀하시는 것 같습니다. 어떤 대우를 받으면 좋을 것 같습니까?"

치료전략은 이 환자가 의료팀에 관한 자기 경험과 기대를 이해하고 딜레마에 대한 실질적인 해결책을 고려하도록 돕는 것이다. 그는 의료의 비인간적인 측면을 경험하고 있었다. 이것을 인간성을 상실한 대도시 삶에 비유했다. 치료자는 대형병원에서 발생할 수 있는 개성 상실과 관련된 환자의 반응을 확인했고, 가족으로부터의 고립을 해결하기 위한 대안을 탐색했다. 이후 환자는 자기 경험에 관해 의료진과 대화했고, 환자는 의료진이 한 인간으로서 자기에게 관심이 있음을 확인했다. 이는 환자 걱정의 실질적 해결책 모색으로 이어졌고, 환자는 항암치료 동안 집과 병원을 오가는 교통수단을 제공받을 수 있었다.

CLAM-치료적이지 않은 반응: "의료진은 당신에게 분명 관심이 있을 겁니다." 치료자는 이 말로 환자를 안심시키려 하였지만, 환자는 자신이 무시당했다고 느낄 수 있다. 이 말은 자기 경험이나 타인의 반응에 대한 자기 생각을 정신화하거나 성찰하는 데 방해가 되었다. 결국, 이 치료자의 말은 환자를 치료에 더 협조적으로 바꾸는 데 도움이 되지 않으며, 그가 처음 가졌던 생각을 유지하게 할 수 있다.

영역 2: 자기self, 가까운 사람과의 관계 변화

영역 2의 전반적인 목표는 다음과 같다.

1. 진행성 암의 맥락에서 가까운 친구, 가족 관계를 공감적으로 탐색한다.
2. 질병이나 치료가 환자 자기개념self-concept이나 가까운 사람과의 관계에 미치는 영향을 이해하도록 돕는다.
3. 진행성 질병에서 의존과 돌봄에 관한 불안과 갈등, 그리고 도움을 받아들이는 데 방해되는 요소를 탐색한다.
4. 관계 역동을 탐색하고 미래의 어려움을 대비하기 위해, 가능하다면 주 보호자와 공동 세션conjoint session을 가진다. 이 공동 세션에서 주 보호자뿐만 아니라 자녀나 다른 가족 구성원의 필요와 경험을 다룬다.

대화 시작하기 위한 탐색 언어

- “다른 사람들과 관계가 어떠신가요? 인간관계에서 어떤 걱정을 가지고 계십니까?”
- 필요하면 더 구체적으로 물을 수 있다. “자립적인 편입니까? 스트레스를 받을 때 다른 사람에게 기댈 수 있습니까?”
- “암에 걸린 후, 사람들이 당신을 다르게 대합니까?” 만약 그렇다면, “어떻게 바뀌었습니까?”
- “병이 있는 지금, 다른 사람들이 당신을 어떻게 대해 주기를 바랍니까?”
- “암이 배우자(또는 다른 주 보호자)에게 어떤 영향을 미쳤습니까?”
- “암이 자녀들에게 어떤 영향을 미쳤습니까?”
- “암 발병 후 가정에서 무엇이 달라졌습니까?”
- “집에서 당신의 암에 관해 이야기합니까?” 그리고 만약 그렇다면, “무슨 이야기를 합니까? 이야기하지 못하는 것은 무엇입니까? 대화가 잘 되고

있습니까?"

필요한 돌봄과 지지를 받거나 주는 것: 진행성 암은 가사의 분업, 재정적 책임, 양육의 역할, 정서적 · 신체적 친밀감에 극적인 변화를 가져온다. 많은 진행성 암 환자는 사랑하는 사람으로부터 그들이 원하고 필요로 하는 정서적 · 실질적 지지를 유연하게 요구하고 얻을 수 있다. 하지만 몇몇 사례에서 볼 수 있듯이, 애착과 관련된 두려움attachment fear은 보호자의 지지를 구하거나 얻는 능력을 방해하고 원치 않거나 도움이 되지 않는 반응을 유발할 수 있다. 환자와 보호자의 애착 욕구를 확인하고 조정하는 것은 관계의 균형을 회복하고 서로를 지지할 수 있게 한다. 관계 문제와 혼란을 해결하지 못하면 환자의 고립감은 커지고 우울 증상이 시작되거나 악화될 수 있다.

사례 1

여성 전이성 폐암 환자는 항암치료 중이었다. 그녀는 도움을 받지 못하고 버려질 것 같아 두려워했다. 그녀는 불안 애착 스타일로, 반복적으로 치료팀에게 전화를 걸어 질문을 했고, 외래 예약을 요구했다. 치료팀은 잦은 요구에 끊임없이 안심시켜 주었지만, 그녀의 진정되지 않는 모습에 점점 지쳐 가고 있었다.

환자: "항암치료를 끝까지 해내지 못할 것 같습니다. 저는 CALM 치료를 6번만 받을 수 없습니다. 이 이상의 것들이 필요합니다."

CALM-치료적 반응: "당신의 능력을 자꾸 의심하고 있습니다. 무엇이 이렇게 만드는 것 같습니까?" 그런 다음, "당신은 이미 항암치료를 반이나 해내었습니다. 여기까지 이르게 한 것은 무엇입니까?"

치료전략은 환자의 필요를 공감적으로 이해하고 버려질 것 같은 불안을 탐색하는 것이다. 환자의 강점을 확인하는 과정에서 환자는 자신의 대처 능력과 지지체계에 대한 확신을 가질 수 있다.

CALM-치료적이지 않은 반응: "CALM 치료는 6회만 가능해서 이 시간 안에서 문제를 해결해야 합니다." 혹은 "걱정하지 마세요. 이번에는 특별히 당신이 원하는 만큼 CALM 치료를 할 수 있습니다."

치료자가 가능한 선에서 치료의 현실적 한계를 설정하거나, 무제한적 지지를 약속하면서 안심시킬 수 있다. 하지만 이러한 접근 모두는 앞으로 환자가 대처해 내지 못할 것이라는 환자의 생각을 사실로 취급하고 있다. 환자가 어려움에 직면했을 때 도움의 필요성을 강렬한 느끼는 경향과 자기 내적 능력을 의심하고 있는 것을 사유하도록 도와주지 못하고 있다.

사례 2

남성 전이성 전립성 암 환자는 신체기능 저하로 완화의료에 의뢰되었다. 그는 자립을 고집하고 디스트레스를 축소하려는 특징의 회피 애착 스타일을 가지고 있었다. 완화의료팀은 최근의 우울 증상, 사회적 위축, 절망감에 대해 우려하였고, 정신치료적 도움을 받도록 독려했다.

환자: "정신치료에 확신이 가지 않습니다. 대화하는 것으로 제 상황을 어떻게 변화시킬 수 있단 말입니까?"

CALM-치료적 반응: "대화하는 것이 당신의 병을 변화시키지 못할 수 있습니다. 하지만 지금까지 감정표현이 도움이 된 적 없습니까?" "그리고 '혼자 하는 것'이 당신의 병을 더욱 악화시키지 않던가요? 당신의 상황에 대한 저와의 대화를 상상해 보세요. 당신의 슬픔과 외로움에 도움이 될 것 같지 않습니까?"

치료전략은 정서적 소통과 지지에 관한 의심과 희망을 탐색함으로써 호기심을 불러일으키는 것이다. 역설적으로, 감정표현에 대한 의심과 불안을 탐색하는 것은 의미 있는 만남의 시작점일 수 있다. 이것은 환자의 삶의 여러 관계 패턴을 탐색하는 과정으로 이어질 수 있고 적절한 도움을 구하는 데 방해가 되는 요소를 탐색할 수 있다. 강압적이지 않고 암묵적으로 지지를 제공하는 것은 약함이나 독립성의 완전한 상실을 가져오지 않으면서, 환자의 방어적인 회피나 우울 증상을 유발하는 일련의 과정을 역전시킬 수 있다. 이어, 환자의 애착 관계를 재조정함으로써 환자 자신의 자율성을 유지하면서, 도움을 더 잘 받아들일 수 있게 하고, 강점과 약점을 이분법적인 속성으로 보지 않게 해줄 수 있다.

CALM-치료적이지 않은 반응: "맞습니다. 대화는 당신에게 일어나고 있는 일을 변화시킬 수 없습니다." 혹은 "모든 것을 안에 담아 둘 수 없습니다. 감정을 표현하면 편안해질 수 있습니다."

첫 번째 반응은 치료자가 환자의 경험에 더 초점을 맞추려 하면서, 단기정신치료의 이점을 부풀리지 않으려 한 것일 수 있다. 하지만 이러한 태도는 경험을 공유하는 것이 마음을 편안하게 해 줄 수 없다는 환자의 생각을 사실로 간주하고 있다. 두 번째 반응은 첫 번째 반응과 대조적으로 정신치료적 관계의 이점에 대한 치료자 자신의 믿음을 표현하고 있다. 하지만 환자가 자신의 걱정과 주저함에 대해 탐색할 수 없게 만든다.

사례 3

여성 전이성 자궁경부암 환자가 최근 항암치료를 마쳤다. 환자는 불안 애착 스타일이었고, 다른 사람의 도움을 강렬히 원하지만, 도움을 받을 수 없을 것이라고 두려워했다. 최근의 전산화단층촬영검사에서 병이 악화된 것으로 나왔다. CALM 치료 예약을 연달아 2번 취소했다가, 몇 주가 지나서야 CALM 치료로 다시 돌아왔다.

환자: "압도당한 느낌으로 지내 왔고, 아무도 저를 도와주지 않았습니다."

CALM-치료적 반응: "검사 결과가 나왔을 때, CALM 치료 예약을 취소하셨습니다. 무엇 때문에 치료에 나오지 못했습니까?"

치료전략은 환자의 디스트레스를 인정하며, 환자가 도움을 강렬히 원하면서도 관계를 회피하는 모순적인 경향에 대해 탐색하는 것이다.

CALM-치료적이지 않은 반응: "규칙적으로 CALM 치료에 나오시지 않으면, 제가 어떻게 도와줄 수 있겠습니까?"

환자가 치료에 적극적이길 바라지만, 이 말은 환자 고유의 경험에 초점을 맞추지 않고 있다. 비난이나 거절로 받아들여질 수 있고, 추후 디스트레스가 심해졌을 때, 환자는 치료자에게 오지 않을 수 있다.

CALM 치료에서 보호자와 협력하기: CALM의 불가결한 요소 중 하나는 환자가 생각하는 주 보호자를 한 번 혹은 더 많은 세션에서 함께하도록 초대하는 것이다. 환자가 보호자의 초대 여부와 시기를 결정할 수 있지만, 이것이 CALM의 일반적인 요소임을 환자에게 강조한다. 공동 세션의 목적은 환자와 보호자 각자의 관점이나 공통된 관점을 다른 시각에서 보게끔 하고, 이 관계의 응집성과 지지를 강화하는 것이다. 공동 세션에서 관계의 역사와 과거 위기를 극복했던 경험을 탐색하고, 공감적 이해와 서로의 정신화를 독려하며(예: "당신의 부인/남편은 어떻게 느끼고/어떻게 생각하는 것 같으십니까?"), 각자 혹은 함께 공유하고 있는 경험을 이해하도록 돕는다. 상호 조화mutual attunement를 더욱 촉진하고 질병으로 발생한 애착 관계 손상을 회복하는 것이 공동 세션의 목표이다. 환자와 보호자의 애착 관계를 조정하도록 격려하고, 관계 속에서 지지받는 느낌이 증가하도록 새로운 방식의 돌봄을 주고받도록 돕는다.

사례 4

공통의 관심사를 공유하지만, 삶과 일에서 각자 독립적으로 살아온 10년 차 부부가 있다. 전이성 흑색종을 진단받으면서 정서적 지지가 더 필요했다. 이에 배우자는 환자를 개인정신치료로 연결해 주었다.

환자: "이것은 필요 없습니다. 제가 걱정하는 것은 거의 아내에 관한 것이거

든요. 저는 아내가 상담받으면 좋겠습니다. 아내와 이야기를 좀 해 주시겠습니까?"

CALM-치료적 반응: "부인에 관해 무엇이 걱정되십니까? 그녀의 생각이나 감정에 대해 상상해 보실 수 있겠습니까?" 그런 다음, "부부 모두 서로를 걱정하고 있다는 점이 흥미롭습니다. 가족으로서 함께, 어떻게 극복할지 이야기하기 위해 다음 치료 시간에 부인을 초대하면 좋겠습니다. 이야기하실 수 있겠습니까?"

치료전략은 부인의 생각과 감정에 공감하도록 격려하고, 암은 부부 각자에게 다른 시련이긴 하지만, 암을 부부의 문제로 재구조화하는 것이다. 이 둘을 함께 만나는 것은, 관계 속의 조화와 지지를 더 풍부하게 만들 수 있다. 이것은 CALM 치료가 끝나더라도 이 둘에게 계속해서 도움이 된다.

자녀와 다른 가족 구성원 지지하기: 환자와 보호자가 흔히 겪는 어려움 중 하나는 자녀나 다른 가족에게 질병에 관해서 무엇을 말할지, 언제 말할지, 질병이 진행되는 동안 이들을 어떻게 지지해 줄지에 관한 것이다. 몇몇 사례에서, 죽음이나 죽어감에 대한 두려움 때문에 질병에 관해 대화하는 것을 피하는 경우가 있다. 반면에 어넌 사례에서는 이러한 두려움이 병에 대해 끊임없이 생각하게 만들기도 한다. 병과 치료 부작용이 더 눈에 띌수록, 이에 관해 이야기할 필요가 커지지만, CALM 치료적 접근은 가족끼리 어떻게, 언제 예후에 관한 이야기해야 할지 규정하지 않는다. 자녀나 다른 가족과의 대화는 환자 상태를 알기 위해 물어올 때 시작될 수 있다. 대화는 하나의 이벤트로 끝나는 것이 아닌, 지속적 과정으로 바라보는 것이 가장 좋음을 알려 주는 것이 환자에게 도움이 된다. CALM 세션에서 자녀나 다른 가족의 관점과 필요에 관해 사유한다. 그리고 자녀나 가족과 더 개방적으로 대화하게 되며 일어날 것에 대한 두려움과 불안에 대해 사유하게 된다. 이러한 대화를 시작했을 때, 부모가 자녀나 다른 가족의 반응에 공명하고, 자녀가 대화할 준비가 되었을 땐 유연하면서도 적극적인 자세를 취하며, 자녀에게 필요한 도움을 받을 수 있다고 말하도록 격려한다.

사례 5

전이성 대장암 남성 환자에게 6세 아들이 있다. 환자 부부는 처음 진단 후 수술받았을 때 아들에게 암에 대해서 말해 주었지만, 재발했을 때 이 사실과 항암치료에 대해 더 이상 말해 주지 않았다.

환자: "말하는 것이 '무슨 소용이 있나'라는 생각이 듭니다. 아들이 결국에 알아야 하겠지만, 지금 불안하게 만들 필요는 없습니다."

CALM-치료적 반응: "아들이 당신에게 어떤 문제가 있다고 생각하는 것 같습니까?" 그리고 "재발에 대해 말했을 때, 당신은 무엇이 두렵습니까?"

치료전략은 부모가 아들에게 말하지 않는 이유를 깊이 생각하도록 격려하고, 자기 감정과 자녀의 감정을 구분할 수 있도록 하는 것이다. 아들과의 대화를 불안해하는 부모가 불안을 조절할 수 있도록 돕는 것은 대화 시작 전 필요한 단계이다. 아들이 현재 알고 있는 것과 알고 싶어 하는 것에 관한 질문으로 시작할 수 있다.

CALM-치료적이지 않은 반응: "아이들은 당신들이 생각하는 것보다 더 많이 알고 있습니다. 아이가 감정을 조절할 수 있도록 무슨 일이 일어나고 있는지 아이에게 터놓고 이야기해야 합니다."

치료자는 암에 대해 공개적으로 대화하는 것이 자녀에게 최선의 이익이 된다고 생각할 수 있지만, 이러한 직접적 접근법은 부모가 자신들의 걱정을 이해할 수 있는 기회를 주지 않으며, 또한 이들의 가치, 선호도, 관심사에 맞는 접근방식을 찾도록 도움을 줄 수 없다.

영역 3: 영성과 삶의 의미와 목적

영역 3의 전반적인 목표는 다음과 같다.

1. 환자의 영성 혹은 종교적 믿음, 현재 삶의 의미와 목적의 원천을 공감적으로 탐색한다.
2. 환자의 삶, 성격, 질병의 성질이나 증상에 근거해 질병 속에서 환자가 의미를 찾을 수 있도록 돕는다.
3. 자기 내러티브를 검토할 수 있도록 도와 인생에서 성취, 유산, 후회와 낙담을 확인한다.
4. 남아 있는 시간 동안의 우선순위와 목표를 사유하고 재검토하도록 돕는다.

이야기를 시작하기 위한 탐색 언어

모든 영역에 삶의 의미와 목적에 관한 질문이 포함되어 있지만, 때로는 이 주제에 대해 구체적으로 초점을 맞추어야 한다. 이 주제는 CALM 치료 시간에 환자 스스로 시작할 수 있지만, 분명한 질문이나 관련된 말 없이는 다루어지지 않을 수 있다. 몇몇 구체적 탐색 언어는 다음과 같다.

- "당신에게 일어나고 있는 일들을 어떻게 이해하고 계십니까?"
- "인생에서 중요한 것은 무엇인가요?" "무엇이 가장 자랑스럽습니까? 실망이나 후회는 없습니까?"
- "병에 걸린 후 당신의 우선순위나 가치관은 어떻게 바뀌었습니까?"
- "당신 삶에서 가장 의미가 큰 것은 무엇입니까?" 또는 "가장 많이 의지할 수 있는 것은 무엇입니까?"
- "당신 삶에서 영성이나 종교가 중요합니까?" 그렇다면, "지금 그것이 당신에게 무엇을 의미합니까?"

고통과 죽음의 개인적 의미를 이해하는 것: 삶의 의미를 만드는 것은 두렵고 통제할 수 없는 것들을 조절하는 데 도움이 되는 인간의 적응적인 반응이다. 이것은 영성과 삶의 의미, 목적이 인생의 끝에 가까운 많은 사람에게 왜 중요한지 설명하는 데 도움이 된다(LeMay & Wilson, 2008). 몇몇 사람에게 질병과 죽음의 위기는 오랫동안 유지되어 온 종교적 · 철학적 관점의 강화로 이어진다. 또 어떤 사람에게는 "왜 나인가?" "이다음엔 또 무엇이 올까?" "왜 내 가족이 고통을 받아야 하나?"와 같은 의문과 함께 고통에 빠진다. 선한 삶을 살아온 한 진행성 암 환자는 "하나님에게 뜻이 있습니다. 어떤 깊은 뜻이 있는 것 같습니다." 라고 말했다. 또 어떤 사람은 신에게 병의 진행이라는 벌을 자신에게 내리지 말라고 간청하기도 했다. 환자들이 상황을 어떻게 이해하는지 탐색함으로써, 치료자들은 환자들이 통제할 수 없는 상황에 대처하기 위한 적응적 방법으로서 삶의 의미를 만들도록 도와줄 수 있다.

사례 1

전이성 유방암 환자가 최근 유방암 환자 지지그룹을 그만두었다.

환자: "유방암을 축복으로 가장하는 이야기를 한 번만 더 듣는다면, 저는 고함을 지를 겁니다."

CALM-치료적 반응: "암 경험은 사람마다 매우 다릅니다. 당신의 인생관에 암은 어떤 영향을 끼쳤습니까?"

치료전략은 이 환자에게 더 긍정적인 전망을 장려하거나 환자의 부정적인 견해를 확인하는 것보다, 사람마다 다른 각자의 경험과 관점이 있을 수 있다는 것을 포함해 암과 암의 의미에 대한 자신만의 내러티브를 만들도록 돕는 것이다.

CALM-치료적이지 않은 반응: "맞습니다. 암은 끔찍한 병입니다. 지지그룹이 이것도 모르다니 끔찍하네요."

이 치료자는 환자를 공감하고 환자가 경험한 것을 이해하려 했지만, 이러한 반응은 환자가 암의 여러 가지 측면을 사유하는 것을 방해한다.

진행성 질병에서 우선순위 및 목표 평가: 질병이 진행됨에 따라 이전에 중요했던 목표와 활동, 특히 신체적 또는 생산성과 관련된 활동은 더 이상 불가능하거나 의미가 없을 수 있다(Yalom, 1980). 시간의 부족이 인식되면서 남은 시간을 어떻게 보내야 하는지에 대한 의문이 제기되는데, 이는 삶의 우선순위와 목표에 대한 재고가 필요함을 의미한다. 환자가 지금 더 의미 있게 살 수 있도록 돕는 것은 질병이 진행하면서 발생할 수 있는 의기소침demoralization을 완화하거나 심지어 예방할 수 있다.

사례 2

세 명의 어린 자녀를 가진 전이성 식도암을 진단받은 남성이 있다. 환자는 가족의 요구와 작곡에 더 열정적이고 온전히 헌신하고 싶어 했던 자신의 꿈 사이에서 혼란스러웠던 아주 긴 이야기를 들려주었다. 이 갈등은 불만족과 '모든 면에서 실패했다.'라는 느낌으로 이어졌다. 종양팀은 암이 진행되어 완치할 수 없지만, 환자가 지금까지 건강을 축적해 온 덕분에 항암치료를 하면 수년 동안 좋은 삶의 질을 유지할 수 있다고 말해 주었다.

환자: "제 음악 경력에 '최종 사망선고'를 받은 것 같습니다. 그리고 아이들을 생각하면, 비어 있는 제 식탁 의자밖에 떠오르지 않습니다."

CALM-치료적 반응: "지금 모든 것을 잃은 것 같다고 느끼는 것 같습니다. 그리고 당신의 꿈도 이루지 못한 것 같다고 느끼시는 것 같습니다." 이후 이 감정에 대해 더 탐색했다. "당신에게 건강하게 지낼 수 있는 시간이 얼마 남지 않았다면, 무엇을 하면서 지내시겠습니까?"

치료전략은 '완벽한' 아빠와 왕성한 작곡가가 되길 원했지만 이룰 수 없었던 꿈을 포함해 환자가 직면하고 있는 상실의 슬픔을 먼저 인정하는 것이다. 그

다음 새로운 우선순위와 목표에 대해 사유하게 하면서, 환자가 남아 있는 시간을 마주하며 의미 있는 삶을 살아갈 계획을 세울 수 있도록 만들었다. 환자는 다시 아버지로서 아이들에게 헌신하고 함께 시간을 보내겠다고 표현했고, 암으로 인해 생겨난 한가한 시간 일부를 음악에 쓸 수 있겠다고 느꼈다. 그 결과, 화학 요법을 받는 동안 내내 그는 가족과 함께하면서도 풍만한 창작의 시기를 보낼 수 있었다.

CALM-치료적이지 않은 반응: "우리 모두 이러한 한계를 직면해야만 합니다. 이것이 인간의 삶입니다. 그렇다 하더라도, 남편과 아버지가 되는 것 모두 의미 있는 성취이기도 합니다."

치료자는 환자가 생각하는 유한함의 끝인 죽음이라는 현실에 동참하려 했지만, 이러한 말은 환자가 표현한 슬픔을 부정하는 것이다. 게다가 꿈에 대한 환자의 사유를 대신 점유해 버리고, 가족에게 전념하고 헌신하는 것이 의미 있는 경험이 될 거라 미리 가정해 버린다.

영역 4: 미래에 대한 준비, 희망, 죽음

영역 4의 전반적인 목표는 다음과 같다.

1. 진행성 암과 살아가고 죽어가는 것과 관련하여, 미래에 대한 태도, 희망, 두려움을 공감적으로 탐색한다.
2. 예상되는 공포와 불안을 바라볼 수 있도록 지지하고 격려하며, 삶과 죽음의 균형을 유지하게 돕는다.
3. 사전관리계획advanced care planning, 삶의 마무리life closure, 죽음의 준비death preparation를 함께한다.

이야기를 시작하기 위한 탐색 언어

- "미래를 생각하면, 당신 앞에 무엇이 놓여 있다고 생각하십니까?"
- "죽음과 죽어가는 것에 대해 생각합니까?" 그렇다고 말하면, "당신은 죽음에 대해 어떻게 생각합니까?" 죽음과 죽어감에 관한 생각으로 디스트레스가 있다면, "죽음과 죽어감에 관한 것에서 무엇이 가장 두렵습니까?"
- "앞으로 닥칠 일을 대비하는 데 무엇이 도움이 될 것 같습니까?"

예상되는 두려움을 인정하기: 질병을 치료하거나 진행을 늦추는 '긍정적 생각'의 힘에 관해, 비록 과학적 증거가 이러한 관점을 지지하지는 않지만, 지역사회, 언론, 심지어 의료기관에서도 자주 거론한다(Garssen, 2004; Goodwin et al., 2001). 긍정적인 생각은 진행성 암이 진행되고 있는 상황에서 절대 전적으로 유지될 수 없다. 환자의 희망은 산산조각이 날 가능성이 큰 잘못된 기대에 기대지 않을 때 가장 안전하다. 질병이 진행되어 증상과 기능장애가 증가하면 더 이상 회피 전략은 가능하지 않다. 가족, 친구, 의료 제공자가 "긍정적으로 생각하라."라며 압박하는 것은 환자와 보호자의 두려움을 억누르거나 무시하여 고립감을 느끼게 할 수 있다. CALM 치료를 통해 죽음과 죽어감에 대해 공개적으로 말할 수 있는 기회는 환자의 두려움을 정상화$_{normalization}$[2]시키고, 그 두려움을 깊이 인정하며 진정시킬 수 있다.

사례 1

림프종을 앓고 있는 한 여성은 줄기세포 이식 후에도 재발을 반복하고 있었고, 현재 완화적 방사선치료를 받고 있었다.

환자: "지금 가장 무서운 것은 나쁜 죽음을 맞이하는 것입니다."

2) 정상화$_{normalization}$는 감정상태를 다른 사람과 공유하는 과정에서, 그 감정이 어떤 측면에서는 자연스러운 것임을 깨달을 수 있다. 이러한 과정에서 감정조절로 이어진다.

CALM-치료적 반응: "'나쁜 죽음'은 당신에게 어떤 것입니까?" 그리고 그녀의 두려움을 탐색한 후, "그런 종류의 죽음을 피하기 위해 지금 무엇을 할 수 있습니까?"

치료전략은 환자가 죽음과 죽어감에 대해 생각할 때, 무엇이 그녀를 두렵게 하는지 이해하는 것이다. 두려움 때문에 혼자 혹은 가족과 편안하게 탐색해 볼 수 없는 이 주제를, 치료자는 기꺼이 생각해 보려는 의지를 보여 주고 있다. 그리고 치료자는 '좋은 죽음' '충분히 좋은 죽음'을 달성하기 위한 전략을 생각할 수 있게 돕고 있다. 이것은 환자의 통제감을 더 높이고 환자를 진정시킬 수 있으며, 사전관리계획이나 죽음의 준비에 대한 실질적인 논의를 시작하게 만들 수 있다.

삶과 죽어감의 조화: 진행성 암 환자 보호자의 흔한 딜레마는 소위 말하는 질병의 부정에 도전하거나 탐색해야 하는지, 한다면 언제 해야 하는지에 관한 것이다(Rodin & Zimmermann, 2008). 어떤 경우는, 질병을 부정하는 것이, 부정하는 것이 아니라 예후를 정확하게 이해하고 있어서 현재 삶에 더 중요성을 두고 있는 것을 의미하기도 한다. 이와 다르게, 질병의 단계나 증상의 심각성에 대해 생각하는 것을 꺼릴 수 있다. 이것은 도움을 늦게 요청하고, 질병의 진행과 임종에 대한 계획을 세우지 않는 형태로 나타날 수 있다. 부정과 회피에 적응적인 요소가 있지만, 적절한 치료나 유언장, 개인 재정 문제 해결과 같이 꼭 해야만 하는 것을 하지 않게 만드는 쪽으로 영향을 줄 때 그 의미와 영향을 탐색해야 한다. 또한 죽음에 대한 집착이 의미 있게 살아가는 것을 방해할 수 있다. CALM의 중요한 목표는 진행성 질병, 생명을 위협하는 질병을 가진 환자가 삶과 죽음의 균형을 유지하도록 돕는 것이다. 이러한 '이중인식'은 미래 계획을 세우고 상실을 애도하며 현재 삶을 계속해 나갈 수 있게 한다.

사례 2

전이성 위암 여성 환자는 한 번의 CALM 치료를 남편과 함께했다. 이들은 현재의 치료가 완치를 위한 것이 아님을 이해하고 있었지만, 병이 진행되고 있다는 사실과 죽음의 가능성을 논의하지 않았다. 이 한 번의 공동 세션에서 남편은 지난 진료 시간에 주치의가 임상시험 참여를 권유하면서, 예후와 사전관리계획에 대해 말한 것에 분노했다.

남편 "어떻게 환자가 이런 것을 생각하게끔 만든단 말입니까? 주치의가 환자의 희망을 뺏는 행동은 정말 너무합니다. 우리는 이의를 제기할 것입니다."

CALM-치료적 반응: "주치의가 한 말이 당신을 놀라게 했습니까?" 그러면서 "질병이 악화하는 것에 대한 계획과 적극적인 치료 중 하나를 선택해야 한다고 느낀 것 같습니다. 이 두 가지를 동시에 할 순 없을까요?"

치료전략은 부부가 질병과 싸우면서도 죽음의 가능성을 생각하게끔 하도록 하는 것이다. 실제 환자가 체념하거나 물러서지 않고, 자기 삶을 축소하지 않으면서도 삶의 마지막을 직면하게 하는, 이러한 이중성을 유지하는 능력이 가장 핵심이다.

CALM-치료적이지 않은 반응: "이 암을 치료할 수 없다는 것을 두 분 다 알고 있을 것입니다. 언젠가는 앞날에 대해 논의하고 준비해야 하지 않겠습니까?"

치료자가 죽음을 공개적으로 인정하고 수용하는 것이 삶의 마지막에 대한 건강한 접근이라고 생각할 수 있지만, 현재 환자와 남편은 이 관점을 받아들이지 못하고 있다. 또한 환자에게 질병의 진행과 '싸우거나' 혹은 '수용'하는 것 중 하나를 선택하게 하는 것은 삶에 참여하면서 동시에 죽음을 직면하는 이중성, 즉 '이중인식'(Rodin & Zimmermann, 2008)을 무시하게 한다.

사전관리계획, 삶의 마무리, 죽음의 준비: 환자와 그 가족을 대상으로 시행한 좋은 죽음의 개념 연구에서, 긍정적 죽음 경험의 중요한 구성 요소로 사전관리계획, 삶의 마무리, 죽음 준비 활동이라는 것을 일관되게 확인할 수 있었다(Hales et al., 2008). 여기에는 임종 돌봄에 대한 바람을 분명히 하는 것, 장례 및 재정 정리, 가족과 친구에게 작별 인사, 사랑하는 사람을 위한 편지, 비디오 또는 선물과 같은 '유산 프로젝트' 작업이 포함될 수 있다. 이러한 것들을 실제 꼭 하도록 요구하지 않아도, 이러한 것에 대해 사유할 기회를 만드는 것만으로도 환자가 종결감과 통제감을 경험하고, 긍정적 유산을 남기고 있다고 느끼게 할 수 있다. 이러한 과정은 앞으로 살아갈 가족과 친구에게도 상당한 도움이 된다.

사례 3

전이성 결장암을 앓는 여성은, 경하지만 불안의 오랜 병력이 있었다. 그녀는 보통 미리 정보를 얻고 대비하면서 잠재적으로 어려울 수 있는 일들을 관리해 왔다. 그녀의 질병은 화학 요법을 통해 안정적으로 유지되고 있었지만, 그녀는 이전 외래에서 주치의에게 임종 관리에 대한 정보를 요청했다.

환자: "주치의는 그것에 대해 이야기하고 싶어 하지 않습니다. 아직 걱정할 필요가 없다고 말합니다."

CALM-치료적 반응: "당신은 어떤 종류의 정보를 원했습니까? 미래의 죽음에 대비하기 위해 무엇을 해야 한다고 생각합니까?"

치료전략은 죽음이 임박하지 않았음에도 삶을 마감하고 죽음의 준비를 원하는 환자의 바람을 확인하고 정상화시키는 것이다. 이러한 적응적인 죽음의 준비는 삶의 질이나 정신사회적 기능을 손상시키는 죽음의 병적 집착과 구별되어야 한다.

CALM-치료적이지 않은 반응: "주치의 말이 맞습니다. 당신은 지금 죽어가고 있지 않습니다. 지금은 삶에 집중해야 할 때입니다." 치료자는 환자의 불안을 진정시키려 했을 수 있지만, 이 반응은 환자의 적응적 대처 전략을 무시하고 있다.

결론

CALM의 4개 영역은 임상가가 환자에게 진행성 암 과정에서 일반적으로 나타나는 문제를 탐색할 수 있게 하는 틀을 제공한다. 죽음과 삶의 의미와 같이 가장 감정적으로 민감한 영역의 걱정을 드러내게 하는 방법은 개방형 질문을 하는 것밖에 없을 수 있다. 죽음에 직면한 사람에게 시간이 얼마 남지 않았다는 생각은 단기정신치료에서도 치료 관계를 더 깊게 만들고 더 깊은 친밀감을 느끼게 할 수 있다. CALM 영역은 종종 서로 연관되어 있으며 한 영역의 탐색은 흔히 명시적 혹은 암묵적 형태로 다른 영역으로 이어지게 한다. CALM의 정수는 치료 관계, 감정조절affect regulation, 애착 안정성에 주의를 기울이면서 환자가 원하는 순서와 깊이로 CALM 영역을 다루는 것이다.

참고문헌

Garssen, B. (2004). Psychological factors and cancer development: Evidence after 30 years of research. *Clinical Psychology Review, 24*(3), 315–338.

Goodwin, P. J., Leszcz, M., Ennis, M., Koopmans, J., Vincent, L., Guther, H., Drysdale, E., Hundleby, M., Chochinov, H. M., Navarro, M., Speca, M., Masterson, J., Dohan, L., Sela, R., Warren, B., Paterson, A., Pritchard, K. I., Arnold, A., Doll, R., O'Reilly, S. E., Quirt, G., Hood, N., & Hunter, J. (2001). The effect of group psychosocial support on survival in metastatic breast cancer. *The New England Journal of Medicine, 345*(24), 1719–1726.

Hales, S., Zimmermann, C., & Rodin, G. (2008). The quality of dying and death. *Archives of Internal Medicine, 168*(9), 912–918.

LeMay, K., & Wilson, K. G. (2008). Treatment of existential distress in life threatening illness: A review of manualized interventions. *Clinical Psychology Review, 28*(3), 472–493.

Rodin, G., & Zimmermann, C. (2008). Psychoanalytic reflections on mortality: A reconsideration. *Journal of the American Academy of Psychoanalysis and Dynamic Psychiatry, 36*(1), 181–196.

Yalom, I. D. (1980). *Existential psychotherapy*. Basic Books.

제16장

임상 실제와 지도감독에서 검사도구 활용

서론

우리는 연구 프로그램의 하나로 자기보고식 검사도구의 개발 · 검증 · 활용에 세심한 주의를 기울였다(이 책의 제10장 참조). 그러나 우리는 이러한 도구가 치료자와 치료과정을 관찰하는 데에도 매우 유용하다는 것을 발견했다. 이 장에서는 CALM의 임상 실제와 지도감독에서 심리검사도구의 사용에 대해 간략하게 설명하고, CALM에서 동료지도감독의 이점과 형식에 대해 논의한다.

CALM 치료에서 검사도구의 활용

자기보고식 검사도구는 보통 CALM 치료를 시작하면서 환자가 완료하고, 치료 후 3개월, 6개월째에 다시 작성한다. 이는 치료자가 CALM 치료 내용, 과정, 결과를 살펴볼 수 있게 해 주고, CALM 지도감독을 받을 때 정보를 제공한다. 검사도구는 다음과 같다.

1. 죽음과죽어감디스트레스척도The Death and Dying Distress Scale: DADDS(Lo, Hales, et al., 2011; Shapiro et al., 2020)는 진행성 암 환자의 죽음의 불안을 15개의 문항으로 측정한다. 다른 죽음불안 측정도구(Neieyer, 1994)와 다르게, 죽음과 죽어감디스트레스척도는 임박한 죽음을 직면한 사람들을 평가하기 위해 고안되었다. 죽어가는 과정, 임박한 죽음으로 인한 기회의 상실, 자신이 다른 사람에게 짐이 된다는 생각으로 발생하는 디스트레스에 초점을 맞추고 있다(부록 A 참조).
2. 친밀관계경험척도-M16The modified and brief Experience in Close Relationship scale: ECR-M16(Lo et al., 2009)은 애착 안정성을 평가하는 16문항 도구로 신뢰도와 타당도를 검증하였으며 현재 널리 쓰이고 있다. 하위척도로 애착 불안과 애착 회피를 평가할 수 있다(부록 B 참조).
3. 말기삶의질-암척도The Quality of Life at the End of Life-Cancer Scale: QUAL-EC(Lo, Burman, et al., 2011)는 말기에 환자들의 삶의 질을 평가한다. 총 4개의 하위척도로 이루어져 있다.
    a. 증상 조절: 지난 1개월 동안 암 증상 빈도, 심각도, 일상의 어려움을 측정한다.
    b. 삶의 마지막 준비: 경제적 어려움, 죽음과 죽어감, 가족의 대비 능력과 같은 임박한 문제에 관한 환자의 걱정을 평가한다.
    c. 치료진과의 관계: 환자가 정보를 제공받고, 치료결정에 자기 참여 정도를 평가한다.
    d. 삶의 마무리: 다른 사람과 연결감, 삶의 의미와 평온함 정도를 평가한다 (부록 C 참조).
4. 우울증선별도구Patient Health Questionnaire-9: PHQ-9(Kroenke et al., 2001)는 신뢰도와

타당도가 검증된 9개 우울증 관련 문항으로 이루어져 있다. 현재 진행성 암 환자에게 널리 사용되고 있다(Ell et al., 2008). 우리는 자살 의도를 평가하기 위해 하나의 문항을 추가했다(9a 문항: 자살을 시도할 가능성이 있습니까?). 이것은 우리 암센터의 정기 디스트레스 선별검사의 한 문항이다(Li et al., 2016; 부록 D 참조)

많은 사례에서, 환자의 심리검사 결과는 치료자의 임상적 관찰을 반영하며 환자 경험의 중요한 면을 더 정확하게 정량화할 수 있게 해 준다. 예를 들면, 애착 안정성을 측정함으로써 환자의 관계적 어려움을 알 수 있고, 환자와 치료자 사이의 치료 관계를 이해할 수 있다(Tan et al., 2005). 몇몇 사례에서, 치료 시간 동안의 내용과 심리검사 점수가 차이를 보이기도 한다. 환자가 고통을 치료자에게 이야기하는 것보다 심리검사로 알리는 것을 더 편안하게 느끼기 때문이거나, 치료자가 치료하는 동안 환자를 적절하게 파악하지 못했기 때문일 수 있다. 이 경우, 검사 결과는 CALM 세션 동안 쉽게 파악할 수 없었던 디스트레스를 정량적으로 파악할 수 있게 한다. 마지막으로, 환자는 치료 전, 치료 중, 치료 후 심리검사를 작성한다. 이것은 치료 효과를 파악할 수 있게 한다. 여러 세션을 진행했지만 디스트레스 점수가 높다면, 치료 접근방식을 수정해야 할 수 있다. 심리검사를 치료에 활용하는 것은 환자와 치료자에게 치료 진행을 논의하고 필요하면 치료 내용이나 과정을 조정할 수 있는 기회를 제공한다. 이것은 정기적인 심리검사 모니터링과 피드백이 정신치료적 돌봄 서비스를 향상시킨다는 결과와 일치한다(Lambert, 2010).

우리 센터의 치료자들은 한 페이지로 작성된 심리검사 결과를 항상 받는다. 이것은 환자 상태를 한눈에 그려 볼 수 있게 한다. 그리고 이 리포트에는 우리가 시행한 기존 연구 결과에 근거한 중등도 및 중증 절단점이 표시되어 있다. CALM 연구 프로그램은 치료의 온전성과 누적된 치료 효과를 환자 관점에서 확인하기 위해 CALM치료온전성평가도구CALM Treatment Integrity Measures: CTIM(부록 E 참조)와 임상평가질문지$_{\text{Clinical Evaluation Questionnaire: CEQ}}$(부록 F 참조)를 사용한다(이 책의 10장 참조). 우리는 현재 CALM치료온전성평가도구와 임상평가질문지를 임상 실제와 수련에 사용하고 있다.

CALM 지도감독

지속적으로 동료에게 지도감독을 받는 것은 CALM 치료의 중요하고 필수적인 요소이다. 수련을 받으면서 시작한 동료지도감독은 숙련된 치료자가 된 이후에도 지속된다. 이러한 그룹 미팅은 치료 온전성을 보장하는 데 도움이 될 뿐만 아니라 CALM 치료 능력을 지속해서 개발할 수 있게 하며, 임상의가 자기의 실존적 고통을 관리하는 데 도움이 된다. 지도감독은 지속적 발전, 동료 지지, 현실적인 기대 설정을 위한 토론의 장을 제공한다. 또한 치료자에게 치료 방향, 서로의 지지, 현실적인 기대 설정, 사유의 공간을 제공하여 치료자의 번아웃을 완화할 수 있다(Maslach et al., 1996; Pessin et al., 2015; 이 책의 제11장 참조).

CALM 지도감독그룹은 여러 수준의 수련생과 숙련자를 섞어서 8~10명 이하로 구성하는 것이 이상적이다. 치료자는 기본적인 역량이 개발되면 동료지도감독에 참여하여 토론하며 다른 치료자의 CALM 치료를 돕는다. 역전이와 치료적 어려움을 치료자가 공개하도록 독려한다는 점을 고려할 때, 토론의 비밀 보장은 필수이다.

새로운 혹은 진행 중인 사례를 발표하며, 발표는 계획된 순환 일정을 통해 지속된다. 처음에 치료자는 환자에 대해 요약, 의뢰된 이유, 현재 디스트레스 수준, CALM의 4개 영역과 관련된 내용을 소개한다. 그리고 치료과정과 관련된 애착 스타일, 감정조절, 정신화 능력에 관해 소개하고, 죽음과 관련된 디스트레스, 전이/역전이 문제, 치료 관계, 치료자의 전반적인 인상, 향후 치료 계획을 소개한다(부록 G, H 참조). 경험이 많은 치료자는 사례 발표자가 직면하고 있는 특정 의문이나 어려움에 대해 초점을 맞추어 토론할 수 있다. 환자의 심리검사 점수를 검토하고 가능하다면 치료자가 선택한 오디오 또는 비디오 일부를 제시할 수 있다. 동료 그룹은 환자에 대한 이해를 공식화formulation하고 치료 개입 및 목표를 제안할 수 있다. 치료자에게 이 제안의 영향을 확인하고 성과를 평가하기 위해 두 사례 이상 발표하도록 독려한다.

지난 10년 동안, 프린세스 마거릿 암센터에서 신규 치료자와 숙련된 치료자로 이루어진 다학제 CALM 지도감독그룹을 매주 운영해 왔다. 이를 통해 CALM 개발과 정교화를 이룰 수 있었다. 시간이 지나며, 효과적인 CALM 지도감독그룹의 중요한 요소를 알게 되었다. 그것은 안전하다고 느끼고 참여적인 분위기 속에서 치료자가 인식한 실수, 실패, 불확실함, 양가감정을 사유하는 것이다. 그리고 CALM 고유의 치료적 측면과 다른 단기치료와의 차이점을 잘 이해하고, 자주 비디오와 오디오를 공유하며 치료를 모델링하는 것이었다.

수년 동안, 지도감독에서 같은 주제들이 반복적으로 나타났다. 이 중 많은 수가 진행성 암 환자를 보면서 나타나는 고유의 긴장감이었다. 치료자들이 접하는 흔한 어려움은 다음과 같다.

- 환자의 방어를 지지하고 존중하면서 고통스러운 주제를 시작하는 것
- 허무하고 쓸모없는 것 같은 느낌을 극복하고 환자에게 도움이 되도록 상호작용하는 것
- 환자들이 논의하지 않기를 바라거나 이야기할 준비가 되어 있지 않은 일반적인 암 진행과정을 알리는 것
- 환자와 보호자의 상반된 요구를 들어주는 것
- 해결할 수 없는 실망스러운 것들을 인식하면서도 변화를 받아들이도록 도와야 하는 것
- 환자와 가족에게 암이 진행됨에 따라 더 많은 역경이나 문제가 닥칠 수 있다는 것을 알면서도 치료를 끝내야 하는 것

글로벌 CALM 프로그램Global CALM Program의 하나로 교육과 연구를 지원하기 위해 다양한 지역에서 정기적인 온라인 국제 지도감독 회의가 실시되고 있다. 이러한 모임은 전 세계에 이루어지는 CALM 치료의 전문성을 지원하고, 디스트레스의 표현, 정서적 친밀감, 애착 관계, 가족과 공동체 역할, 자율성과 개인의 성취에 대한 가치관 등과 같은 주제의 지역적 · 문화적 차이를 이해하는 데 필수적이었다. 지도감독그룹의 학습과정은 상호적이었는데, 전 세계 CALM 치료자와 교육생의 피드백과 경험으로부터 CALM 치료의 개선 사항을 반복적으로 알 수 있었다. CALM의 문화적 친화성과 수용성은 다양한 글로벌 환경에서 입증되어 왔지만, 반구조화되어 있는 특성은 각 지역의 치료자들이 환자에게 맞도록 자신의 판단과 특정 CALM 요소의 문화적 상관성과 적절성에 근거해, 자신만의 견해와 결정 안에서 CALM을 전달할 수 있게 했다.

결론

CALM 프로젝트는 처음 시작할 때부터 연구, 교육, 임상 치료를 통합했다. 치료 방향을 판단하고 결과를 확인하기 위한 심리검사도구를 개발하고 적용한 것은 CALM 치료를 개선하는 데 도움이 되었다. 지도감독 과정 또한 CALM 임상가 커뮤니티를 만드는 데 도움이 되었다. 여기서 임상가들은 서로 배우고, 진행성 암을 가지고 살아가는 환자와 가족을 도우며, 계속되는 도전을 극복하도록 서로 지지해 주고 있다.

참고문헌

Ell, K., Xie, B., Quon, B., Quinn, D. I., Dwight-Johnson, M., & Lee, P. J. (2008). Randomized controlled trial of collaborative care management of depression among low-income patients with cancer. *Journal of Clinical Oncology, 26*(27), 4488-4496.

Kroenke, K., Spitzer, R. L., & Williams, J. B. (2001). The PHQ-9: Validity of a brief depression severity measure. *Journal of General Internal Medicine, 16*(9), 606-613.

Lambert, M. J. (2010). *Prevention of treatment failure: The use of measuring, monitoring and feedback in clinical practice*. American Psychological Association.

Li, M., Macedo, A., Crawford, S., Bagha, S., Leung, Y. W., Zimmermann, C., Fitzgerald, B., Wyatt, M., Stuart-McEwan, T., & Rodin, G. (2016). Easier said than done: Keys to successful implementation of the Distress Assessment and Response Tool (DART) program. *Journal of Oncology Practice, 12*(5), e513-e526. doi: 10.1200/JOP.2015.010066.

Lo, C., Burman, D., Swami, N., Gagliese, L., Rodin, G., & Zimmermann, C. (2011). Validation of the QUAL-EC for assessing quality of life in patients with advanced cancer. *European Journal of Cancer, 47*(4), 554-560.

Lo, C., Hales, S., Zimmermann, C., Gagliese, L., Rydall, A., & Rodin, G. (2011). Measuring death-related anxiety in advanced cancer: Preliminary psychometrics of the Death and Dying Distress Scale. *Journal of Pediatric Hematology/Oncology, 33* (Suppl 2), S140-S145.

Lo, C., Walsh, A., Mikulincer, M., Gagliese, L., Zimmermann, C., & Rodin, G. (2009). Measuring attachment security in patients with advanced cancer: Psychometric properties of a modified and brief Experiences in Close Relationships scale. *Psycho-Oncology, 18*(5), 490-499.

Maslach, C., Jackson, S. E., & Leiter, M. P. (1996). *Maslach Burnout Inventory Manual* (3rd edition). Consulting Psychologists Press.

Neimeyer, R. A. (Ed.). (1994). *Death anxiety handbook: Research, instrumentation, and application*. Taylor & Francis.

Pessin, H., Fenn, N., Hendriksen, E., DeRosa, A. P., & Applebaum, A. (2015). Existential distress among healthcare providers caring for patients at the end of life. *Current Opinion in Supportive and Palliative Care, 9*(1), 77-86.

Shapiro, G. K., Mah, K., Li, M., Zimmermann, C., Hales, S., & Rodin, G. (2020). Validation of the Death and Dying Distress Scale in patients with advanced cancer. *Psycho-Oncology*. 2020 Dec 26. doi: 10.1002/pon.5620. Epub ahead of print.

Tan, A., Zimmermann, C., & Rodin, G. (2005). Interpersonal processes in palliative care: An attachment perspective on the patient-clinician relationship. *Palliative Medicine, 19*(2), 143-150.

제17장

CALM 치료사례

서론

다음은 우리 병원의 CALM 치료 실제 사례들(비밀을 유지하기 위해 개인정보는 수정함)이다. 이 사례 요약은 실제 환자 치료에서 CALM의 치료과정 및 내용들이 전개되는 모습을 보여 준다.

사례 요약: 교수

M은 66세 여성이다. 아르헨티나에서 태어났고, 성인이 되자 캐나다로 이민을 왔다. 그녀는 생물학 교수였고, 결혼은 하지 않은 채 싱글맘으로 지금은 30대인 아들을 키워 왔다. M은 5년 전에 자궁내막암endometrial cancer을 진단받고, 수많은 항암치료를 받았으며, 몇몇 임상시험에 참여했다. 하지만 그녀의 암은 림프

절, 폐, 간으로 무자비하게 전이되었다. 복막전이 부위의 출혈로 1상 임상시험에서 배제되면서, 매우 큰 디스트레스를 느꼈다. 그녀는 가능한 한 빨리 다른 임상 연구에 참여해야만 한다는 급박함을 느끼고 있었다. 그녀는 임상 연구에서 만난 환자에게 도움이 될 것이라는 이야기를 듣고 CALM 치료를 시작하게 되었다.

시작 면담: 끔찍한 이미지

M은 첫 면담에서 자신을 우울증이나 불안에 취약한 '약한' 사람이 아닌 '강인한' 사람이라고 설명했다. 그러나 활동적이지 못하고, 연로한 부모를 돌볼 수 없으며, 학문을 계속할 수 없다는 점은 '쓸모없는' 사람처럼 느끼게 했고, 삶을 무의미하게 만들었다. 그녀는 암 치료 중단을 '아무것도 하지 않는 것'과 동일시했는데, 이는 그녀에게 '죽음'을 의미했다. 첫 번째 세션에서 그녀의 주된 감정은 자신, 자신의 질병, 임상시험 팀에 대한 분노였다. 치료자가 이에 대해 언급하자 M은 임상시험에서 제외된 후로 화가 많이 났다고 말했다. 그러나 이 대화를 통해 M은 분노에 휩싸여 있었지만, 자기가 의식하지 않으려 애썼던, 근원의 무력감과 취약감으로 힘들어하고 있었다는 것이 드러났다. 치료자가 생각하거나 느끼지 않으려 하는 것이 무엇인지 물었을 때, M은 병원 침대에 쇠약한 상태로 누워 있고, 아들이 옆에 앉아서 자신이 무너지고 있는 '끔찍한 광경'에 대해 설명했다. 이 장면은 그녀를 공포에 휩싸이게 했고, 그녀는 아들도 견디기 힘들 것이라 상상했다.

자신과 자신의 상황에 대한 M의 관점과 인식하지 못했던 감정상태는 회피 애착 스타일에 비추어 이해할 수 있다. 그녀의 자립심은 매우 적응적으로 작동했고, 싱글맘이었지만 경쟁이 치열한 학문 분야에서 경력을 쌓을 수 있게 했다. 그러나 약해짐에 대한 두려움과 타인에게 의지하는 것을 약함으로 생각하는 믿음은 그녀를 고통스럽게 했고, 치료결정에 영향을 미쳐 더욱 쇠약하게 만드는 임상시험으로 자신을 이끌었다. 자립해야만 했던 그녀는 커 가는 분노와 두려움을 극복하게 도와줄 가족이나 친구로부터의 정서적 지지를 받는 것이 어려웠다.

중간 세션: 용기의 재정의

9번의 치료 동안 치료자는 지속적으로 M의 인식되지 못한 감정에 주의를 기울이고 정신화를 지원하며 애착 관계를 재조정할 수 있도록 도왔다. 이를 통해 M의 독립적이고 적극적인 삶의 접근방식을 강점으로 인정하는 동시에, 자신의 의존이 다른 사람들에게 부담된다는 믿음을 다른 관점에서 바라보게 하였다. M과 아들은 암에 대해 더 개방적으로 소통하기 시작했다. M이 육체적으로 쇠퇴하기 시작했을 때, 그녀는 아들이 암 관리에 참여하는 것을 더 잘 받아들일 수 있게 되었고, 그 의미를 이해할 수 있었다. 또한 치료자는 새로운 임상시험 참여를 위해 적극적 결정과 용기가 필요하듯이, 사전관리계획에도 적극적 용기와 결정이 필요함을 이야기하며 완화의료를 '수동적'이고 '아무것도 하지 않는 것'으로 생각하는 그녀의 믿음에 도전했다.

마지막 세션: 현실의 실제 이미지

M은 더 이상 임상시험에 참여할 수 없었지만, 호흡기 감염 때문에 마지막으로 입원할 때까지 임상시험에 대한 희망을 품었다. 그녀는 근력과 운동성이 저하되면서 증상 관리를 위한 완화의료 상담에 동의했다. 치료자는 죽기 며칠 전, 병실에 있는 M을 만날 수 있었다. 그때 침대에 누워 미소를 지으며 아들의 손을 잡고 있는 그녀를 볼 수 있었다. M은 삶의 마지막에 아들이 있다는 사실에 위안을 느꼈다. CALM이 시작될 때 말했던 끔찍한 이미지와 극명한 대조를 이루었다.

사례 요약: 집을 찾아서

A는 난소암을 앓고 있는 65세 기혼 여성으로 대규모 CALM 임상 연구에서 CALM 치료에 무작위 배정되었다. 그녀는 수많은 임상시험에 참여했지만, 모든 임상시험에 반응이 없었다. 3명의 자녀가 있었고 자녀 모두와 관계가 좋았다. 자녀들은 어머니가 '희망을 잃지 않기'를 바랐기 때문에, 임상시험에 계속 참여하도록 독려했다. A는 자라는 동안 부모에게 친밀감을 느꼈다. 하지만 경제적으로나 여러모로 부모를 도와야 한다는 강렬한 느낌을 가지고 있었다. 그녀는 개인 생활과 직업 생활 모두에서 이타적이고 타인을 더 생각하는 사람이었으며 다른 사람을 돕는 것에서 큰 만족을 얻었다. 그녀의 직업은 새로 온 이민자들의 어려움과 거주 문제를 도와주는 것이었다. 그녀는 이 일에 성취감을 느꼈지만, 곧 그만두어야 할까 봐 두려웠다. A의 남편은 만성질환을 앓고 있었고, 그녀의 가장 큰 걱정은 자기가 없어도 남편이 잘 지내는 것에 관한 것이었다. 심리검사에서 우울증 점수는 낮았지만, 죽음과 죽어감에 대한 상당한 디스트레스를 느끼고 있었는데, 이는 주로 다른 사람에게 부담을 주는 것에 대한 걱정과 관련이 있었다. 친밀관계경험척도-M16에서 높은 수준의 회피 애착을 보이고 있었다.

첫 번째 세션: 기다림과 불확실성을 안고 사는 것

첫 번째 세션에서 A는 잘 차려입고 말솜씨가 좋았으며 잘 지내고 있는 것처럼 보였고, 질병과 치료법에 대해 명확하게 묘사했다. 지난 몇 년간 가정에 긍정적인 일들이 있었지만, 최근 2년 동안은 여러 치료와 그 부작용으로 "꽤 힘들었다."고 말했다. 그래도 치료로부터 도움을 받았다고 생각했다. 하지만 병이 재발하면서 임상시험에서 계속 제외되었고, 지난 2년 동안은 임상시험에 참여할 수 없었다. 결과적으로 그녀는 기다릴 수밖에 없었고, '기다림과 불확실성을 안고 사는 것'에서 훨씬 더 큰 어려움을 느꼈다. 길고 힘들었던 투병 과정에도 불구하고 언행은 차분했으며 고통스러워 보이지 않았다. 이러한 모순은 상황과 맞지 않았지만, 고통을 축소하고 자신보다 다른 사람들의 필요에 더 집중하는 그녀의 성향과 일치했다.

A는 자신의 질병으로 인한 어려움에도 순응적인 환자이자 가족을 부양하는 보호자였다. 첫 번째 CALM 세션에서 자기 삶과 질병, 치료에 대한 정보를 충실히 제공했지만, 자신을 위해 아무것도 요구하지 않았다. 이 첫 만남에서, 치료자는 앞으로 A가 치료자와 깊은 연결감을 느낄 수 있을지, 자신의 내적인 삶에 다가갈 수 있을지 의문이 들었다. 타인에 더 초점을 맞추는 것과 자신의 고통을 최소화하려는 자기-의존적 경향은 그녀가 소리 없는 절망 속에 있는 것은 아닌지, 그녀의 상태가 '임계점tipping point'를 지나면 어떤 일이 벌어질지 걱정스럽게 만들었다.

중간 세션: 알아준다는 것

첫 번째 세션은 정서적이라기보다 인지적인 것처럼 보였지만, A는 치료자를 주의 깊게 지켜봤고, 치료자가 자신에게 집중하고 관심을 가지는 것에서 매우 큰 의미를 느낀다고 말했다. 그녀는 다른 사람에게 맞추고 '좋은 환자'가 되려는 경향이 있었지만, 암 클리닉에서 '투명인간'처럼 느껴지는 것이 고통스럽다고 말했다. "의료진들은 저의 의무기록을 읽지 않습니다. 그리고 한 인간으로서, 전문가로서 내가 누구인지 모릅니다."라고 말했다. 그녀는 '자신을 질병, 치료, 증상으로 몰아넣는 느낌'에 대해 말했다. CALM 세션에서 자신이 누구인지 알아주는 느낌은 큰 안도감을 주었다. 그녀는 "정체성 상실로 어려움을 겪고 있을 때 이것은 특히 중요합니다."라고 말했다. 치료자의 조용하고 공감적인 경청은 A에게 새롭고 중요한 경험이었다. 이러한 수용적 접근은 그녀에게 회복 효과를 주었고, 나중에 A가 의존하게 될 치료 관계를 강화하는 데 도움이 되었다.

후기 세션: "저는 죽어가고 있어요."

네 번째 CALM 세션에서 A는 이전과 아주 달랐다. 간과 폐에 새로운 병변이 생겼고 더 이상 항암치료가 불가능하다는 소식을 들었다. 그녀는 치료자를 만날 수 있어서 반가웠다고 갈라진 목소리로 말했다. 이 소식의 의미를 물었을 때, A는 "저는 죽어가고 있어요."라고 말했다. 이와 같이 A의 이해를 묻는 간단한 질문은 지금껏 자기 상태에 대해 품고 있던 가장 깊은 두려움을 이야기하게 만들었고, 이번 치료 시간에서 가장 극적인 순간이었다. 그녀는 '내 몸에 파멸의 씨앗이 있다.'는 것을 처음부터 느꼈다고 말했다. A는 이 생각을 누구와도 말할 수 없었다. 어떤 면에서 그녀는 가족의 희망을 유지하고, 종양학 팀에게 좋은 환자가 되기 위해 암 치료를 계속했었다. A는 미래가 여전히 두려웠지만, 더 이상 혼자서 두려움을 견뎌 낼 필요가 없다는 것에 안도감을 느꼈다.

질병 경과의 변화와 강화된 치료 관계는 A가 질병 관리에 대해 다르게 생각할 수 있도록 만들었다. 그녀는 항암치료와 임상시험 참여를 '적극적인 개선 프로젝트'로 생각했으며 치료받지 않는 것을 '포기'로 생각했다. 정신화의 한 형태로서, 치료자는 항암치료를 받지 않는다는 사실보다는 심리적 상태로서의 '포기'를 재구성하고, 이제 질병보다 자신에게 초점을 맞추도록 '프로젝트를 전환'해야 할 때라고 제안했다. 이 개입은 완화의료 전문가를 만나 얻을 수 있는 도움에 대해 생각할 수 있게 했고, A에게 해방 효과를 가져왔다.

치료과정에서 안정된 애착이 발달했다. 이것은 A가 두려움을 표현할 수 있게 했고, 항상 느껴 왔던 다른 사람의 보호자이자 지지자가 되어야 할 것 같은 느낌이 아닌, 다른 사람에게 의지할 수 있을 것 같은 느낌을 들게 했다. A는 한 번 더 임상시험에 참여했지만 실패했다. 이후에도 임상시험을 제안받았지만,

더 이상 참여하지 않기로 했다. 그녀의 가족은 이 결정을 지지했다.

마지막 세션: 집을 찾아서

마지막 치료 시간에 A는 자신에게 CALM은 노숙자에게 집과 같은 의미라고 하였다. 그녀는 이전에 경험하지 못한 방식으로, 실존적 문제를 논의할 수 있는 '시간과 공간'을 제공해 주었다는 것에 감사했다. 치료 시간 동안 한 사람으로 알아주는 느낌이 그녀에게 매우 의미 있었고 CALM의 큰 장점이라고 말했다. 애착 안정성을 찾고 정체성을 되찾음으로써 A는 치료결정에서 더 큰 주체성을 가질 수 있었다. 그녀는 자신의 걱정거리를 가족에게 더 잘 전달할 수 있게 되었고 가족의 지지를 받아들일 수 있게 되었다. 그리고 그녀가 속한 직업사회에 자신의 상태를 알릴 수 있었고, 그들은 그녀를 기릴 수 있었다.

A의 병은 이후 몇 개월 동안 악화되었다. 하지만 그녀는 가족과 함께 집 침대에서 평화롭게 눈을 감을 수 있었다. 어떤 면에서 CALM은 그녀의 삶이 그녀가 원하는 방식으로 끝날 수 있도록 도운 것 같다.

사례 요약: 집 정리와 죽음

C는 75세 진행성 폐암 기혼 여성 환자이다. '미래 대비'를 위해 CALM에 의뢰되었다. 진단받을 때 이미 전이가 되었고, '미래가 불확실하다.'라고 느끼고 있었다. C는 에너지 넘치고 행동 지향적인 사람으로, 수동적인 것과 고통스러운 감정을 불편해했다. 이것은 감정을 탐색하거나 표현할 여지가 거의 없었던 어린 시절 경험에서 비롯된 특징이었다. 그녀는 남편이 우울해지고 있는 것을 걱정했다. 남편은 조용하고 내성적인 사람으로 어린 시절을 슬프고 연약하게 보냈다고 말했고, C를 보호자로 여겼다. 남편은 암이 그녀에게서 삶의 기쁨을

앗아 가고 있다며 걱정하고 있었고, C는 자신의 병이 남편에게 고통을 주고 있다고 걱정했다. 남편은 부인과의 진솔한 대화authentic communication를 중요하게 여겼지만, C는 남편이 자신의 두려움을 듣는다면 압도당할 것이라 생각했다. 심리검사에서 C는 낮은 수준의 우울증을 보였지만, 높은 수준의 죽음불안과 회피애착을 보였다.

첫 번째 세션: 집 정리에 대한 압박감

C와 남편은 매우 가까운 부부였고 모든 CALM 치료 시간을 함께했다. 첫 번째 치료 시간에서 그녀는 기침으로 힘들긴 하지만 몸 상태는 비교적 안정되어 있다고 했다. 그녀는 자신의 질병이 악화되었을 때 남편이 우울해할까 봐 걱정해서 남편에게 더 관심을 쏟았다. 그녀는 집 청소와 정리정돈을 해야 한다는 압박감을 느끼고 있었다. 첫 세션부터 집을 정리정돈하려는 집착이 질병이 진행함에 따라 나타나는 죽음의 공포와 무력감과 무의식적으로 연결되어 있음이 드러났다. 이것은 CALM의 네 번째 영역에 해당한다.

중간 세션

C의 정리정돈에 대한 압박감은 그녀를 압도하기 시작했다. 그녀는 자신이 죽은 후 남편이 이 일에 압도되지 않도록 준비하고 있다고 생각했지만, 남편은 이러한 환자의 걱정에 동의하지 않았다. 중간 CALM 세션에서 C의 청소에 대한 집착을 정신화할 수 있었다. 그녀는 집 정리의 강한 충동은 부분적으로 통제할 수 없는 암의 위협에 대응하여 실질적으로 뭔가를 해야 할 것 같은 느낌과 관련이 있음을 이해했다. 집을 정리하는 것과 같은 실질적 욕구에서 죽음의 공포를 구별해 내고, 자신과 남편이 죽음의 위협을 대처하는 방식이 서로 다를 수 있다는 것을 인정하게 되면서 이 두 부부는 앞으로의 계획을 함께 세울 수

있었다. 이렇게 두 번째 CALM 영역의 한 측면인 애착 관계의 재조정은 시간이 얼마 남지 않았다는 서로의 인식으로 인해 더욱 촉진되었다.

중간 세션이 진행되는 동안 C가 자기 소지품에 집착하는 모습의 의미를 이해할 수 있었다. 그녀는 물려받거나 수년 동안 수집한 물건 중 일부를 자기 유산의 하나로 생각했다. 그녀는 자신과 돌아가신 부모가 존중받으며 기억되기를 원했으며, 이는 자신의 소지품을 소중히 여길 수 있는 다른 사람들에게 상속되기를 바라는 마음으로 표현되었다.

C는 집 정리에 집중해야 하는 긴급한 이유가 부분적으로 위협에 대응하여 행동을 취하고 자신의 내부 관심사를 외부 세계나 다른 사람들에게 돌리려는 것과 관련이 있음을 받아들였다. 이것은 또한 그녀와 그녀의 부모가 기억되기를 바라며 유산을 남겨 두는 것을 중요시하는 것과 관련이 있었다. 이러한 다양한 의미를 정신화함으로써 치료하는 동안 부부가 정리정돈의 문제를 함께 상의할 수 있었다.

이중인식의 출현

치료가 진행되면서 C는 죽음에 대해 탐색할 수 있게 되었고, 이것은 이중인식으로 이어졌다. 그녀는 자신의 장례식에서 연주될 곡들을 생각할 수 있었다. 몇 곡은 슬픈 것이었고, 몇 곡은 즐거운 것이었다. 누군가는 그녀를 그리워하고 누군가는 눈물을 흘려 주기를 바랐지만, 또한 장례식에서 노래와 춤이 함께하길 바랐다. 그녀는 가혹한 질병에도 불구하고, 삶을 존중하는 사람으로 기억되길 바랐다. 이러한 이중인식은 후기 CALM 세션에서 더욱 두드러졌고, C와 남편이 함께 선택한 삶을 살아가는 방식에서 더 분명히 드러났다.

마지막 세션: 끝나지 않음

C와 남편이 처음 CALM 치료를 시작했을 때, 그들은 생존 기간이 매우 짧을 것이라고 믿었다. 이 믿음은 치료에 긴박감을 더했고, 상대적으로 짧은 시간에 생산적인 변화가 일어나도록 만들었다. 운 좋게도 그녀의 질병은 예상과 다르게 면역요법에 좋은 반응을 보여 안정화되었다. C와 남편에게 암이 진행되면 CALM 치료를 다시 받을 수 있음을 이해시키며 CALM 치료를 마무리했다. CALM 치료는 부부가 처음에 가능할 것이라고 기대하지 않았던, 더 평화롭고 만족스러운 삶을 살 수 있게 만들었다.

사례 요약: 배려심 깊은 젊은 여성

P는 35세의 전이성 자궁경부암을 앓고 있는 독신 여성으로 대규모 무작위 대조시험에서 CALM 치료에 무작위 할당받았다. 그녀는 아버지와 남동생과 함께 살고 있었고, 작은 가정용품 가게의 점장으로 일하고 있었다. 그녀의 부모는 그녀가 아주 어렸을 때 사이가 매우 좋지 않아 이혼했다. P는 종종 부모 중간에서 연락하는 역할을 맡았고, 두 사람 모두에 대한 충성심은 그녀를 괴롭게 했다. CALM을 시작하기 전 심리검사에서 중등도의 우울 증상과 죽음과 죽어감의 디스트레스를 보였다. 죽음과 죽어감의 디스트레스는 주로 기회와 미래의 상실과 관련이 있었다. 애착에 관해선 불안 애착보다 회피 애착 점수가 더 높았다.

첫 번째 세션: "저는 잘 대처하고 있어요. 문제는 다른 사람들이에요."

첫 번째 세션에서, P는 말을 시작하기도 전에 눈물을 글썽였다. 그녀는 해야 할 말이 많았지만, 자신의 감정을 누구에게도 말해 본 적이 없다고 했다. CALM 치료 직전, 주치의로부터 뼈 전이가 진행되었다는 소식을 들었다. 전이 소식을 전한 것이 그녀를 매우 힘들게 했다는 것에 주치의는 당황스러워하고 있었다. 그녀는 자신의 암이 치료될 수 없다는 사실을 이번 진료 전까진 이해하지 못하고 있었다. 그녀는 슬픔과 고뇌에 빠져들었다. 혼자 있기 원했지만, 아버지는 그녀에게 들은 이야기를 말하라고 밀어붙였다. 그녀는 아버지로부터 지지받는다는 느낌을 받지 못했다.

세션 동안 P는 차분했고 말을 아끼며 현재 치료의 어려운 점, 부모에 대한 두려움, 자신의 병과 죽음에 대해 부모가 대처하지 못할 것이라는 점, 자기 암을 이해해 줄 남자친구를 사귀고 싶은 점에 대해 말했다. 그녀는 암을 진단받자마자, 남자친구를 사귀려 노력하지 않은 것을 매우 후회하면서 여전히 결혼하고 가정을 함께 꾸릴 누군가를 찾을 시간이 남아 있으리라 생각했다.

P는 자기 부모나 심각한 암에 걸려 슬픔에 빠져 정서적 지지가 필요할 매우 어린 다른 누군가에 대해 이야기의 초점을 맞추었다. 이와 같은 다른 사람의 정서상태에 대한 관심은 자기 생각과 감정을 이해하기 어렵게 만들었다. 첫 세션에서 공감적이지만 허용적인 치료자의 관심은, 이후 세션에서 환자가 압도당하지 않고 자기를 이해하고, 남아 있는 시간 동안의 계획을 세울 수 있게 하는 '안전기지secure base'를 경험하게 했다. 다음 치료 시간에 보호자인 남동생을 데리고 오기로 했다.

중간 세션: “내가 대신할게.”

P는 기분 좋게 남동생과 함께 진료실로 들어왔다. 이것은 방사선치료가 잘 되고 있다는 뜻이었다. 그들은 그녀의 암에 대한 가족의 다양한 반응을 설명하면서, 농담을 섞어 가볍게 이야기했다. 남동생은 외향적인 사람으로 항상 누나인 P가 관심 가져 주는 것을 즐겼다고 했다. 이 이야기는 다른 사람의 필요에 초점을 맞추는 P의 경향에 대한 논의로 이어졌다. P가 가족에게 신경을 쏟느라 독립하거나 연인을 사귀지 못했다는 것을 이해하게 되면서, 그녀의 동생은 주저하지 않고 자기가 아버지와 어머니의 감정에 더 신경을 쓰겠다고 제안했다. 그녀의 병이 진행되어 그녀가 항상 그랬던 것처럼 부모님을 부양할 수 없게 되더라도 자기가 돌볼 것이라고 P를 안심시켰다.

마지막 세션: 표현하고 이해받고 싶은 소망

P의 암은 예상보다 빨리 퍼졌고 첫 번째 세션을 시작한 지 몇 개월 지나지 않아 통증 조절을 위해 완화의료 병실에 입원했다. 입원 동안, 부모, 형제 모두와 함께하는 가족 세션을 가졌다. 모두에게 여러 가지 측면에서 굉장히 감정적인 세션이었다. 그들은 감정에 압도당했고 말을 잇지 못했다. 치료자는 P에 대한 그리고 그녀의 역할에 대한 가족들의 이야기를 바탕으로, 가족 내에서 그녀가 자기 역할을 어떻게 경험했는지 말해 주었다. ‘남의 감정을 먼저 생각하는’ 그녀의 성향과 연민은 가족 모두에게 장점으로 인정받았고, 이제 P는 지지해 주는 사람이 아닌 지지받는 사람이 된 것을 감사히 여겼다. 부모는 자신들의 의견 차이를 제쳐 놓을 수 있었고, 퇴원 직후 P는 어머니의 집에서 아버지가 참석한 가운데 죽음을 맞이했다.

간략한 사례

앞의 사례 요약은 시간에 따라 CALM이 어떻게 진행되는지 보여 주었다. 다음은 더 간략한 사례로 CALM 치료에서 흔히 접하는 어려움을 구체적으로 보여준다.

사례: 하나의 영역에만 초점을 맞추는 것

전이성 흑색종을 진단받은 44세 남자는 심한 우울, 불안 증상으로 CALM 치료를 시작하였다. 6년간 교제해 온 연인과 헤어지면서 우울, 불안 증상이 시작되었다. 계속되는 세션 동안, 환자는 오직 관계 상실에만 초점을 맞추고, CALM의 다른 영역에 대해 사유하지 못하거나 원하지 않는 것처럼 보였다. 치료자는 다른 세 개의 영역을 희생하고 두 번째 영역인 관계에 관한 영역만 다루고 있는 것을 불안해했다. 그룹지도감독 동안, 4개 영역이 하나의 영역으로 모이고 있다는 사실이 드러났다. 환자가 연인과 헤어짐에 집착하는 것은 시간이 얼마 남지 않았다는 인식에서 비롯되고 있었다. 게다가 삶의 동반자의 부재는 환자가 삶의 의미를 느끼고 치료결정을 내리는 것을 어렵게 했다. 치료자는 환자가 관계 상실에 대해 오래 머물도록 허용했고, 암 관련 문제는 이후 세션에서 점차 분명해졌다.

이는 CALM 영역의 상호 관계성과 환자가 현재 가장 중요하다고 생각하는 문제에 집중할 수 있도록 치료자가 허용할 필요가 있음을 보여 주는 사례이다. 치료자의 공감적 공명attunement과 기다림patience은 보다 안정된 치료적 애착 관계가 나타날 수 있도록 했고, 이는 CALM의 영역 4개 모두를 탐색하게 했다.

사례: 자각

50세 여성이 전이성 자궁경부암으로 치료받고 있었다. 그녀는 외모의 중요성을 강조하고 항상 감정적으로 불안정하며 의존적인 홀어머니 밑에서 자랐다. 환자는 자신의 암을 직면해야 하는 상황에서 '긍정적인 상태를 유지하기' 원했고, 어머니에게 상처받은 장면을 설명할 때에 종종 웃기도 하고 미소를 지었다. 환자는 암이나 죽음의 가능성에 관한 대화를 피했다. 치료자는 이에 대한 반응으로 종종 환자와 분리된 것 같았고, 치료 시간 동안 지루하거나 좌절감을 느꼈다.

치료자는 환자의 내적 경험에 더 깊이 다가가려 했고, 치료 시간 동안 경험한 자신의 느낌을 활용했다. 치료자는 환자의 감정상태가 대화 내용과 일치하지 않거나, 환자가 더 진정한 감정을 넌지시 보여 준 경우를 언급했다. 이러한 접근방식을 통해 환자는 자신의 정서적 삶에 더 집중하고 어린 시절 경험과 관련된 실망감과 좌절감을 탐색할 수 있었다. 그러면서 그녀는 치료과정,질병 진행과 관련된 좌절과 낙담은 그녀의 어린 시절 경험과 관련되어 있음을 자각했다. CALM 치료과정을 통해 그녀는 감정을 탐색할 수 있었고, 그녀가 병이 진행됨에 따라 필요한 지지를 충분히 받지 못할 거란 두려움을 자각할 수 있었다.

사례: 수면 아래

전이성 전립선암을 앓고 있는 66세 남성이 아내의 권유로 CALM 치료를 받게 되었다. 초기 CALM 세션에 환자는 종양학 팀에게 자신의 예후를 묻지 않았고, 이에 대해 생각하지 않길 원했으며, 앞으로의 일에 대한 괴로움이나 걱정이 없다고 보고했다. 그러나 죽음과죽어감디스트레스척도에서는 미래에 대한 고통과 사랑하는 사람들의 부담 항목에서 높은 수준의 디스트레스가 있는 것으로 나타났다. 함께 이 점수를 검토하면서 대화는 자연스럽게 그의 두려움에 관한 것으로 이어졌다. 이를 통해 불안을 확인하고 정상화normalization시킬 수 있었고, 치료에서 왜 이와 같은 두려움에 관한 대화가 어려웠는지 탐색할 수 있었다. 환자는 미래에 대해 생각하게 되면 자신이 압도당하리라는 것을 알기에, 심리검사를 통해 치료자에게 알려 이 문제의 해결 방법을 찾아 주길 희망했다.

이 사례는 심리검사 시행의 임상적 가치를 보여 주고 있다. 이를 통해 환자가 말하기 어려워하는 민감한 문제를 다룰 수 있다.

사례: 끝을 마주함

전이성 육종을 앓고 있는 50세 남성은 치료결정, 그리고 첫 결혼에서 얻은 성인 자녀와 재혼한 부인과의 갈등을 조율하는 데 어려움을 겪고 있었다. 그는 사전에 합의한 6번의 CALM 치료 세션에 참여했고, 4개 영역에 관한 문제 모두를 탐색하고 해결할 수 있었다. 여섯 번째 세션에서 환자는 지지받고 이해받는 느낌을 받을 수 있었고, 스트레스 요인을 더 잘 관리할 수 있다고 보고했다. 치료를 통해 얻은 성과와 현재 안정된 상황에 대해 치료자가 요약하자, 환자는 "이제 치료가 끝났다고 말하는 것 같습니다. 치료가 저에게 매우 도움이 된 것 같습니다. 하지만 저는 치료를 계속했으면 좋겠습니다."라고 하였다. 환자에게 당장의 어려움은 없었지만, 치료자는 치료를 종결하는 데 괴로움과 갈등을 느꼈다.

수련 중인 치료자가 치료 종결의 어려움에 관해 지도감독그룹에서 논의하기를 원했다. 이에 대해 논의하는 동안, CALM 치료 종결이 앞으로의 일을 두려워하고 있는 환자의 불안 애착을 활성화했고, 치료자는 여전히 지지가 필요할지도 모르는 환자를 버리는 것 같아 죄책감을 느끼고 있었다. 지도감독그룹은 치료 시간의 제한으로 인해 환자와 치료자 둘 다 디스트레스를 경험하고 있음을 치료자가 이해할 수 있도록 도왔다. 치료자는 환자에게 향후 '부스터 세션'을 가질 수 있음을 알리면서, 작별 인사를 할 필요 없이 필요한 경우 추가로 도움을 받을 수 있음을 이해시켰다. 이것은 환자가 치료 종결을 받아들일 수 있게 했고, 필요시에 추가적인 도움을 받을 수 있다는 확신을 줄 수 있었다.

사례: 임계점 인식

전이성 유방암을 앓고 있는 44세 여성이 골반뼈 전이가 발생했을 때, CALM에 의뢰되었다. 첫 번째 CALM 세션에서 전이된 것을 괴로워하며 눈물을 흘렸고, 죽음과 관련된 두려움에 대해 장시간 이야기했다. 그녀에게 가장 고통스러운 것은 여섯 살 된 딸과 남편을 두고 떠나야 한다는 것이었다. 골반 방사선 치료로 통증과 기능장애가 완화되었고, 그녀는 교사로 복귀하는 것을 고려했다. 신체 증상이 줄어들면서 디스트레스가 줄었고, 그녀는 삶에 집중하며 질병에 대해 생각하지 않기를 원했다. 환자와 치료자는 병 상태가 바뀔 때까지 CALM 치료를 중단하기로 했다.

이 사례는 회피 경향의 일부 환자가 증상이나 질병 경과가 관리할 수 없을 정도의 고통을 일으키지 않는 한, CALM 치료의 시작이나 지속을 원치 않을 수 있음을 보여 준다. CALM 구조의 유연성과 치료자의 개방적 접근방식을 통해 환자는 CALM을 연기하거나 중단하고 필요할 때 다시 시작할 수 있다.

사례: 단일인식single awareness

최근 전이성 폐암 진단을 받은 39세 여성이 암과 치료에 대한 불안이 심하고 걱정이 많아 CALM 치료를 시작했다. 항암치료 부작용에 대한 두려움, 암이 자녀에게 미치는 영향, 오래전부터의 남편과의 갈등으로 걱정하고 있었다. 그녀는 암이 비관적이고 부정적인 성격 때문에 생겼다고 믿고 있었다. 그녀는 이것을 자신의 문화적 배경과 연관시키면서, 어려움을 해결하는 데 상담이나 감정 표현이 도움되지 않을 것이라 말했다. 초기 치료 시간에서 그녀는 치료 목표가 자신의 분노와 부정적인 생각을 통제하는 것이라고 말했고, 부정적인 생각을 피하는 데 도움이 되는 기술을 치료자가 가르쳐 주길 원했다.

치료자는 암의 원인이 자신이라는 환자의 믿음에 대해 탐색했다. 환자는 긍정적인 생각이 병을 치료할 수 있다고 굳게 믿고 있었다. 치료자가 그녀의 상황에 대해 정신화하려는 시도와 환자의 믿음이 사실이 아닌 느낌일 수 있다고 제안하자, 환자는 불편해했고 침묵했다. 두 번째 CALM 치료 시간을 앞두고, 환자는 자신의 치료 목표에 더 부합하는 프로그램을 다른 병원에서 찾았다며 취소했다.

이 사례는 자신의 상황에 대해 깊이 사유하기를 꺼리고, 긍정적 생각만 하고 싶어 하는 환자들에게 CALM이 적합하지 않을 수 있음을 보여 준다. 이러한 사람들은 사유적 치료를 전혀 원하지 않거나, 이들에게 이런 치료가 적합하지 않을 수 있다. 그리고 이중인식은 이들이 추구하고자 하는 목표가 아닐 수 있다.

결론

각 CALM 사례마다 고유의 의미를 지니지만, 이 장의 사례들은 CALM 치료에서 흔히 발생하는 이슈나 문제를 보여 준다. 또한 CALM 치료에서 심리검사나 그룹지도감독의 임상적 중요성을 보여 준다.

에필로그

전 세계 동료들과 협력자들에 의해 CALM의 추진력이 유지되어 오고 있습니다. 최초의 국제 협력은 독일의 Anja Mehnert-Theuerkauf(PhD, Professor and Chair of the Department of Medical Psychology and Medical Sociology, University of Leipzig, Leipzig)와 그녀의 팀과 함께 시작되었으며, 독일팀은 CALM 대규모 무작위대조연구를 수행했습니다. 이 협력에 이어 Luigi Grassi(MD, Professor and Chair of Psychiatry, University of Ferrara, Department of Neurosciences and Rehabilitation, and Director, Hospital University Psychiatry Unit, S. Anna Hospital/Local Health Trust, Ferrara)와 Rosangela Caruso(MD, PhD, Associate Professor of Psychiatry, Institute of Psychiatry, University of Ferrara)가 이탈리아에 CALM을 소개했습니다. 그 이후로 중국의 Lili Tang(MD, Professor and Director, Department of Psycho-Oncology, Beijing Cancer Hospital, Beijing Institute for Cancer Research; President of Chinese Psycho-Oncology Society)과 Ying Pang(PhD, Clinical psychologist Department of Psycho-Oncology, Beijing Cancer Hospital), 네덜란드의 Froukje de Vries(MD, PhD, Psychiatrist, the Netherland Cancer Institute, Amsterdam)와 Ann Ryeners(MD, Professor of Palliative Medicine, Medical Oncologist, Department of Medical Oncology, University of Groningen), 대만의 Young-Yuh Juang(MD, Deputy Chief,

Department of Palliative Medicine; Attending Psychiatrist, Department of Psychiatry, Koo Foundation Sun Yat-Sen Cancer Center; and President, Taiwan Psycho-Oncology Society), 대한민국의 Jungmin Woo(MD, PhD, Assoiciate Professor, Department of Psychiatry, Kyungpook National University School of Medicine, Daegu), 홍콩의 Wendy Lam(RN, PhD, FFPH, Associate Professor, School of Public Health; Director, Jockey Club Institute of Cancer Care, Li Ka Shing Faculty of Medicine, The University of Hong Kong), 포르투갈의 Luzia Travado(PhD, Clinical Health Psychologist and Head of Psycho-Oncology, Clinical Center of the Champalimaud Center for the Unknown, Champalimaud Foundation, Lisbon), 미국 버지니아주의 Ashlee Loughan(PhD, Clinical Neuropsychologist; Assistant Professor of Neurology, School of Medicine, Virginia Commonwealth University and Massey Cancer Center, Virginia), 이스라엘의 David Hausner(MD, Head, Palliative Care Service, Sheba Medical Center, Ramat Gan)와 Iris Gluck(MD, Head of Supportive and Palliative Care, Cancer Center at Sheba-TelHaShomer Hospital, Ramat Gan), 칠레의 Loreto Fernández González(MPH, Dalla Lana School of Public Health, University of Toronto(PhD candidate), Toronto, Canada and Instituto Oncologico Fundacion Arturo Lopez Perez, Santiago), 캐나다 알버타주의 Janet de Groot(MD, Staff Psychiatrist, Tom Baker Cancer Centre; Professor, Cumming School of Medicine, University of Calgary, Calgary, Alberta), 요르단의 Omar Shamieh(MD, Chairman, Department of Palliative Care, King Hussein Cancer Center, Amman)와 Ghadeer Al-Arjeh(MD, Senior Palliative Researcher and Instructor, Center for Palliative and Cancer Care in Conflict, King Hussein Cancer Center, Amman), 호주의 Maria Ftanou(PhD, Lead Clinical Psychologist, Peter MacCallum Cancer Center, Melbourne), 멕시코의 Alejanda Platas(Master in Neuropsychology, Clinical Psychologist, Department of Research and Breast Tumors, Instituto Nacional de Cancerologia, Mexico city and Joven y

Fuerte: Program for the Care and Research of Young Women with Breast Cancer in Mexico, Mexico city), 일본의 Ken Shimizu(MD, Chief, Department of Psycho-Oncology, Cancer Institute Hospital, Tokyo), 영국의 Anne Lanceley(PhD, Senior Lecturer in Women's Cancer, Department of Women's Cancer, Institute for Women's Health, and Honorary Clinical Nurse Specialist, University College London Hospital, Gynaecological Cancer Centre, Lodon), Sue Gessler(PhD, Consultant Clinical Psychologist, University College London Hospital, Gynaecological Cancer Centre, and Honorary Senior Lecturer, Department of Women's Cancer, Institute for Women's Health), Christian Schulz-Quach(MD, Assistant Professor, Department of Psychiatry, University of Toronto, and Staff Psychiatrist, University Health Network, Centre for Mental Health, Toronto, Canada)가 이끄는 팀이 참여했습니다. CALM에 대한 그들의 경험을 표현하기 위해 이들 중 일부가 밝힌 견해를 다음에 적어 두었습니다.

Yeong-Yuh Juang, 사이트 리드(대만)

2017년 베를린에서 열린 국제정신종양학회 세계회의에서 Gary Rodin의 CALM 강의를 통해 처음 CALM을 접했습니다. 진행성 암환자들이 겪는 모든 어려움을 아우르는 CALM의 포괄적인 구조와 전인적인 접근방식이 매우 인상 깊었습니다. 하지만 서양의 치료자가 개발한 여느 정신사회적 개입처럼 CALM이 동양 문화에 어울릴 수 있을지 의문이 들어 이듬해 CALM 워크숍에 참여하였습니다. 워크숍에 참여 후, 저의 의심은 사라졌습니다. Gary와 Sarah는 환자들이 신체 증상, 가까운 관계, 삶의 의미, 희망, 죽음에 관한 문제를 아우르는 환자들의 걱정과 디스트레스를 표현할 수 있는 공간을 창조하는 것만으로도 효과를 발휘하는 것을 보여 주었습니다. 암센터에서 근무하는 정신건강 전문가로서, 환자의 고통을 치료하기를 원했고, 치료하기 위해 노력해 왔습니다. 대만의 전통 문화 아래에서, 대만 사람들은 음양, 삶과 죽음의 개념을 이 세계가 작동하는 방식으로서 이해하고 있습니다. 하지만 환자들과 삶과 죽음의 균형에 대해 직접적으로 이야기하는 것은 여전히 어렵습니다. CALM 치료는 이러한 문제에 관해 이야기할 수 있는 개방성과 기회를 창조합니다. 노자가 『도덕경』에서 "도는 결코 노력하지 않지만, 되지 않은 것도 없다."라고 말했습니다. 이 말은 CALM을 잘 설명하고 있습니다.

Ying Pang과 Lili Tang, 사이트 리드(베이징)

CALM을 배우기 전까지 진행성 암 환자를 다루는 것이 매우 힘들곤 했습니다. 상담하는 동안 환자와 무슨 이야기를 해야 할지 확신이 없었습니다. 중국 문화에서, 희망을 유지하기 위해 가족은 환자에게 나쁜 소식을 보통 전하지 않습니다. 그 결과 꽤 많은 환자는 자신의 진단과 예후를 잘 모릅니다. 가족은 심리치료사인 저에게 환자가 희망을 품은 채 치료를 계속하도록 해 주길 바랍니다.

해결책을 찾으려 고군분투하고 있을 때, CALM은 한 줄기의 실마리를 보여주었습니다. 저는 CALM의 큰 틀에 따라 진행성 암 환자와 상담을 시작했습니다. 서양에서 개발된 치료법임에도 환자들에게 효과가 있다는 사실이 놀라웠습니다. 자신의 진단이나 예후에 대해 모르더라도 환자들은 병으로 고통받습니다. 생명이 단축되고, 미래가 없다고 느끼며, 가족에게 짐이 될까 봐 두려워합니다. 환자와 함께 CALM의 4개 영역을 탐색하면서 환자들과 연결될 수 있었고, 환자가 실제 생활, 가족과 다시 연결될 수 있도록 도울 수 있었습니다. 죽음이 더 이상 금기되는 주제라고 느껴지지 않습니다. 제가 그들에게 죽음을 이야기할 수 있는 기회를 제공할 준비가 되어 있는 한, 몇몇 환자는 자기 죽음에 대해 기꺼이 이야기한다는 것을 알게 되었습니다.

Froukje de Vries, 사이트 리드(네덜란드)

CALM을 처음 만난 것은 2017년 Gary 박사가 네덜란드의 우리 암센터에 방문했을 때입니다. CALM은 우리의 임상 실제와 잘 맞아떨어지면서도, 그 효과를 뒷받침하는 과학적 증거와 함께 이론적 프레임워크를 제공했습니다. 그래서 우리는 국제 CALM 공동체라는 열차에 탑승하기로 했습니다. 그 이후 네덜란드의 암 치료에 CALM을 이용하려는 우리의 노력은 임상 실제 실행과 연구에 중점을 두었습니다. 이는 임상의로서 우리가 CALM 치료를 더 잘 이해하는 데 도움이 되었으며, 임상 실행을 위한 더 나은 증거와 지침을 제공할 것입니다. 우리가 배운 한 가지 중요한 교훈은 동기가 있는 치료자 팀만으로는 CALM 프로그램을 시작하기에 충분하지 않다는 것입니다. 리더십, 시간적 헌신, 자금 지원은 우리 센터에서 성공적인 실행을 위한 핵심 요소였습니다. 리더십은 병원 내에서 프로젝트의 우선순위를 정하고 옹호하는 데 필수적이었습니다. 이미 높은 업무량을 수행하는 임상의에게 동기를 부여하고 높이기 위해 임상 및 연구 코디네이터가 필요했습니다. 그리고 마지막으로 연구자금은 헌신의 시간을 보상하고 프로젝트의 시작 비용을 충당하는 데 도움이 되었습니다.

CALM 개발자 및 국제 CALM 커뮤니티와의 협력은 프로젝트를 주도하는 데 도움이 되었습니다. 국제 협력과 워크숍은 지금까지 여정에서 가장 영감을 주는 부분이었습니다. 특히 매우 다른 문화권의 환자 이야기가 놀라울 정도로 유사하다는 사실이 놀랍습니다. CALM의 보편적인 적용 가능성과 전 세계적인 이해는 CALM에 대한 높은 수요를 의미할 수 있으며, 임상시험 데이터에서 나타난 효능만큼이나 설득력이 있습니다.

Jungmin Woo, 사이트 리드(대한민국)

CALM은 많은 치료 요소를 품고 있습니다. 한국에서 CALM을 실행하는 동안, 특히 인상 깊었던 요소는 Co-thinking, 즉 '환자와 함께 사유하는 것'에 관한 것이었습니다. 환자와 치료자가 함께한다는 분위기 속에서, 중요한 변화가 일어났습니다. 이 분위기 속에서 환자들은 불안을 완화할 수 있었고, 자신이나 상황을 다른 관점에서 바라볼 수 있게 되었습니다. 더 나아가 환자들은 죽음도 다른 관점에서 볼 수 있었습니다. 삶 속에 죽음이, 죽음 속에 삶이 있을 수 있다는 것을 이해하고 받아들일 수 있었습니다. 이러한 관점의 변화는 환자를 의미있는 일상으로 돌아갈 수 있게 했습니다.

한 환자가 CALM 치료 후, 다음과 같이 말했습니다. "진행성 암이란 상황은 저에게는 난생처음인 겪는 것이었습니다. 저에게 정말 처음 있는 일이니깐, 이러한 상황에 대한 답을 제가 모르는 건 자연스러운 것입니다. 그리고 선생님도 모든 것을 알지는 못합니다. 그런데 우리가 함께 답을 찾기 위해 노력했던 것 같습니다. 답이란 것이 상황에 따라 계속 바뀌니깐……, 뭐 답이라고 말할 수도 없지만, 함께했다는 기억과 느낌이 저를 편안하게 만들었습니다. 편안해지니깐 상황을 다르게 바라볼 수 있게 되었습니다. 적어도 지금은 다르게 생각할 수 있습니다. 그리고 다른 관점에서 바라보는 것이 저를 편안하게 할 수 있다는 것도 잘 알게 되었습니다."

진행성 암이란 무거운 상황을 극복하기 위한 답을 찾는다는 것은 어려운 일이지만, 이처럼 CALM은 저에게 그 단서를 보여 주었습니다.

Ashlee Loughan, 사이트 리드(버지니아주, 미국)

신경암 환자를 보는 신경심리학자와 삶의 질 전문가로서, 저는 진행성 암 환자들이 얼마나 극심한 디스트레스를 가지는지 매우 잘 알고 있습니다. 사실, 수년 동안 저는 말기암 환자에게 적용할 수 있는 근거기반 치료 중재의 부족으로 어려움을 겪었습니다. 하지만 CALM은 환자의 요구를 구체적으로 겨냥한 프레임워크를 제공했습니다.

2년 전부터 CALM 수련을 받기 시작했습니다. 첫 번째 워크숍에 참석 후 CALM 글로벌 팀이 환자가 직면한 어려움에 빛을 비춰 주는 것 같아 안도감을 느꼈던 기억이 납니다. 이제 우리는 증상 완화뿐만 아니라 예방을 위한 근거기반 치료를 가지고 있습니다. 저의 신경종양 클리닉에 CALM을 적용한 이후로 많은 뇌종양 환자가 굉장히 큰 두려움(즉, 암 진행과 죽음)을 더 큰 수용성과 존엄을 가지고 받아들이는 것을 목격했습니다. 환자들은 "죽음이라는 주제에 대해 편안한 사람과 이야기를 나눌 수 있어서 좋았어요." "어려운 이야기였던 것 같지만, 당신이 죽음을 준비하는 데 도움이 되었어요." "도움이 가장 절실할 때, 이 프로그램은 저를 지지해 주었어요."라고 말했습니다. 지금 뇌종양 환자를 위한 CALM 치료를 공식적으로 적용하기 위해 준비하고 있습니다. CALM이 국제적으로 모든 진행성 암 환자를 위한 표준이 되기를 바랍니다. 말기 질병 환자들이 직면하는 어려움은 보편적이며, CALM은 환자가 피할 수 없는 죽음을 헤쳐 나가며 의미를 찾는 데 도움이 되는 기본 개념과 치료과정을 모두 다루고 있습니다.

환자들은 괴로워합니다. 그들은 도움이 필요합니다. 우리는 드디어 CALM이라는 자산이 생겼습니다.

Maria Ftanou, 사이트 리드(호주)

진행성 암 진단은 환자와 그 가족에게 매우 두려울 수 있습니다. 환자와 그 배우자는 높은 비율의 우울증, 불안, 절망, 의기소침, 불확실성, 자아 및 정체성 상실을 경험하는 것으로 나타났습니다. 많은 진행성 암 환자가 정신치료를 받지 않습니다. CALM은 디스트레스와 증상 부담을 줄이고 삶의 질을 최적화하는 데 도움이 되는 단기 치료입니다. CALM은 환자와 가족에게 암 치료와 관련된 걱정을 다루고, 의료팀과의 의사소통을 개선하며, 대인관계의 변화를 조율하거나 재조정하고, 의미 있는 것에 대해 사유하며, 죽음과 임종과 관련된 두려움에 직면할 수 있는 기회를 제공합니다.

호주 멜버른의 CALM 팀은 심리학자, 사회복지사, 정신건강의학과 의사, 정신건강 간호사, 임상전문 간호사로 이루어져 있습니다. 우리 팀은 입문, 상급 교육에 참석했고, 다른 나라의 CALM 임상가들을 만났습니다. 우리는 매달 Gary Rodin에게 지도감독을 받으며 CALM 임상 능력을 지속적으로 향상하기 위해 전념하고 있습니다. 지도감독은 항상 지지적이고, 기본 이론과 CALM 치료를 더 잘 이해하게 하고, 우리나라 환자와 임상 환경에 맞게 CALM을 개선하며, 임종 환자와 함께 일하는 임상의가 경험하는 과정상의 문제나 어려움을 깊이 생각해 볼 수 있는 안전한 장소를 제공합니다.

CALM은 환자가 죽음과 관련된 문제를 마주하면서도 희망을 유지하고 잘 살아갈 수 있도록 돕는 근거기반 치료입니다.

Rosangela Caruso와 Luigi Grassi, 사이트 리드(이탈리아)

CALM에 대한 이탈리아의 경험은 2012년 토론토의 프린세스 마거릿 암센터에서 열린 CALM 워크숍에 참여하면서 시작되었습니다. 페라라 대학교의 정신의학 연구소가 추진하는 종양학 및 완화치료에서 정신치료와 인간-중심 의학 프로젝트에 속해 있는 우리 팀은 그 이후로도 계속해서 CALM 워크숍에 참석하고, CALM에 더 관심을 가지며, CALM 이니셔티브에 기여해 오고 있습니다.

이탈리아의 문화적 맥락에서 CALM의 타당성을 탐구하기 위해 첫 CALM 파일럿 연구를 수행했고(Caruso, Sabato, et al., 2020), 결과는 유망했습니다. 질적 분석 결과, 이탈리아의 진행성 암 환자들은 CALM을 긍정적으로 받아들였습니다. 죽음과 죽어감, 상실, 영성, 중요한 사람들과의 관계, 자신의 사후에 관한 걱정을 이야기할 수 있는 치료자와 함께 사유할 수 있는 공간을 가질 수 있어서 도움이 된다고 밝혔습니다. 이에 더해, 양적 분석에서 CALM이 우울증, 죽음불안 및 전반적 불안을 감소시키고, 외상 후 성장 수준을 증가시킬 수 있음을 보여 주었습니다. 이 결과를 통해, 이탈리아 최초의 CALM 무작위 통제 시험을 진행할 수 있었습니다. 현재 페라라와 토리노 대학교 센터에서 연구를 진행중입니다(Caruso, Nanni, et al., 2020).

2017년 Gary Rodin과 Carmine Malfitano의 도움으로 이탈리아 최초의 CALM 워크숍이 페라라 대학교에서 진행되었습니다. CALM을 이탈리아의 의사, 심리치료사, 간호사, 진행성 암 환경에서 일하는 여러 사람에게 소개하는 것을 목표로 열린 워크숍은 전국의 임상의들로부터 큰 호응을 받았습니다.

지난 몇 년 동안 이탈리아의 CALM 경험은 여러 국제학회(2014년 리스본과

2017년 베를린에서 열린 국제정신종양학회, 2018년 베로나에서 열린 유럽정신신체의학회, 2019년 플로렌스에서 열린 국제정신신체의학회)에서 발표되었습니다. 페라라 대학교는 현재 국제정신사회완화말기돌봄연구소GIPPEC에 속해 다양한 환경에서 CALM의 과학적 근거를 개발하고 진행성 암 환자를 위한 표준 치료로서 CALM을 정착시키기 위해 글로벌 CALM 프로그램의 협력 네트워크로 활동하고 있습니다.

Omar Shamieh와 Ghadeer Al-Arjeh, 사이트 리드(요르단)

우리나라의 완화호스피스 의료에서, 환자와 의료팀 모두 느낌, 걱정, 불안을 열어 놓고 소통하지 않으려 합니다. 이것은 문화적인 요인뿐만 아니라 건강전문가들의 정신사회적 · 영성적 돌봄에 대한 교육이 부족하기 때문입니다. 그러나 킹 후세인 암센터와 요르단의 가장 큰 통합완화 프로그램은 환자와 가족을 위한 다면적이고 전인적인 돌봄을 중요시하고 있습니다. 2018년 킹 후세인 암센터 주최로 Gary Rodin의 CALM 워크숍을 열었습니다. 실질적 · 이론적인 측면이 포함되어 있는 워크숍에 의사, 간호사, 심리사, 사회복지사, 임상약사로 이루어진 다학제 팀이 참여했습니다. 워크숍은 우리의 눈을 뜨게 해 주었고, 우리는 많은 진행성 암 환자에게 CALM이 실질적이고 가치 있는 치료가 되리라는 것에 동의할 수 있었습니다. CALM 치료가 진행성 암 환자의 심리적 · 영적 고통의 완화 효과를 지지하는 많은 연구가 있었기에, 정신사회 완화의료 지지팀은 CALM 치료의 수련, 임상 적용, 연구에 굉장한 열의를 가질 수 있었습니다.

이러한 열의를 행동으로 옮기기 위해, 킹 후세인 암센터의 의료 전문가 5명은 2019년 7월 런던에서 열린 CALM 워크숍에 참여했습니다. 워크숍은 CALM 치료 원리와 실제를 깊이 있게 다루고 라이브 시뮬레이션 트레이닝을 포함하고 있었습니다. 이것은 인생을 바꿀만한 경험이었고, 우리 팀이 킹 후세인 암센터에서 CALM을 더 발전시키도록 고무시켰습니다. 런던 워크숍 이후로, 우리 팀은 Gary Rodin과 그의 팀 감독하에 환자를 모으고 CALM 치료를 적용하기 시작했습니다. CALM 치료자 중 한 명은 다음과 같이 말했습니다. "환자를 돕기 위해 모든 CALM 치료 요소를 다루려고 노력했고, 환자들이 많은 것을 공유한다는 사실에 놀랐습니다. 환자들이 자신의 말을 들어줄 누군가를 찾기 위해 굶주려 있다고 느꼈습니다." 또 다른 치료자는 "환자들은 매우 고마워했고, 다른 관점에서 보기 시작했습니다."라고 말했습니다. 환자들은 CALM 치료가 불안과 두려움을 완화하고 가족 및 타인과의 관계와 의사소통을 개선하는 등 여러 면에서 도움이 되었다고 보고했습니다. 우리 팀원은 CALM이 소중한 시간 동안 환자를 돕는 것에서 만족을 느꼈습니다. 때로는 환자가 질병이나 교통 문제로 치료 약속을 지키는 데 어려움을 겪기도 하지만, 우리는 이 치료가 문화적으로나 종교적으로 모두 수용 가능하다는 것을 확인했습니다.

앞으로 우리 계획은 더 많은 스태프가 CALM에 참여하고, 요르단에서 CALM의 타당성과 효율성을 확립하기 위해 국제정신사회완화말기돌봄연구소GIPPEC와 공동 연구 프로젝트를 수행하고, 킹 후세인 암센터를 CALM 지역 우수 센터로 발전시키는 것입니다.

Wendy Lam, 사이트 리드(홍콩)

홍콩대학의 암케어 자키 클럽 연구소Jockey Club Institute of Cancer Care, The University of Hong Kong는 2018년에 글로벌 CALM 프로그램에 합류하여 센터 내에서 CALM 치료를 시행하기 시작했습니다. 우리는 CALM 접근방식의 유연성이 진행성 및 전이성 암 환자와 보호자에게 의료전문가와 다양한 문제를 논의할 수 있는 플랫폼을 제공한다는 것을 발견했습니다. 가장 중요한 것은 이러한 논의가 정신건강 전문가에게만 국한될 필요가 없다는 것입니다. 동양 문화권에서는 여전히 정신건강 서비스를 찾는 것은 낙인이 됩니다. 이러한 문화권에 속한 홍콩에서 CALM은 특히 유익합니다. 또한 CALM 개입은 질병 궤적 전반에 걸쳐 모든 단계에서 구현하기에 적합하고 실행가능하므로 진행성 암 치료에서 완화치료의 조기 도입을 촉진합니다. 우리의 다음 단계는 홍콩에서 CALM의 효과를 평가하고 의료 교육에 CALM을 도입하는 것입니다.

Anja Mehnert-Theuerkauf, 사이트 리드(독일)

우리는 라이프치히와 함부르크의 대학교 의료 센터에서 파일럿 및 2개 센터가 참여한 무작위대조연구에서 CALM을 평가했습니다. 그러는 한편 우리는 일반 외래와 입원 정신종양 돌봄 치료 환경에서 CALM을 구현했습니다. CALM에 대한 치료자의 경험은 매우 긍정적이었습니다. 환자와 보호자는 CALM이 지지적이고 도움된다고 평가했습니다. 질병의 고통 처리를 위한 안전한 프레임워크, 공포스러운 감정에 대처하는 방법 배우기, 의료관련 및 전문치료팀과 의사소통 방법 배우기, 의학적 결정에서의 자율성과 같은 요소는 심리적 적응과 질병 관리를 잘할 수 있게 했습니다. 우리의 연구에 따르면, CALM 치료는 진행성 암 환자에게 널리 받아들여지고 심리적 디스트레스를 줄이며 환자의 삶의 질을 향상시켰습니다. 우리 팀은 앞으로 웹 기반 CALM의 구현하고 평가할 예정입니다.

Ken Shimizu, 사이트 리드(일본)

우리는 일본 종양학 환경에서 진행성 암 환자를 위한 정신치료를 제공했지만, 표준화된 방식이 없었습니다. 우리는 CALM에 관심 갖게 되었고, 2017년 6월에 Gary Rodin을 초청하여 우리 암센터에서 CALM 워크숍을 열었습니다. 여러 경험을 통해 우리는 CALM이 일본에서 유용할 것이라고 믿게 되었습니다. 왜냐하면 CALM은 일본 문화에 맞는 매우 유연한 구조를 가지고 있기 때문이었습니다. 우리는 CALM을 도입하기로 결정했고, 매우 가치 있는 협력을 시작했습니다. 특별한 지원을 해 주신 Rodin과 그의 동료들에게 감사드립니다. 우리는 그에게 지도감독을 받아 행복했고, 우리 중 일부는 CALM의 본질을 배웠습니다. 우리는 이제 일본 암 환자에서 CALM의 유용성과 타당성을 조사하기 위한 다기관 임상시험을 시작했습니다. 가까운 장래에 더 많은 일본 정신종양학자들이 CALM을 배우고 임상 실습에 사용할 것입니다.

Loreto Fernández González, 사이트 리드(칠레)

CALM은 단순하게 근거기반 치료라고만 할 수 없습니다. 삶의 고비를 넘기고 있는 사람들과 함께 인간의 고통과 희망의 본질을 깊이 성찰하는 도구이기도 하기 때문입니다. CALM은 정신치료의 프레임워크를 제공했을 뿐만 아니라, 암과 질병의 고유성을 이해하기 위한 가장 포괄적 접근법 중 하나를 제공했습니다. 의학 전문 용어와 과학적 증거의 언어가 지배하는 분야에서 전문적 엄격함을 희생하지 않으면서 한 인간에게 초점을 맞춘 임상 및 이론적 프레임워크를 찾는 것은, 저의 전문성 개발에서 가장 중요한 것이었습니다.

CALM을 처음 접한 것은 칠레 산티아고에서 막 졸업하고 2014년 심리학자로서 암 치료 분야에서 일하던 때였습니다. 그 이후로 CALM은 임상가로서, 완화치료에 대한 더 나은 접근을 옹호하는 지지자로서, 제가 목표로 하는 관점에서 저의 임상 실제와 가치를 형성했습니다. 저는 계속해서 CALM을 배울 수 있고, 캐나다와 전 세계의 일류 멘토, 친구들과 놀라운 관계를 발전시킬 수 있어 매우 운이 좋았습니다. Gary, Sarah, 그리고 국제정신사회완화말기돌봄연구소GIPPEC의 스태프들은 정신종양학이 어떤 모습이어야 하는지 기준을 설정하고 사람들에게 영감을 주는 전 세계의 임상가 커뮤니티를 만들었습니다. 저는 그 일원이 될 수 있어 기쁘고, 감사하게 생각하고 있습니다.

Iris Gluck, David Hausner, Dania Weber, Ruth Elkayam, 사이트 리드(이스라엘)

우리 센터의 CALM 실행 프로세스는 2019년 이스라엘에서 열린 CALM 워크숍에 참석한 직후부터 시작되었습니다. 지금까지 우리의 경험은 놀라울 정도로 긍정적입니다. 워크숍에 참석한 완화의료팀 동료에게 CALM 치료를 위해 몇몇 환자가 의뢰되었습니다. 처음 몇 건의 사례는 완화의료 간호사와 수석 사회복지사가 함께 보았습니다. 이러한 이원적 접근방식은 CALM 치료 제공에 대한 팀의 자신감을 구축하는 데 매우 유용했고, 암 경험의 여러 측면(의학적 · 정신사회적 · 영적 측면)에 접근할 수 있는 기회를 제공했습니다. 일부 세션에 가족 구성원이 참여함으로써 토론이 풍성해졌고 사랑하는 사람이 병을 대처하는 데 엄청난 도움을 주었습니다.

우리 팀은 프린세스 마거릿 암센터의 CALM 멘토로부터 훌륭한 지도감독을 받았고, 이는 우리의 자신감을 더해 주었습니다. 우리는 쉐바Sheba에서 CALM을 계속해 나갈 계획이며 CALM 치료에 더 많은 완화의료 팀원이 참여하기 바라고 있습니다.

CALM 치료 개발에 참여한 Gary Rodin, Sarah Hales 및 모든 팀원에게 깊이 감사드립니다. 글로벌 CALM 프로그램에 합류하여, 이스라엘에서 이 치료를 적용할 수 있는 좋은 기회를 주신 것에 감사합니다.

Janet de Groot, 사이트 리드(앨버타주, 캐나다)

캐나다 앨버타에서는 정신종양학과 완화의료 사이의 연계성을 구축하는 연구 프로그램의 일환으로 CALM을 시행하고 있습니다(Rodin, An, et al., 2020). 경험과 이론적 관점을 공유하고 온라인 전문가 실무 커뮤니티를 통해 전 세계 동료로부터 배울 수 있는 동료지도감독은 우리의 임상 작업을 심화시킬 것입니다.

임상의가 죽음과 삶의 의미에 관한 대화를 시작하는 데 도움이 되는, 명확한 구조인 4개의 CALM 영역은 정신사회적 치료, 완화의료, 정신건강의학과 임상의와 수련생에게 유용합니다.

우리는 환자가 배우자나 파트너 관계에서 의사소통을 심화시키는 CALM의 능력에 특히 관심이 있습니다(Mah et al., 2020). 캘거리 대학교의 Kathleen Sitter 박사는 보호자의 CALM 경험을 연구하기 위해 'Patient Stories'라는 디지털 스토리텔링 기법을 사용할 것입니다. 유방암 여성에게 테크놀로지를 이용한 스토리텔링 제공했을 때, 의료 종사자가 환자의 치료 경험을 더 잘 이해할 수 있었습니다. 같은 방식으로 정신사회종양학 프로그램의 일환으로 CALM을 실행하는 동안, 환자와 친근한 관계에 있는 사람들, 그리고 커플의 CALM 경험을 더 깊이 이해할 수 있기 바랍니다.

이 책을 집필함으로써, Dr. Rodin과 Dr. Sarah는 임상의, 심리치료자, 환자에게 더없이 소중한 기여를 하였습니다.

부록 A

죽음과죽어감디스트레스척도

암에 걸리면 삶과 죽음에 대한 생각과 느낌을 마음속에 떠올리게 됩니다. 아래 목록은 암에 걸린 사람들이 질병의 어느 단계에서라도 떠올릴 수 있는 몇 가지 생각과 걱정입니다. 당신이 **지난 2주 동안** 아래 나열된 각 항목에 대해 얼마나 힘들었는지 말씀해 주십시오. 이것은, 화가 나거나, 두렵거나, 슬프거나, 또는 불안한 것과 같은 부정적인 감정에 관한 것을 말합니다. 한 항목에 대해 여러 가지 부정적인 감정이 있을 경우, 가장 강한 부정적인 감정을 바탕으로 답변을 선택하십시오. 그런 생각이나 걱정들을 전혀 겪지 않았다면, '0'이라고 표시된 네모에 '**X**'표를 넣어 주십시오. X표는 한 줄에 한 네모에만 넣어 주십시오.

0 = 나는 이런 생각이나 걱정으로 인해 전혀 힘들지 않았다
1 = 나는 아주 약간 힘들었다
2 – 나는 약간 힘들었다
3 = 나는 중간 정도로 힘들었다
4 = 나는 상당히 힘들었다
5 = 나는 극심하게 힘들었다

<u>지난 2주 동안</u>, 당신은 다음에 대해 얼마나 힘들었습니까?

	0	1	2	3	4	5
1. 하고 싶은 일을 다 하지 못한 것	☐	☐	☐	☐	☐	☐
2. 아끼는 사람들에게 하고 싶은 말을 다 하지 못한 것	☐	☐	☐	☐	☐	☐
3. 인생의 목표와 꿈을 달성하지 못한 것	☐	☐	☐	☐	☐	☐
4. 삶의 끝에서 무슨 일이 일어날지를 모르는 것	☐	☐	☐	☐	☐	☐
5. 미래가 없다는 것	☐	☐	☐	☐	☐	☐
6. 인생에서 놓친 기회들	☐	☐	☐	☐	☐	☐
7. 시간이 다해가고 있다는 것	☐	☐	☐	☐	☐	☐
8. 다른 사람들에게 짐이 되는 것	☐	☐	☐	☐	☐	☐
9. 나의 죽음이 사랑하는 사람들에게 미칠 영향	☐	☐	☐	☐	☐	☐
10. 나의 죽음과 내가 죽어가는 것	☐	☐	☐	☐	☐	☐

<u>지난 2주 동안</u>, 혹시 일어날지도 모르는 자신의 죽음과 죽어감에 관해 다음과 같은 생각이나 느낌으로 얼마나 힘들었습니까?

	0	1	2	3	4	5
11. 갑작스럽거나 예상치 못하게 일어날까봐	☐	☐	☐	☐	☐	☐
12. 길어지거나 오래 끌까봐	☐	☐	☐	☐	☐	☐
13. 내가 혼자 있을 때 일어날까봐	☐	☐	☐	☐	☐	☐
14. 심한 통증과 고통 속에서 일어날까봐	☐	☐	☐	☐	☐	☐
15. 머지않아 일어날까봐	☐	☐	☐	☐	☐	☐

부록 B

관계경험척도-M16

다음은 당신이 가까운 사람들과의 관계에서 어떻게 느끼는지에 관한 것입니다. 아래 문항에서 '다른 사람'이란 당신이 가깝다고 생각하는 사람을 뜻합니다. 1점에서 7점까지 점수를 이용하여, 각 항목에 동의하거나 동의하지 않는 정도를 네모 안에 'X' 표시해 주십시오.

	매우 반대 1	2	3	중립 4	5	6	매우 동의 7
1. 다른 사람이 나와 너무 가까워지려 하면 불편해진다.	□	□	□	□	□	□	□
2. 나는 버림받을까 봐 걱정한다.	□	□	□	□	□	□	□
3. 나는 가까운 사람에게 거의 모든 것을 말한다.	□	□	□	□	□	□	□
4. 가까운 사람이 나를 사랑하는지 알기 위해 많은 확신이 필요하다.	□	□	□	□	□	□	□
5. 나는 다른 사람에게 마음을 터놓는 것이 편하지 않다.	□	□	□	□	□	□	□
6. 나는 대인 관계에 대해 많이 걱정한다.	□	□	□	□	□	□	□
7. 보통 내 문제나 걱정을 가까운 사람들과 상의한다.	□	□	□	□	□	□	□
8. 다른 사람들은 내가 원하는 만큼 나와 가까워지려 하지 않는다.	□	□	□	□	□	□	□
9. 나는 다른 사람과 너무 가까워지는 것을 피한다.	□	□	□	□	□	□	□
10. 내가 관심을 가지는 만큼 다른 사람이 나에게 관심을 가지지 않을까 봐 걱정한다.	□	□	□	□	□	□	□
11. 나는 다른 사람에게 위로나 조언, 도움을 구하는 것을 개의치 않는다.	□	□	□	□	□	□	□
12. 다른 사람이 내가 원하는 만큼 곁에 있지 않을 때 답답하다.	□	□	□	□	□	□	□
13. 나는 다른 사람들과 너무 가까워지지 않는 것이 더 좋다.	□	□	□	□	□	□	□
14. 나는 가까운 사람을 잃을까 봐 상당히 걱정한다.	□	□	□	□	□	□	□
15. 필요할 때 다른 사람에게 기대는 것이 도움이 된다.	□	□	□	□	□	□	□
16. 가까운 사람이 나와 함께 시간을 보내지 않으면 화가 난다.	□	□	□	□	□	□	□

부록 C

말기삶의질-암척도

지난 한달 동안을 떠올려 보십시오. 그 시간 동안 당신을 가장 괴롭게 한 신체적 또는 정서적 증상을 세 가지 말씀해 주십시오(예: 통증, 메스꺼움, 무기력, 혼란, 우울, 불안, 호흡곤란 등).

증상 #1: ______________________________

증상 #2: ______________________________

증상 #3: ______________________________

지난 한달 동안 당신을 힘들게 한 신체적 · 정서적 증상이 없었다면, 4번(다음 장) 질문으로 넘어 가십시오.

위 증상 중 지난 주에 가장 힘들었던 증상은 무엇입니까? ______________

그 증상에 대한 세 가지 질문에 답해 주십시오.

1. 지난 한 주 동안 그 증상을 얼마나 자주 경험했습니까?

드물게	약간	자주	매우 자주	거의 대부분
1	2	3	4	5

2. 지난 한 주 동안 평균적으로 그 증상이 얼마나 심했습니까?

아주 경한	경한	중등도	심한	매우 심한
1	2	3	4	5

3. 지난 한 주 동안 그 증상은 얼마나 당신이 인생을 즐기지 못하도록 했습니까?

전혀	약간	중간 정도	상당히	완전히
1	2	3	4	5

다음은 질병이 있는 사람들이 중요하다고 진술한 내용들의 목록입니다. 각각이 당신에게 얼마나 맞는 말인지 네모 안에 'X' 표시로 답해 주십시오.

	전혀 1	약간 2	중간 정도 3	상당히 4	완전히 5
4. 내 질병의 특정 부분은 통제할 수 없지만, 치료 결정에 대해선 통제감을 가지고 있다.	□	□	□	□	□
5. 치료 결정에 내가 원하는 만큼 참여한다.	□	□	□	□	□
6. 질병에 관한 것 이상으로, 주치의는 내가 한 인간으로서 어떤 사람인지 안다.	□	□	□	□	□
7. 대체로, 예상되는 질병의 경과를 알고 있다.	□	□	□	□	□
8. 병이 악화될 경우, 어디에 문의해야 할지 알고 있다.	□	□	□	□	□
9. 가족이 미래에 대비되지 않은 것이 걱정된다.	□	□	□	□	□
10. 가끔 가족에게 짐이 될까봐 걱정된다.	□	□	□	□	□
11. 죽는다는 것이 무섭다.	□	□	□	□	□
12. 질병으로 인한 경제적 부담이 걱정된다.	□	□	□	□	□
13. 가까운 사람들에게 중요한 것들을 말할 수 있었다.	□	□	□	□	□
14. 다른 사람들에게 긍정적인 영향을 준다.	□	□	□	□	□
15. 가족들과 중요한 것들을 함께 나눌 수 있었다.	□	□	□	□	□
16. 질병에도 불구하고 내 삶에 의미를 느낀다.	□	□	□	□	□
17. 내 가장 깊은 생각을 나눌 수 있는 사람이 있다.	□	□	□	□	□

부록 D

우울증선별도구(PHQ-9)

지난 2주일 동안 당신은 다음 문제들로 인해서 얼마나 자주 방해를 받았습니까?

	전혀 방해 받지 않았다 0	며칠 동안 방해 받았다 1	7일 이상 방해 받았다 2	거의 매일 방해 받았다 3
1. 평소 하던 일에 흥미가 없어지거나 즐거움을 느끼지 못했다.	□	□	□	□
2. 기분이 가라앉거나, 우울하거나, 희망이 없다고 느꼈다.	□	□	□	□
3. 잠들기 어렵거나 자주 깼다. 혹은 너무 많이 잤다.	□	□	□	□
4. 피곤하고 기운이 없었다.	□	□	□	□
5. 평소보다 식욕이 줄었다. 혹은 평소보다 많이 먹었다.	□	□	□	□
6. 내가 잘못했거나, 실패했다는 생각이 들었다. 혹은 자신과 가족을 실망시켰다고 생각했다.	□	□	□	□
7. 신문을 읽거나 텔레비전을 보는 것과 같은 일상적인 일에도 집중할 수 없었다.	□	□	□	□
8. 다른 사람이 눈치 챌 정도로 평소보다 말과 행동이 느려졌다. 혹은 너무 초조하고 안절부절못해서 가만히 안자 있을 수 없었다.	□	□	□	□
9. 차라리 죽는 것이 더 낫겠다고 생각했다. 혹은 자해할 생각을 했다.	□	□	□	□

9a. 자살을 시도할 가능성이 있습니까? 예 □

아니요 □

10. 만일 당신이 위의 문제 중 하나 이상 '예'라고 응답하셨으면, 이러한 문제들로 인해서 당신은 일을 하거나 가정일을 돌보거나 다른 사람과 어울리는 것이 얼마나 어려웠습니까?

전혀 힘들지 않았다. □

다소 힘들었다. □

매우 힘들었다. □

극도로 힘들었다. □

부록 E

CALM치료충실도평가도구

치료사 ID: ______________________________

환자 ID: ______________________________

사례 지도감독 날짜(DD.MM.YYYY): ______________________________

완료 날짜(DD.MM.YYYY): ______________________________

이 평가도구는 그룹지도감독 시간에서 논의된 사례와 그 사례에서 보여 준 치료자의 치료 능력을 평가합니다. 한 사례에 대해 한 개의 평가 양식이 작성됩니다. 특정 상황에서 필요한 요소이지만, 적용하지 않았다면 부정적으로 평가해야 하고, 필요하지 않기 때문에 적용하지 않았다면 공백으로 둘 수 있습니다.

1: 개선 필요 2: 만족 3: 우수

치료적 관계

___ 환자의 경험에 대한 공감적 이해를 보여 줌

___ 환자의 생각과 감정에 진실하고 정직하게 반응함

___ 사유적 인식을 촉진함(하나의 사건에 다양한 심리적 반응을 고려할 수 있는 능력)

___ 환자의 상태나 상황의 현실을 수용함

___ 환자의 경험에 적극적으로 관여하면서도 전문가적인 경계를 유지함

___ 치료 과정에서 몰입 · 동기 · 적극적 참여를 보여 줌

정서 조절

___ 환자의 정서 상태를 적절히 조절할 수 있음

___ 환자의 정서적 디스트레스에 대해 편안하고 안정된 태도를 보임

___ 환자가 부정적 감정이나 사건을 숙고하고 관리할 수 있는 능력을 높임

전환 능력

___ 상황에 따라 지지적, 탐색적, 문제 해결 중심의 접근방식을 유연하게 전환함

___ 환자의 신체적 · 심리적 상태에 따라 세션 내용과 시간을 조정함

해석

___ 환자의 디스트레스, 생각, 행동 패턴에 대한 잠재적 설명을 제시함

___ 치료자와 환자 간의 대화와 상호 작용의 맥락에서 해석을 제시함

종결

___ 유연한 치료 접근 방침(open door policy)에 따라 치료를 종결하며, 치료자가 환자를 '포기'하지 않았음을 명확히 전달함.

각 영역에 대한 치료자의 능력을 평가함(해당 시)

1: 개선 필요　　2: 만족　　3: 우수

증상 관리 및 의료진과의 의사소통

___ 질병에 대한 더 나은 이해를 독려함

___ 의학적 치료에 환자의 적극적 참여를 독려함

___ 치료 선택에 대한 환자의 고려를 촉진함

___ 의료진과의 의사소통을 지원함

자기(self)와 가까운 사람들과의 관계 변화

___ 가까운 사람들과의 삶에 대한 감정을 탐색함

___ 환자의 성취에 관한 가치감을 확인함

___ 환자의 실망과 후회를 수용하고 이해함

___ 질병이 초래한 관계적 변화를 탐구함

___ 의존성 및 자율성 상실에 대한 두려움과 불안을 탐구함

___ 가까운 사람들과 적절하게 의사소통하고 지지를 주고받을 수 있도록 격려함

영성, 삶의 의미와 목적

___ 삶에서 환자의 영적 믿음이나 삶에서 의미와 목적을 탐색함

___ 고통과 죽어감에 대한 개인적 의미를 이해하도록 지원함

___ 심각한 질병 상황에서 우선순위와 목표를 평가함

___ 환자의 삶의 궤적, 목표, 고통과 관련하여 새로운 삶의 의미를 만들 수 있도록 도움

미래, 희망, 죽음에 대한 생각

___ 미래에 대한 환자의 태도를 탐구함(예: 삶과 죽음에 대한 희망과 두려움)

___ 질병 진행에 대한 슬픔과 불안을 표현할 수 있게 함

___ 죽음과 죽어감에 대한 감정을 탐색함

___ 사전관리계획 논의를 촉진함

___ 죽음을 받아들이면서도, 현실적 희망을 유지하며 적극적으로 살아가도록 도움

부록 F

임상평가질문지(CEQ-2)

진행 중인 CALM 치료 과정에 대해서 생각해 보시고 해당란에 'X'표를 넣어주십시오. 해당되지 않는 경우에는 '**해당없음**'에 'X'표를 넣으십시오. 한 줄에 한 개의 네모에만 '**X**'표를 해주십시오.

CALM 치료법이 당신에게 어느 정도 도움이 되었습니까?	해당 없음	전혀 0	아주 조금 1	약간 2	상당히 3	아주 많이 4
1. 암과 치료 선택에 대한 걱정을 자유롭게 의논할 수 있게 되었다.	☐	☐	☐	☐	☐	☐
2. 암이 내 삶에 어떤 영향을 미쳤는지 이야기 하고 내가 이해 받는다고 느꼈다.	☐	☐	☐	☐	☐	☐
3. 암으로 인한 인간관계 변화에 대해서 다룰 수 있게 되었다.	☐	☐	☐	☐	☐	☐
4. 의료진, 가족 및 다른 사람들과 의사소통 할 수 있는 더 나은 방법을 찾아 볼 수 있게 되었다.	☐	☐	☐	☐	☐	☐
5. 내 가치와 믿음에 대해서 명확히 알 수 있게 되었다.	☐	☐	☐	☐	☐	☐
6. 미래에 대한 나의 걱정에 대해서 말할 수 있게 되었고 덜 두렵게 되었다.	☐	☐	☐	☐	☐	☐
7. 감정을 조절하고 표현하는 것이 더 나아졌다.	☐	☐	☐	☐	☐	☐
8. 죽음의 가능성에 대해서 말할 수 있게 되었다.	☐	☐	☐	☐	☐	☐
9. 생의 마지막에 일어날 수 있는 일에 대해서 계획하고 준비할 수 있게 되었다.	☐	☐	☐	☐	☐	☐
10. 죽음에 대한 두려움을 표현하고 조절할 수 있게 되었다.	☐	☐	☐	☐	☐	☐
11. 앞으로 일어날 일에 대해 가족들과 이야기를 나눌 수 있게 되었다.	☐	☐	☐	☐	☐	☐

CALM 치료법이 당신에게 어느 정도 도움이 되었습니까?	해당 없음	전혀 0	아주 조금 1	약간 2	상당히 3	아주 많이 4
12. 중요한 이야기를 사랑하는 사람에게 할 수 있게 되었다.	□	□	□	□	□	□
13. 내 시간을 최대한 활용할 수 있게 되었다.	□	□	□	□	□	□
14. 현재의 삶을 즐기고, 살아갈 수 있게 되었다.	□	□	□	□	□	□
15. 불확실한 미래와 함께 살아갈 수 있게 되었다.	□	□	□	□	□	□

CALM 치료에 대한 어떠한 의견이라도(긍정적 또는 부정적) 자유롭게 말씀 해 주십시오.

____

____

____

____

____

____

____

부록 G

CALM 세션 1 치료 기록

치료자: ______________________

환자 ID: ______________________

세션 번호: ______________________

날짜: ______________________

환자 정보(나이, 성별, 문화적 배경, 생활 환경, 가족 및 사회적 관계, 직업 및 경제적 지원)

____

____

____

암 병력(발병, 진단, 치료, 경과)

____

____

____

현재 상태(디스트레스 수준, 현재 스트레스 요인, 지지 체계, 대처 방법)

____

____

____

정신건강의학과 병력(진단, 치료, 자타해 이력)

발달력(초기 가족 생활, 어린 시절, 정체성, 관계적 기능)

영역 1–증상 관리 및 의료진과의 소통

영역 2–자기(self) 변화와 가까운 사람들과의 관계 변화

영역 3–영성과 삶의 의미와 목적

영역 4–미래 준비, 희망, 죽음

치료 과정(관계, 감정 조절, 사유 능력)

진단 소견과 치료 계획

부록 H

CALM 세션 2-8 치료 기록

치료자: ______________________________

환자 ID: ______________________________

세션 번호: ______________________________

날짜: ______________________________

현재 상태(디스트레스 수준, 현재 스트레스 요인, 지지 체계, 대처 방법)

____

____

____

영역 1—증상 관리 및 의료진과의 소통

____

____

____

영역 2—자기(self) 변화와 가까운 사람들과의 관계 변화

____

____

____

영역 3–영성과 삶의 의미와 목적

영역 4–미래 준비, 희망, 죽음

치료 과정(관계, 감정 조절, 사유 능력)

진단 소견과 치료 계획

찾아보기

인명

편저자 소개

게리 로딘(Gary Rodin, MD)

토론토 대학교 교수

국제정신사회완화말기돌봄연구소 소장

토론토 대학교/대학병원네트워크 헤럴드와 셸리 레더만 의장

대학병원네트워크 암 경험 디렉터

프린세스 마거릿 암센터 지지돌봄과 수석 과학자 및 정신건강의학과 의사

사라 헤일즈(Sarah Hales, MD, PhD)

프린세스 마거릿 암센터 지지돌봄과 및 대학병원네트워크 정신건강센터 정신건강의학과 의사

토론토 대학교 정신건강의학과 조교수

기여자 소개

에카테리나 안(Ekaterina An, MSc)
프린세스 마거릿 암센터 지지돌봄과 임상 연구 코디네이터
국제정신사회완화말기돌봄연구소 임상 연구 코디네이터
(제8장, 제9장)

알라나 추(Alanna Chu, MPH)
프린세스 마거릿 암센터 지지돌봄과 임상 연구 분석가
토론토 대학교 국제정신사회완화말기돌봄연구소 임상 연구 분석가
(제12장)

제니퍼 벨(Jennifer Bell, PhD)
프린세스 마거릿 암센터 지지돌봄과 생명윤리학자
토론토 대학교 정신건강의학과 조교수
토론토 대학교 공동 생명윤리센터 위원
(제6장)

프라우키 드 브리스(Froukje de Vries, MD, PhD)
프린세스 마거릿 암센터 지지돌봄과 정신건강의학과 의사
네덜란드 암 연구소(암스테르담) 정신건강의학과 및 삶의 질 연구센터 정신건강의학과 의사
(제10장)

카민 말피타노(Carmine Malfitano, MSW)
프린세스 마거릿 암센터 지지돌봄과 연구 사회복지사
국제정신사회완화말기돌봄연구소 연구 위원
이탈리아 페라라 대학교 박사 과정
(제2장, 제9장)

질라 K. 샤피로(Gilla K. Shapiro, MPP/MPA, PhD, CPsych)
프린세스 마거릿 암센터 지지돌봄과 박사 후 연구원
(제7장)

리낫 니심(Rinat Nissim, PhD, CPsych)
프린세스 마거릿 암센터 지지돌봄과 임상 심리학자
토론토 대학교 정신건강의학과 조교수
(제3장)

클로이 쇼(Chloe Shaw, PhD, MRes)
여성건강연구소(영국 런던) 신생아학과 명예 연구 위원
(제5장)

역자 소개

우정민(Woo Jungmin, MD, PhD)

경북대학교병원 정신건강의학과 교수

경북대학교 의과대학 의학과 정신건강의학교실 교수

경북대학교병원 생명사랑위기대응센터 센터장

한국정신종양학회 교육이사

한국정신치료학회 학술부장

프린세스 마거릿 암센터 지지돌봄과 및 국제정신사회완화말기돌봄연구소 연구 펠로우(2020~2021)

암을 다루며 의미 있게 살아가기

–암 환자와 보호자를 위한 근거기반 치료–

MANAGING CANCER AND LIVING MEANINGFULLY

–An Evidence-Based Intervention for Cancer Patients and Their Caregivers–

2025년 4월 15일 1판 1쇄 인쇄
2025년 4월 25일 1판 1쇄 발행

엮은이 • Gary Rodin · Sarah Hales
옮긴이 • 우정민
펴낸이 • 김진환
펴낸곳 • (주)학지사
04031 서울특별시 마포구 양화로 15길 20 마인드월드빌딩
대표전화 • 02-330-5114 팩스 • 02-324-2345
등록번호 • 제313-2006-000265호

홈페이지 • http://www.hakjisa.co.kr
인스타그램 • https://www.instagram.com/hakjisabook

ISBN 978-89-997-3401-4 93510

정가 24,000원

역자와의 협약으로 인지는 생략합니다.
파본은 구입처에서 교환해 드립니다.